Otto Mayr

Religion 8

Neue Stundenbilder mit Kopiervorlagen

Auer Verlag GmbH

*Der Autor dankt Frau Dipl.-Theol. Anita Zwick-Urlaub
für die wissenschaftliche Beratung.*

Gedruckt auf umweltbewusst gefertigtem, chlorfrei gebleichtem
und alterungsbeständigem Papier.

1. Auflage. 2006
© by Auer Verlag GmbH, Donauwörth
Alle Rechte vorbehalten
Das Werk und seine Teile sind urheberrechtlich geschützt. Jede
Nutzung in anderen als den gesetzlich zugelassenen Fällen
bedarf der vorherigen schriftlichen Genehmigung des Verlages.
Hinweis zu § 52 a UrhG: Weder das Werk noch seine Teile dürfen
ohne eine solche Einwilligung eingescannt und in ein Netzwerk
eingestellt werden. Dies gilt auch für Intranets von Schulen und
sonstigen Bildungseinrichtungen.
Bilder: soweit nicht anders vermerkt, Archiv
Titelbild: Peter Urlaub
Gesamtherstellung: Ludwig Auer GmbH, Donauwörth
ISBN 978-3-403-04291-4
ISBN 3-403-04291-X

www.auer-verlag-de

Inhalt

**1. Sehnsucht nach Leben –
Sinn suchen** 6

**Die Sehnsucht ist groß –
was Jugendlichen wichtig ist** 7

Wie leben Jugendliche? –
Was ist ihnen wichtig? 8
Was mache ich eigentlich mit
meiner freien Zeit? –
Was ist für mich wichtig? 12
Was mache ich eigentlich in meiner
freien Zeit? – Eine Analyse 13
Was mache ich eigentlich in meiner
freien Zeit? – Welchen Interessen
gehe ich nach? 14

Achtung, Sackgasse! 15

Sind wir eine süchtige Gesellschaft? . 15
Bist du internet-süchtig? 17
Wenn der Computer zum Partner
wird 18
Klick, klick – wie viel Computer ist
für mein Kind gut? 19
Bist du TV-süchtig? 20
SMS-süchtig 21
Ess-Störungen 24
Drogen, Sucht, Abhängigkeit 25
Häufig gestellte Fragen zu Drogen,
Sucht und Abhängigkeit 28
Was als Spaß begann, kann in der
Sucht enden 29
Was Drogen in unserem Körper
anrichten 32
In den Fängen von dubiosen Sekten .. 33
Jeder kann in einen Kult
hineingezogen werden 37
Sekten – Informationen für den
Lehrer 38
Japan: Todesstrafe für den
Sektenchef 39
Gottes schulflüchtige Kinder 40
Die Sekte breitet sich aus im Dorf .. 43

**Sinn entdecken – Was mein Leben
schön macht** 46

Spüren, wie schön es ist zu leben ... 46
Ich bin für andere wichtig, ich werde
gebraucht 47
Heute lohnt es sich zu leben, weil... 48

Ich bin für Gott wichtig –
Info für Lehrer/innen 49
Sich für Gott öffnen im
Nachdenken, Beten und Singen –
Lehrerinformation 50
Sich für Gott öffnen – eine Wallfahrt
nach Altötting 51
Gott ist in der Mailbox zu finden ... 54

**2. Wofür die Kirche da ist –
Hilfen zum Leben** 55

**Aktive Pfarrgemeinden –
das Evangelium als Richtschnur** 57

Welche Angebote macht die
Pfarrgemeinde? 57
Aus einem Pfarrgemeinderat-Info ... 59
Nicht nur schimpfen – mitmachen!
Anleitung zum Nachdenken 60
Warum ich in der Kirche mitarbeite . 61
Warum engagieren sich Menschen
in der Kirche? 62
Was bedeutet „Kirche"? – Hinweise
für Lehrer/innen 65

**Kirche in unserer Gesellschaft –
Verantwortung übernehmen** 67

Menschliche Probleme und
Schwierigkeiten 67
Persönliche Not 68
Menschen haben Probleme 70
Die Kirche bietet Hilfe an 71
Caritas verteilt Lebensmittel 72
Seelsorgerische Dienste 73
Ein Mädchen kostet 80 Euro 74
Couragiert für die Ermutigung von
Frauen 76
Der Brummi-Pfarrer 78
Die Kirche bietet Hilfe an 79
Haupt- und ehrenamtliche Tätigkeiten
in der Kirche 81
Probleme in der Arbeitswelt 83
Die Kirchen beziehen Position für die
Menschen 86
Unterwegs mit einem Betriebs-
seelsorger 87
Verlautbarungen der Kirche zu
Problemen der Arbeitswelt 89

3

In der einen Welt leben – Einsatz für
Gerechtigkeit und Frieden 93
    Nicht auf Kosten anderer leben 93

3. Miteinander gehen – Freundschaft und Liebe 95

Auf der Wunschliste ganz oben – einen Freund oder eine Freundin finden . . . 96
Was erwarten Jungen von ihrer Freundin, was erwarten Mädchen von ihrem Freund? 97
Wenn zwei sich lieben, dann … 98
Deine Meinung zählt 99

Sich selbst annehmen – auf dem Weg zum Frau-/Mannsein 100
Selbsteinschätzung und Fremd-
einschätzung – Anmerkungen für Lehrer/innen 100
Selbsteinschätzung –
Fremdeinschätzung 101
Mein Steckbrief 102
Das bin ich! 103
Mein Verhältnis zu anderen 104
Einschätzungsbogen für … 105
Wer passt zu mir? 106
Unterschiede zwischen Jungen und Mädchen – gibt es das? 107
Meine Körperhaltung lässt Rück-
schlüsse über mein Empfinden zu . . 108
Auf dem Weg zum Frau- bzw. Mannsein – Informationen für Lehrer/innen 109
Ich werde erwachsen: Ich werde ein Mann – Ich werde eine Frau 110
Sexualität – ein Grundbedürfnis des Menschen 111
Sexualität – ein Grundbedürfnis des Menschen (Arbeitsblatt) 112
Als Mann und Frau leben 114
Achtung: sexueller Missbrauch! 115

Liebe verändert – mit anderen Augen sehen 116
Mit Flirten einen Partner finden? . . . 116
Tipps und Tricks für das erste Date . 118
Nur Fliegen ist schöner! – Vom Verliebtsein zur körperlichen Liebe . 119
Beratungsdienste helfen bei Problemen früher Sexualität 122
Liebe – eine lebenslange Aufgabe . . 123

Liebe ohne „Happy-End" 124
Wer mit wem und warum? 126
Die Spielregeln der (beständigen) Liebe 129

4. Höre, Israel, Jahwe, unser Gott, ist einzig – die Religion der Juden 130

Jüdisches Glaubensleben 131
Spuren des Judentums in unserer Heimat 132
Synagogen in Deutschland 134
Stunde der Zeitgeschichte: Schüler besuchen Synagoge 135
Tauchbad als Kern des jüdischen Ritus 136
Auf anderem Weg 137
Persönlichkeiten des Judentums . . . 138
Der Mann, der den USA die Blue Jeans brachte 140
Grundzüge jüdischen Glaubens . . . 141
Grundzüge jüdischen Glaubens (Arbeitsblatt) 146
Jüdische Feste im Jahreskreis 147
Jüdische Feste im Jahreskreis (Arbeitsblatt) 148

Miteinander verbunden – jüdischer und christlicher Glaube 149
Welche Bedeutung hatte die Tora im Leben Jesu? 149
Was Juden und Christen verbindet . . 150
Judentum und Christentum – ein Vergleich 151
Jüdisches Erbe im Christentum 153

Entfremdung und Verfolgung – Verständigung und Versöhnung . . . 156
Juden und Christen – eine tragische Geschichte 156
Ein neuer Anfang 159

5. Die Schöpfung ist uns anvertraut 161

Schönheit und Zerstörung – zwei Gesichter der Welt 162
Über die Großartigkeit der Welt staunen – Anmerkungen für Lehrer/innen 163

Umweltverschmutzung und Umweltzerstörung – der Mensch zerstört das Angesicht der Erde 167
– Der Regenwald am Amazonas 167
– Brasilien vergeudet seinen Schatz . 168
– Der Ozean schluckt seinen Tod . . 169
– Große Tankerkatastrophen 171
– Wale als Beifang 173
– Altpestizide – ein weltweites Problem 174

Deutungen der Welt 175
Die Frage nach dem Sinn des Lebens 175
Hat das Leben einen Sinn? 176
Was sagen andere Religionen zum menschlichen Dasein? 180
Wernher von Braun – ein Naturwissenschaftler und die Frage nach Gott . . . 182
Welchen Sinn hat das Leben (Arbeitsblatt) 183
Die erste biblische Schöpfungserzählung 184
Die erste biblische Schöpfungserzählung (Arbeitsblatt) 186
Am Anfang schuf Gott Himmel und Erde 188

Den Schöpfer loben – Verantwortung für Umwelt und Mitwelt 189
Verantwortlich die Welt gestalten . . 189
Unser Auftrag: die Welt schützen! . . 190
Mama Mici, die Mutter der Bäume . . 191
Trinkwasser als gefährdete Lebensgrundlage 192
Die Welt spricht zu uns 194

6. Den eigenen Weg suchen – was dem Leben Halt und Richtung gibt 195

Unser Lebensumfeld – Gesellschaft im Wandel 196
Unser Umfeld verändert sich schnell 197
Probleme unserer Zeit 200

Orientierung finden – was Menschen dauerhaft Halt gibt 201
Was Menschen aus ihrem Leben machen 201
Der Nächstenliebe auf den Zahn gefühlt 203
Großeltern auf Zeit 205
Gewissensentscheidungen – nicht immer einfach 206
Auf das Gewissen hören 207
Freiwilliges soziales Jahr – Ausdruck menschlichen Miteinanders 208

Frauen und Männer der Bibel – Mut zu unangepasstem Leben 210
Als Christ im Alltag leben 210
Eine Missionarin auf Zeit 200
Ein „Überzeugungstäter", der alles gibt 211
„Wer Liebe sät, wird auch Liebe ernten" 213
Prof. Dr. Dr. h. c. Sumaya Farhat-Naser – eine moderne Prophetin 214

1. Sehnsucht nach Leben – Sinn suchen

Lernziele

- Unterschiedliche Ausdrucksformen der Sehnsucht nach Leben kennen lernen
- Bewusst machen, dass diese Sehnsucht nach Leben nie vollkommen zu stillen ist, sondern immer offen bleibt und die eigene Kreativität ständig neu herausfordert
- Schicksale von Menschen kennen lernen, die in eine Sucht geraten sind oder einer pseudoreligiösen Gruppe angehör(t)en
- Nach Wegen suchen, die ihnen helfen, ihr Leben in Freiheit zu entfalten
- Entdecken, was Freude am Leben fördert
- Bereitschaft wecken, dies in kleinen Schritten im Alltag umzusetzen

Tafelbild:

Sport   **Computer**

Mode   **Musik**

Freunde   **Reisen**

Familie   **Liebe**

Vereinsleben   **Internet**

Freunde   **Lesen**

Musik hören   **Schule**

Beruf   **Freizeit**

Disko   **Urlaub**

1. Sehnsucht nach Leben – Sinn suchen

Die Sehnsucht ist groß – was Jugendlichen wichtig ist
Wie leben Jugendliche? – Was ist ihnen wichtig?
Was mache ich eigentlich in meiner freien Zeit? – Was ist für mich wichtig?
Was mache ich eigentlich in meiner freien Zeit? – Eine Analyse
Was mache ich eigentlich in meiner freien Zeit? – Welchen Interessen gehe ich nach?

Achtung, Sackgasse!
Sind wir eine süchtige Gesellschaft?
Bist du internet-süchtig?
Wenn der Computer zum Partner wird
Klick, klick – wie viel Computer ist für mein Kind gut?
Bist du TV-süchtig?
SMS-süchtig
Ess-Störungen
Drogen, Sucht, Abhängigkeit
Häufig gestellte Fragen zu Drogen, Sucht und Abhängigkeit
Was als Spaß begann, kann in der Sucht enden
Was Drogen in unserem Körper anrichten
In den Fängen von dubiosen Sekten
Jeder kann in einen Kult hineingezogen werden
Sekten – Informationen für den Lehrer
Japan: Todesstrafe für den Sektenchef
Gottes schulflüchtige Kinder
Die Sekte breitet sich aus im Dorf

Sinn entdecken – Was mein Leben schön macht
Spüren, wie schön es ist zu leben
Ich bin für andere wichtig, ich werde gebraucht
Heute lohnt es sich zu leben, weil ...
Ich bin für Gott wichtig – Info für Lehrer/innen
Sich für Gott öffnen im Nachdenken, Beten und Singen – Lehrerinformation
Sich für Gott öffnen – eine Wallfahrt nach Altötting
Gott ist in der Mailbox zu finden

Medien		
42 41743	„Alles unter Kontrolle" (25 min)	– Wie gerät man in Sekten?
42 41439	„Auf der Kippe" (28 min)	– Wege in die Sucht
42 40010	„Die Auserwählten" (30 min)	– Jugendsekte
42 10234	„Drogenproblem Alkohol" (15 min)	
42 02317	„Ecstasy XTC" (22 min)	
42 41939	„Esoterik" (15 min)	
42 40987	„Geschäfte mit der Seele" (30 min)	– Scientology
42 41951	„Im Technorausch – 60 Stunden Dauerparty" (30 min)	
43 00226	„Leben ist der beste Stoff" (91 min)	– Drogen und Entzug
42 41353	„Moskito: Drogen" (45 min)	
43 00217	„Runaway" (85 min)	– Clique am Rande der Drogenszene
42 41812	„Satan ruft mich" (27 min)	– Satanismus
42 41832	„Schule aus – Was dann?" (47 min)	– Zukunftsbilder
42 41945	„Scientology" (13 min)	
42 41936	„Scientology-Organisation" (15 min)	
43 00468	„Süchtig" (90 min)	– Drogenabhängigkeit im Ablauf von sieben Jahren
42 40645	„Wenn du zurückschaust wirst du sterben ..." (28 min)	– Dominikanerpater im Frankfurter Bahnhofsviertel
42 41771	„Wenn Kinder zur Flasche greifen" (45 min)	
42 41948	„Zeugen Jehovas" (13 min)	
42 41935	„Zeugen Jehovas" (15 min)	

Wie leben Jugendliche? – Was ist ihnen wichtig?

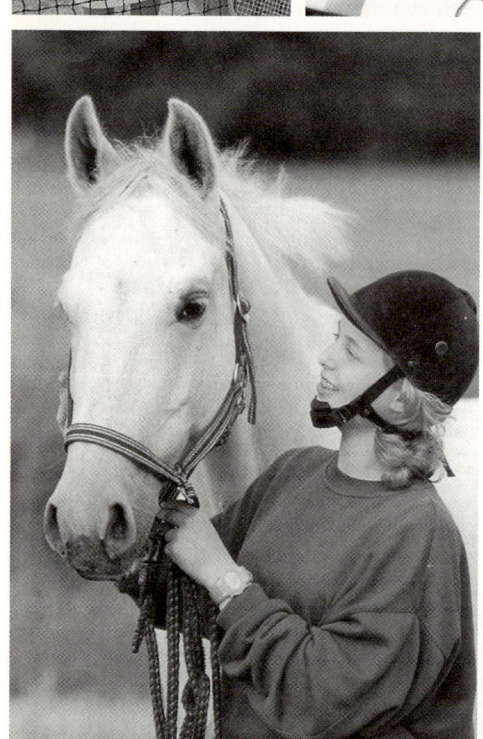

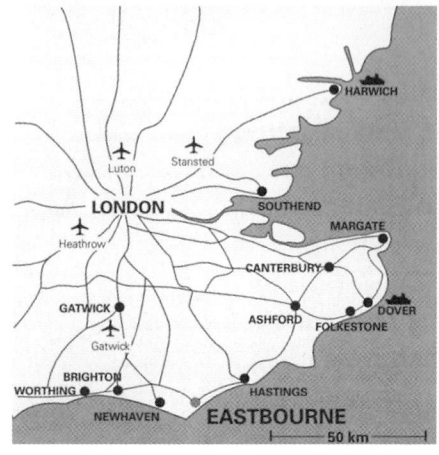

Was mache ich eigentlich in meiner freien Zeit? – Was ist für mich wichtig?

Stelle in dem Prozentkreis dar, welchen Anteil deine verschiedenen Tätigkeiten im Laufe des Tages einnehmen (Schule, Essen, zu Hause mitarbeiten, Hobbys wie Fernsehen, Sport treiben, Freunde treffen, ins Kino gehen…)!
Trage die prozentualen Anteile nach deinem Gefühl ein!

Was mache ich eigentlich in meiner freien Zeit? – Eine Analyse

Trage in den Wochenplan ein, wie sich dein Tagesablauf gestaltet!

Zeit	Montag	Dienstag	Mittwoch	Donnerstag	Freitag	Samstag	Sonntag
8–9							
9–10							
10–11							
11–12							
12–13							
13–14							
14–15							
15–16							
16–17							
17–18							
18–19							
19–20							
20–21							
21–22							
22–23							
23–24							

Was mache ich eigentlich in meiner freien Zeit? – Welchen Interessen gehe ich nach?

Erstelle nun aufgrund deiner Analyse des Wochenplans einen neuen Prozentkreis!

Haben sich im Vergleich zu deiner ersten Einschätzung Unterschiede ergeben?
Wenn ja, welche?
Welche Gründe haben zur falschen Einschätzung geführt?

_____
_____
_____
_____

Sind wir eine süchtige Gesellschaft?

Wenn man in Tageszeitungen oder Zeitschriften blättert, stößt man oft auf das Wort „Sucht". Meistens denkt man dabei zuerst an Alkohol und Drogen – das Problem macht sich aber auf manch anderen Feldern des Lebens breit.

Auch wenn Sucht nichts mit Suchen zu tun hat – hinter jeder Sucht steckt auch eine Sehnsucht: der Wunsch nach schneller Bedürfnisbefriedigung, nach Harmonie, Geborgenheit und grenzenlosem Glück.

Finde aufgrund der folgenden Zeitungsartikel und Beiträge verschiedene Formen der Sucht heraus, mit der die Menschen konfrontiert werden!

Die Fress-Sucht ist eine Form der Ess-Störung, in der Betroffene ihre Gefühle durch das Essen ausdrücken. Oft führt dies zu Übergewicht. Der eigene Körper wird zum Schutzpanzer gegen die Einflüsse der Außenwelt.

Wenn man einmal bei Stress oder Angst isst, kann man dieses Verhalten als normal bezeichnen. Esssüchtige schlucken allerdings ihre gesamte Gefühlswelt zusammen mit großen Mengen an Nahrung hinunter. Entweder geschieht dies in großen Fressanfällen oder die Nahrung wird über den ganzen Tag verteilt ständig nebenbei gefuttert. Das Essen selbst ist den Kranken (und um eine Krankheit handelt es sich) unangenehm. Deshalb nehmen sie in der Öffentlichkeit normalerweise wenig zu sich …

Kaufsucht ist mittlerweile ein weit verbreitetes Phänomen. Sie ist unauffällig, weil Kaufen gesellschaftlich akzeptiert ist. Und es ist kein Wunder, dass die Lust auf Konsum ständig wächst, wenn perfekt gemachte Werbung zum Kauf lockt.

Jugendliche definieren sich mehr denn je über das Konsumieren und geben zuviel Geld aus. Es wird ihnen aber auch vorgelebt. Einer Studie zufolge sind 25 % der Erwachsenen gefährdet, der Kaufsucht zu verfallen, eine halbe Million ist krankhaft kaufsüchtig. Die Betroffenen denken ständig ans Shoppen. Die Sucht zeigt sich in dem immer wiederkehrenden Drang, Dinge zu kaufen, die man nicht wirklich benötigt.

80 % der Kaufsüchtigen sind Frauen – darunter viele Singles. Sie kaufen vor allem Kleidung, Schmuck und Kosmetika. An der Kasse ist der Kick oft schon vorbei, denn sie brauchen die erworbenen Dinge nicht. Zu Hause wandern die Gegenstände unausgepackt in die verschiedenen Schränke. Der Kauf wird vertuscht – Schuldgefühle stellen sich ein. Sind die Konten leer, werden Angehörige oder Freunde angepumpt.

Beim Kaufsüchtigen löst das Kaufen Glücksgefühle aus. Der Drang einzukaufen ist unwiderstehlich. Es wird immer öfter, immer mehr und immer teurer gekauft. Kaufsucht steigert sich bis zum Verlust der Selbstkontrolle. Falls wegen Geldnot kein Kaufen mehr möglich ist, entwickeln sich Entzugserscheinungen, die sich als innere Unruhe, Aggressivität und Depressionen zeigen. Kaufsüchtige kaufen ohne Rücksicht auf ihre finanziellen Verhältnisse. Die Folge ist eine immer höhere Verschuldung, die in den finanziellen Ruin führt. Familien- und Berufsleben werden zerstört.

Nach Schätzungen der Deutschen Hauptstelle gegen die Suchtgefahren gibt es zur Zeit ca. 1,5 Millionen Medikamentenabhängige in Deutschland. Wegen der hohen Dunkelziffer liegt die Zahl der Betroffenen wahrscheinlich wesentlich höher.

Der Medikamentenmissbrauch hat in den letzten 15 Jahren erheblich zugenommen. Unabhängig vom Alter sind vor allem Frauen medikamentensüchtig. Sie stellen den größten Teil der Abhängigen und sind durchschnittlich dreimal häufiger betroffen als Männer.

Ungefähr 24 Millionen Deutsche greifen täglich zur Zigarette. 80 % der Raucher versuchen mindestens einmal im Leben mit dem Rauchen aufzuhören, doch nur 1–5 % schaffen es. Der Grund: Nikotin – eine Substanz aus der Tabakpflanze – gehört zu den Substanzen, die am schnellsten süchtig macht.

Der Nikotin-Konsum verursacht zwar keinen Rauschzustand wie etwa bei Alkohol, hat jedoch entscheidenden Einfluss auf die Stoffwechselprozesse im Gehirn.

Allein die durch Rauchen verursachten Lungenkrankheiten (chronische Bronchitis, Lungenkrebs) gehören zu den zehn häufigsten Todesursachen in der Welt.

Mit dem Rauchen werden auch zahlreiche Krebsarten in Zusammenhang gebracht: Zungen- und Mundhöhlenkrebs, Magen- und Darmkrebs, Blasenkrebs.

Zu den weiteren gesundheitlichen Risiken gehören:
- Gefäßverkalkungen und ihre Folgen wie Herzinfarkt und Schlaganfall
- Durchblutungsstörungen (Raucherbein)
- Beklemmungsgefühle im Brustbereich durch Gefäßverengung am Herzen
- Beschleunigung der Hautalterung.

Erschreckende Zahlen:

In der Bundesrepublik Deutschland leben
1,8 Millionen Menschen, die akut alkoholabhängig sind
1,5 Millionen Medikamentenabhängige
250 000–300 000 Drogen-Süchtige

Quelle: Jahrbuch Sucht 2005 (Deutsche Hauptstelle gegen die Suchtgefahren)

Drogentote pro Jahr in Deutschland	
wegen Rauschgift	1 700
wegen Alkohol	42 000
wegen Rauchen	110 000

Glücksspiel: Immer mehr Menschen süchtig

Trotz Wirtschaftskrise und Massenarbeitslosigkeit boomt das Glücksspiel in Deutschland: Seit 1998 stiegen die staatlichen Einnahmen daraus von 3,8 auf jetzt 4,5 Milliarden Euro an, wie Frank Gauls vom Vorstand des Fachverbandes Glücksspielsucht auf einer Tagung in Kassel berichtete. Derzeit würden rund 27 Milliarden Euro in der Branche umgesetzt. Zu dieser Entwicklung tragen nach Angaben der Experten neue Spielbanken, Internet-Casinos und neue Lottospiele wie die Sportwette Oddset bei.  Dies führe dazu, dass immer mehr Menschen Probleme mit dem Spielen bekämen, süchtig werden könnten und ihre Gesundheit und Existenz gefährdeten. Die Zahl der krankhaften Glücksspieler in Deutschland liege bereits bei mindestens 130 000, berichtete der psychologische Leiter der Fachklinik Münchwies in Neunkirchen, Jörg Petry.

Bist du „internet-süchtig"?

Nach einer wissenschaftlichen Studie bezeichnet man jemanden als „internet-süchtig", wenn er/sie
1. über mehrere Wochen den größten Teil des Tages nur „online" verbringt
2. die Kontrolle über die Internetnutzung verloren geht und er erst gar nicht mehr versucht, die Nutzung zu vermindern oder zu unterbrechen
3. die Zeit am Computer zur Erreichung einer positiven Stimmung ständig erhöht
4. Entzugserscheinungen (Unruhe, Aggressivität, Unzufriedenheit) zeigt, wenn eine längere Unterbrechung der Internetnutzung notwendig ist
5. lieber Ärger mit Freunden oder mit dem Arbeitgeber auf sich nimmt, als auf das Surfen im Internet zu verzichten.

Fernsehsucht, Computersucht, Handysucht? – Auszüge aus wissenschaftlichen Forschungen

Wie neueste Zahlen des Medienpädagogischen Forschungsverbunds zeigen, dominiert in der Rangskala der beliebtesten Freizeitbeschäftigungen von Kindern (6–13 Jahre) immer noch „Freunde treffen" (40 %). Allerdings kommt schon an zweiter Stelle das Fernsehen (35 %).
Bei den Jugendlichen nimmt das „Leitmedium der Jugend" den größten Raum ein. 53 Prozent der Jugendlichen im Alter von 12–19 Jahren reden mehrmals pro Woche mit ihren Freunden über das Fernsehen, 44 Prozent über das Handy, Zeitschriften, Zeitungen, Computerspiele oder das Internet bieten jedem Dritten Gesprächsstoff.
Wenn es allerdings darum geht, Langeweile zu vertreiben, liegt bei den Jungen der Computer vor dem Fernseher. Computerspiele und Internet-Surfen sind beliebter als der Fernsehkonsum. Allgemein ist die beliebteste Tätigkeit am Computer das Spielen. In Einzelfällen gleitet hier die Begeisterung für diese Tätigkeit allerdings bereits in Formen der Sucht über.
Besonders beliebt – auch mit der Gefahr, dies zur Sucht zu steigern – sind das Chatten im Internet, das Schreiben und Empfangen von E-Mails und die Nutzung des Netzes per SMS. Auch hier lösen sich manchmal die Grenzen zwischen Vielfachnutzung und Sucht auf – eine Gefahr, der viele Jugendliche und Kinder ausgesetzt sind.

1. *Erstelle eine „Hitliste der Suchtgefahren". Beginne mit der deiner Meinung nach gefährlichsten Sucht!*
2. *Welche Suchtform könnte dir evtl. gefährlich werden? Warum?*
3. *Ist die Fernsehsucht mit der Drogensucht zu vergleichen? Begründe deine Meinung!*
4. *Der Begriff „workaholic" stammt aus dem Bereich „Arbeitssucht". Was sagt er aus? Warum ist diese Sucht gefährlich?*
   Sammle im Internet Fakten zu diesem Thema!

Wenn der Computer zum Partner wird

Jugendliche nutzen PC, um Frust und Trauer zu bewältigen

Frankfurt/Main (ap). Jeder zehnte Teenager nutzt seinen Computer exzessiv – auch zur Trauer- und Stressbewältigung. Das ist das Ergebnis einer Studie von Suchtforschern des Berliner Universitätsklinikums Charité. Demnach haben bereits 81,7 Prozent der Jungen zwischen 11 und 14 Jahren einen eigenen Gameboy und 79,4 Prozent einen Computer.

Bei den Mädchen sind die Zahlen ähnlich: Von ihnen haben 80,6 Prozent einen eigenen PC. „Jedes zehnte Kind gilt dabei als exzessiver Computernutzer", sagte Studienleiterin Sabine Grüsser-Sinopoli dem Nachrichtenmagazin *Focus*.

Während nur jedes 20. Mädchen übermäßig viel Zeit am Bildschirm verbringe, zeige jeder achte Junge die typischen Verhaltensweisen: „Die Geräte üben bei solchen Kindern zweckentfremdete Funktionen aus", betonte die Expertin. Die Kinder unterdrückten ihre Gefühle gegenüber den Mitmenschen, etwa wenn sie unglücklich seien: „Sie nutzen stattdessen den PC und TV zur Stressverarbeitung." Auffällig seien bei betroffenen Kindern überdies Probleme in der Schule: „Diese Kinder können sich im Unterricht schlechter konzentrieren, sie haben Kommunikationsschwächen und keine alternativen Strategien entwickelt, um negative Gefühle zu bewältigen", sagte die Psychologin.

Auch andere Medien stehen bei den Jungen und Mädchen hoch im Kurs: Mehr als 40 Prozent haben der Studie zufolge einen Fernseher und eine Spielkonsole in ihrem Zimmer, mehr als 60 Prozent verfügen über ein Mobiltelefon. Und über die Hälfte der Kinder hat alle diese Medien im eigenen Zimmer, wo die Eltern die Nutzung kaum mehr kontrollieren können. „Ich finde unsere Ergebnisse erschreckend", sagte Grüsser-Sinopoli. Diese Kinder erlernten keine Alternativen, um mit belastenden Lebenssituationen fertig zu werden. Sogar Mädchen, denen normalerweise eine höhere Kommunikationskompetenz bescheinigt wird, verlieren diese beim übermäßigen Internet-Surfen und Fernsehschauen. Auffällig sei auch, dass die gefährdeten Kinder mehr Kaffee konsumierten und weniger schliefen.

Der Computer dient Kindern einer Langzeitstudie zufolge nicht nur zur Information und Unterhaltung. Oft unterdrücken sie ihre Gefühle gegenüber den Mitmenschen und nutzen stattdessen PC und Fernsehen zur Stressverarbeitung. Foto: dpa

Klick, klick – wie viel Computer ist für mein Kind gut?

Sie können gerade mal bis zehn zählen, aber ihre Finger huschen bereits behände über die Tastatur, und das Klicken mit der Maus ist ihnen in kürzester Zeit in Fleisch und Blut übergegangen.

Mit unseren Computerkids wächst eine neue Generation heran – die „Generation @".

Daher verwundert es nicht, dass jedes zweite Kind in deutschen Familien zwischen sechs und 17 Jahren einen PC besitzt. Und dass fast 40 Prozent der Geräte nicht im elterlichen Arbeits-, sondern im Kinderzimmer stehen.

Kinder scheinen vom Computer wie magisch gebannt zu sein

Was fasziniert Kinder nur so am Computer?

Der Rechner ist als Spielkamerad jederzeit verfügbar. Und hat zudem keine schlechte Laune, ist nie genervt.

Die Sprösslinge kennen keine Berührungsängste. Wie selbstverständlich greifen sie zur Maus und probieren munter drauflos, was sich mit so einer „Kiste" alles anstellen lässt.

Sie sehen den Computer als wesentlichen Schritt zum Großwerden – weil sie uns Erwachsene auch damit arbeiten sehen.

Ab wann können Kinder an den Rechner?

Wenn es nach den Software-Herstellern geht, ist früh nicht früh genug. So gibt es z. B. Spiele, die für Kids ab zwei geeignet sind und noch dazu einen Lerneffekt versprechen. Pädagogen schreien jedoch auf: Zweijährige gehören weder vor den Fernseher noch vor den PC. Sie sehen das ideale Einstiegsalter mit ungefähr sechs – zur Einschulung also.

Wie lange? Wie oft? Wie viel?

Die Frage ist recht einfach zu beantworten. Keinesfalls sollte vorm Computer mehr Zeit verbracht werden als mit Lernen oder anderen Hobbys wie Fußball, Spielen mit Freunden.

Aber letztendlich ist der richtige Umgang mit dem Rechner entscheidend. Bei altersgerechten Lern- und Spielprogrammen können ein bis zwei Stunden nicht schaden.

Ganz im Gegenteil: Kreativität, Neugier und Lernbereitschaft werden so gefördert.

Was sollten Eltern beachten?

Der PC ist auf gar keinen Fall ein Babysitter. Eltern sollten sich gemeinsam mit dem Nachwuchs an den Rechner setzen. Wenn das Kind dann mit dem Umgang des Gerätes und der Software vertraut ist, kann man es ruhig auch mal damit allein lassen.

Können Kinder heutzutage noch ohne PC auskommen?

Schlecht. Denn er wird sie ein Leben lang begleiten – in der Schule, in der Ausbildung und später im Beruf.

Und früh übt sich's – bekanntermaßen – dann doch am besten.

Auflösung von Seite 20

♣ Die TV-Junkie

Ein Leben ohne Fernsehen – für dich undenkbar. Wie langweilig: So findest du übrigens nie einen Freund/eine Freundin! Du musst raus…

★ Der TV-Experte

Du übertreibst es mit der Glotze nicht. Du guckst das Allernötigste und gönnst dir nur ab und zu ein paar Zapping-Momente.

Doch vergiss nicht: Reines Info-TV langweilt auf Dauer!

♥ Der TV-Muffel

Fernsehen? „Was ist das?", fragst du. Du schaust keine Serien, keine Filme, keine News, keinen Sport, gar nichts! Das ist doch auch öde, oder? Denn so kannst du in der Clique gar nicht mitreden…

✹ Der TV-Genießer

Für dich bedeutet TV nur heiße Musik zu hören und dabei coolen Leuten beim Abdancen zuzusehen. TV zum Chillen! Gute Einstellung, denn so bist du immer auf dem neuesten Stand über Charts und Promis…

Bist du TV-süchtig?

1. Wie viel Zeit verbringst du am Tag durchschnittlich vor der Flimmerkiste?
   - ♣ Mehr als drei Stunden
   - ♥ Höchstens eine halbe Stunde
   - ★ Zwei bis drei Stunden
   - ✻ Das hängt vom Programm ab …

2. Du hast ein Date um 19.00 Uhr. Zu dieser Zeit läuft deine Lieblingssendung. Du sagst dir:
   - ♥ „Ich gehe zum Treffen!"
   - ✻ „Schwierig, aber Dates gehen vor!"
   - ★ „Ich nehme die Sendung auf!"
   - ♣ „Ich gucke lieber fern …"

3. Du schaltest den Fernseher ein. Es läuft nichts, was dich interessiert. Was machst du?
   - ♣ Ich lass das Ding trotzdem laufen
   - ♥ Ich schalte natürlich ab
   - ✻ Ich zappe ein wenig herum
   - ★ Abschalten, rausgehen

4. Jetzt wollen wir es genau wissen: Was schaust du dir am liebsten an?
   - ★ Sendungen mit guten Kritiken
   - ♥ Eigentlich nur Musik-Kanäle
   - ✻ Ich zappe immer so rum
   - ♣ Krimis, Serien, Dramen

5. Wie verbringst du eigentlich am liebsten deine Wochenenden?
   - ★ Ich treffe mich mit Freunden
   - ✻ Lesen, Shoppen, Clique und TV
   - ♣ Nur vor dem Fernseher
   - ♥ Zu Hause lesen und Musik hören

6. Kam es schon mal vor, dass du vor dem laufenden Fernseher eingeschlafen bist?
   - ♣ Niemals!
   - ★ Die Glotze ist meine Einschlafhilfe
   - ♥ Nein, weil ich wenig fernsehe …
   - ✻ Ja, das gab's schon, aber selten

7. Schaltest du den Fernseher auch mal als „Geräuschkulisse" ein?
   - ♣ Ich schalte ihn nie ab
   - ★ Nein, Fernsehen ist zum Gucken
   - ♥ Wenn's mich nicht ablenkt …
   - ✻ Vielleicht einen Musiksender

8. Von wie vielen Sendungen kannst du spontan die Sendezeit nennen?
   - ★ Mehr als ein Dutzend
   - ♥ Eine: die 20.00-Uhr-Tagesschau
   - ✻ Drei bis fünf Sendungen
   - ♣ Ein bis zwei Termine

9. Beteiligst du dich an interaktiven Sendungen, bei denen der Zuschauer anrufen kann?
   - ♣ Ja, ich rufe sehr oft an
   - ★ Nur selten – bei coolen Preisen
   - ♥ Kommt nicht in Frage – zu teuer
   - ✻ Nein – kein Interesse!

Zähle für jede Antwort die Symbole zusammen. Das Zeichen, das du am häufigsten wählst, steht für deinen Typ: Bei Gleichstand gilt die Reihenfolge: Blatt hat Vorrang vor Stern, Stern vor Herz und Herz vor Sonne!

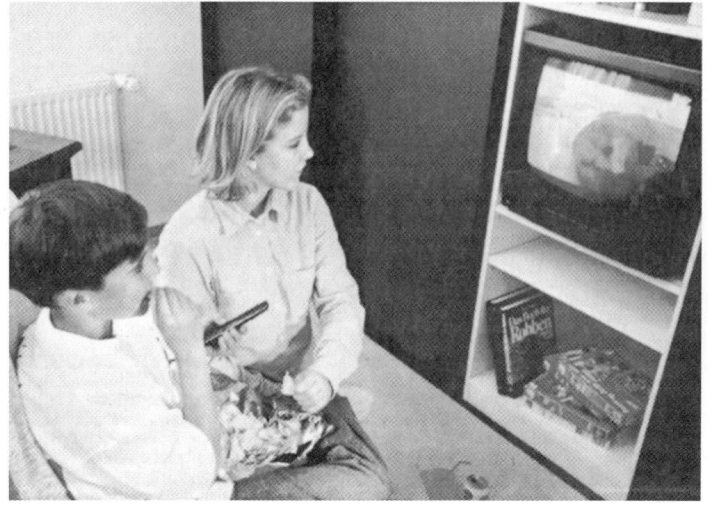

SMS-süchtig

Schon 380 000 Deutsche kommen nicht vom Handy los – besonders gefährdet sind Jugendliche

Hinter drei Buchstaben versteckt sich eine neue Psycho-Krankheit: Immer mehr Handy-Besitzer sind süchtig nach SMS (Short Message Service), den höchstens 160 Zeichen langen Textmitteilungen. Psychologen und Medien-Experten schlagen Alarm

Es piepst in Steffis Jackentasche. Sofort leuchten die Augen der 17-Jährigen. Lächelnd liest sie die empfangene Kurzmitteilung im Display ihres Handys. „Die Nachricht ist von einem Jungen, den ich in der Disko kennen gelernt habe", erzählt sie. „Er will mich wiedersehen." Sie antwortet sofort. Ein ganz normaler SMS-Flirt, wie er täglich tausendfach abläuft.

Aber Steffi kann nicht aufhören, zu „simsen". Sie schreibt an zig Freundinnen, dass sich der Junge gemeldet hat, wie es in der Schule war, wo sie heute Abend hingeht. Etwa 40 SMS verschickt sie am Tag, gibt bis zu 270 Euro monatlich dafür aus. „Ich weiß, das ist viel Geld", sagt sie. „Aber ich jobbe an der Tankstelle, und Mami gibt mir was dazu! Neulich war sie allerdings richtig sauer, hat gedroht, dass sie meine Sucht nicht mehr finanziert."

Seitdem denkt Steffi viel über ihre Simserei nach: „Ich schreibe schon direkt nach dem Aufstehen an meine Freundin, ob ich lieber den roten oder blauen Pulli anziehen soll. Oder ich schicke einfach ein ‚Hallo, wie geht's dir?' an Freunde. Es macht mir schon Angst, wenn sich mein Handy mal eine Stunde nicht meldet. Dann glaub ich, dass keiner mehr an mich denkt."

Rund 380 000 anderen Handy-Besitzern geht es wie ihr: Sie lassen ihr Leben vom Handy kontrollieren. „Das geht so weit, dass sie völlig den Kontakt nach außen verlieren, sich zurückziehen und immer stiller werden. Das Einzige, was für sie zählt, ist das Handy!", sagt Psychotherapeut Andreas Herter.

SMS-Wahn: 26 Milliarden (!) Text-Botschaften wurden nach Angabe der Telekommunikations-Anbieter allein 2003 in Deutschland verschickt. Vor allem Teenager simsen um die Wette. Die Hälfte aller 10- bis 13-Jährigen hat heute ein eigenes Handy! „Mit dem Schreiben von Textbotschaften wollen sich die jungen Leute auch von ihren Eltern abheben. Die Älteren kennen sich mit diesem System nicht ganz so gut aus, nutzen es weniger", erklärt Medienexperte Rainer Gölz (50) das Phänomen.

Als Geschäftsführer des Vereins „Mediarisk International e. V." **(Internet: www.mediarisk.de)** klären er und sein Team über die Suchtgefahren der neuen Medien (Computer, Internet, TV, Telefon, Spielkonsolen) auf. Und sie helfen auch SMS-Abhängigen! „Wir bieten Beratungen an und vermitteln Betroffene an Therapeuten weiter."

Auch Steffi will sich jetzt Hilfe vom Profi holen: „Ich glaube, meine Mutter hat Recht. Ich bin SMS-süchtig. Keine meiner Freundinnen textet so viel wie ich." Aber noch schafft sie es nicht, ihr Handy aus der Hand zu legen, schaut immer wieder aufs Display.

„Ein typisches Sucht-Symptom", sagt Rainer Gölz. „Abhängige lassen ihr Handy keine Sekunde aus den Augen, warten immer darauf, dass es piept." Schlimm findet er, dass viele Eltern die Gefahr für ihr Kind ignorieren. „Sie sprechen immer nur von einem ‚Spleen' und wollen das Problem nicht wahrhaben. Oft müssen wir extrem viel Überzeugungsarbeit leisten."

Wann genau ein Handy-Besitzer die Grenze zur SMS-Sucht überschritten hat? Gölz: „Das ist schwer zu sagen. Aber wer mehr als 15 SMS täglich schreibt und das Handy auch nachts nicht ausschalten kann, sollte anfangen, sich Sorgen zu machen."

1500 SMS und mehr im Monat – das ist für die 19-jährige Sarah Odierna unvorstellbar. „Ich kann überhaupt nicht verstehen, was das soll", sagt sie. „Das ist doch zwanghaft!" Sie selbst schreibt und empfängt im Monat rund 300 SMS. „Das ist nicht besorgniserregend. Viele Jugendliche nutzen die SMS wirklich nur als Ersatz für lange Telefonate. Weils billiger ist", meint Experte Gölz. Sarah hat bewusst einen Handy-Vertrag gewählt, bei dem sie nur geringe SMS-Kosten zahlt (12 Cent pro SMS). „Wenn ich zum Beispiel einen Treffpunkt für ein Date verabrede, dann rufe ich nicht extra an – denn das Gespräch zieht sich dann immer unnötig in die Länge! Wenn ich einfach die Infos per Text schicke, kostet es mich weniger", erklärt sie. Rund 30 Euro gibt sie im Monat fürs Simsen aus. „Damit komme ich prima klar", sagt sie. „Und wenn ich schlafe, ist das Handy aus." Sarah findet: „Nicht jedes kleine Niesen muss mitgeteilt werden, und nicht jede SMS braucht eine Antwort."

1. *Wie teuer ist Steffis SMS-Sucht?*
2. *Wie verdient sie sich das notwendige Geld?*
3. *Wie äußert sich die SMS-Sucht?*
4. *Wodurch heben sich junge Leute von ihren Eltern ab?*
5. *Was ist ein typisches Sucht-Symptom?*
6. *Wann wird die Grenze zur SMS-Sucht überschritten?*
7. *Beschreibe die Einstellung von Sarah!*

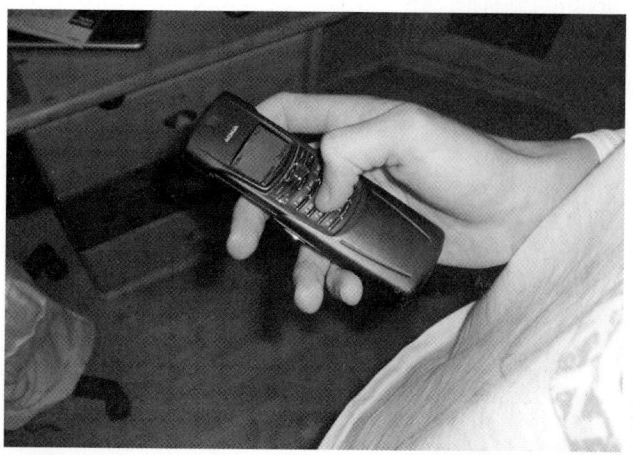

Wie wichtig sind SMS?

„Briefe sind schöner"

„Ich telefoniere kaum, aber verschicke SMS für 60 Euro im Monat. Am liebsten flirte ich dabei mit meinem Freund. Wir sagen uns Dinge, die wir uns nicht auszusprechen trauen. Leider haben wir uns eine sehr kurze, grammatisch falsche Sprache ohne Punkt und Komma angewöhnt. Deshalb schreibe ich jetzt lieber Briefe: Die sind romantischer."

Doreen (20), Auszubildende

„Es geht auch ohne"

„Zweimal am Tag schreibe ich meiner Freundin, wie lieb ich sie habe. Das kostet mich 15 Euro im Monat, und die zahlt meine Mutter. Aber ich könnte auch ohne Handy leben. Das stelle ich mir sogar richtig toll vor. Dann wäre ich nicht immer erreichbar und hätte auch mal meine Ruhe. Aber wahrscheinlich gilt man dann als Außenseiter."

Felix (16), Schüler

„Wenn ich spare, zahlt Papa"

„Ohne Handy könnte ich nicht leben, da ich fast nie zu Hause erreichbar bin. Ich würde mich bestimmt isoliert fühlen, wenn ich keins hätte. Mein Vater bezahlt meine Rechnung bis 20 Euro, deshalb gebe ich mir Mühe, diese Summe nicht zu überschreiten. Wenn ich das tue, zieht er das Geld nämlich wieder zurück."

Stefan (16), Schüler

„Per SMS Schluss gemacht"

„Ich habe eine aufladbare Handy-Karte, für die ich im Monat rund 40 Euro ausgebe. Ich habe sogar schon mal mit meinem Freund per SMS Schluss gemacht. Das war nicht so toll von mir, und es hat mir später auch wirklich Leid getan. Aber das Simsen macht einem solche Entscheidungen einfach leichter, und das nutzt man aus."

Ann (20), Studentin

„Nebenjobs fürs Handy"

„Ich benutze mein Handy nur, um mich bei meinen Eltern zu melden oder meinem Freund ‚Gute Nacht' zu schreiben. Aber zur Zeit macht mir meine beste Freundin Sorgen: Sie schreibt 30 bis 40 SMS pro Tag an ihre Verehrer und hat schon zwei Nebenjobs angenommen, um ihre Rechnungen zu bezahlen. Sie ist SMS-süchtig."

Vannessa (16), Schülerin

„Ich hab mich verschuldet"

„Bis vor kurzem hatte ich Handy-Rechnungen bis zu 200 Euro. Ich hab aus Langeweile ständig Nachrichten geschrieben. Manchmal wollte ich so eine Flirt-Bekanntschaft besser kennen lernen. Als das Taschengeld nicht mehr reichte, habe ich Schulden bei meinen Eltern gemacht."

Marie (20), Abiturientin

Ess-Störungen

Erschreckend: In Deutschland leiden 33 Prozent der Schülerinnen an Ess-Störungen. Und Experten warnen: Die Tendenz ist steigend.

Ein Apfel, ein trockenes Brötchen – genug Nahrung für einen Tag? Für Karen schon. Als sie 14 war, wog sie bei 1,55 Meter Größe nur 39 Kilo. Normal wären 52 Kilo gewesen. „Ich habe nur noch an Diäten gedacht, glaubte, dass alle mich hässlich finden, wenn ich zunehme", erinnert sich die 19-Jährige heute. „Auch andere Schulfreundinnen wollten superschlank sein, weil sie dachten, dass die Jungs sie sonst nicht attraktiv finden."

Karen ist kein Einzelfall. Ernährungswissenschaftler und Psychologen schlagen jetzt Alarm: „Jede dritte Schülerin leidet an einer Ess-Störung", sagt der Psychologie-Professor Bernhard Strauß (47) von der Uni-Klinik Jena.

Hungern, Fress-Attacken, Erbrechen – bis der Körper schlapp macht: Zwei von fünf Mädchen finden sich zu dick. Und 17 Prozent der 11- bis 15-Jährigen haben laut einer Bielefelder Studie schon eine Diät gemacht. Grund: „Die Models werden heute immer jünger. Sie sind Vorbilder für die Mädchen, die in der Schule unter starkem Leistungsdruck stehen und immer perfekt sein wollen", sagt der Psychologe.

So wie Karen: „Ich hatte sechsmal die Woche Ballett-Training. Nebenbei paukte ich für die Schule. Ich habe mich immer angestrengt, um bloß nicht zu versagen. Vor Stress magerte ich extrem ab." Schließlich machte ihr Körper nicht mehr mit: Die Haare fielen aus, die Haut war grau, sie fühlte sich erschöpft, ihre Leistung fiel ab. Ihr Hausarzt stellte die Diagnose: Magersucht. Er schickte sie zur Therapie.

„Anfangs wollte ich nicht wahrhaben, dass ich krank bin. Aber bei den Gesprächen mit der Psychologin wurde mir klar, dass hinter dem Hungern meine Unsicherheit steckte. Jetzt bin ich selbstbewusster, kann über meine Probleme reden." Die Therapie dauerte drei Jahre. Heute wiegt Karen (1,60 Meter) immerhin 47 Kilo und steht kurz vor dem Abitur. Sie hat ihre Ess-Störung überwunden.

Andreas Schnebel (45) von der Beratungsstelle Anad: „Wenn Eltern glauben, dass ihr Kind Ess-Störungen hat, sollten sie es nicht zum Essen zwingen, sondern sich Hilfe holen. Oft lassen sich die Ursachen für das Problem nur durch eine Therapie lösen."

Achtung, Hilfe ist nötig!

1. **Gewichtsabnahme:** Das Kind magert auffällig ab, die Haut wirkt fahl und grau, Haare fallen vermehrt aus, das Kind ist ständig müde.
2. **Häufig auf die Toilette:** Verschwindet das Kind oft auf die Toilette, besonders kurz nach dem Essen, könnte dies ein Hinweis auf Bulimie (Ess-Brech-Sucht) sein.
3. **Lügen über das Essen:** Essen, Diät, Gewicht sind Hauptgesprächsstoff. Betroffene erfinden Ausflüchte wie: „Ich habe schon bei einer Freundin gegessen."
4. **„Ich bin zu dick":** Achten Sie darauf, ob ein Kind das auch noch sagt, wenn es bereits sehr schlank ist.
5. **Rückzug:** Wie bei anderen Süchten auch, verlieren die Betroffenen Kontakte zu ihrem Umfeld, ziehen sich zurück.

Hilfe und Infos bei:
Beratungsstelle Anad, Seitzstraße 8, 80538 München, Telefon: 0 89/24 23 99 60, Internet: **www.anad.de**,
Bundesfachverband für Ess-Störungen, Telefon: 05 61/71 34 93

Drogen, Sucht und Abhängigkeit

Nahezu täglich werden wir in den Medien mit den Themen Alkohol, Rauchen, Drogenkonsum konfrontiert. Manchmal besteht dabei die Gefahr, dass sich Vorurteile über Drogen und Drogenabhängigkeit bilden, die kritisch betrachtet werden sollen.
Nachfolgend sind zehn Meinungen zu diesem Bereich aufgelistet. Gib deine Meinung zu den aufgeführten Positionen ab und vergleiche sie mit den auf der folgenden Seite aufgelisteten Fakten!

1. Haschisch ist eine Einstiegsdroge. **ja nein**
2. Wer den Konsum oder Besitz von Drogen nicht der Polizei meldet, macht sich selbst strafbar. **ja nein**
3. Ein richtiger Mann muss ab und zu mal betrunken sein. **ja nein**
4. Jugendliche aus sozial schwachen Familien sind durch Drogen mehr gefährdet, als Jugendliche aus „gutem Haus". **ja nein**
5. Kiffen gehört heute einfach zum Erwachsenwerden dazu. **ja nein**
6. Sucht hat was mit „suchen" zu tun. **ja nein**
7. Drogenabhängige könnten prinzipiell mit dem Drogenkonsum aufhören, sie haben nur einen zu schwachen Willen. **ja nein**
8. Die beste Drogenprävention ist eine behütete Kindheit. **ja nein**
9. Einmal drogenabhängig, immer drogenabhängig. **ja nein**
10. Strafandrohung hält viele Jugendliche vom Konsum illegaler Drogen zurück. **ja nein**

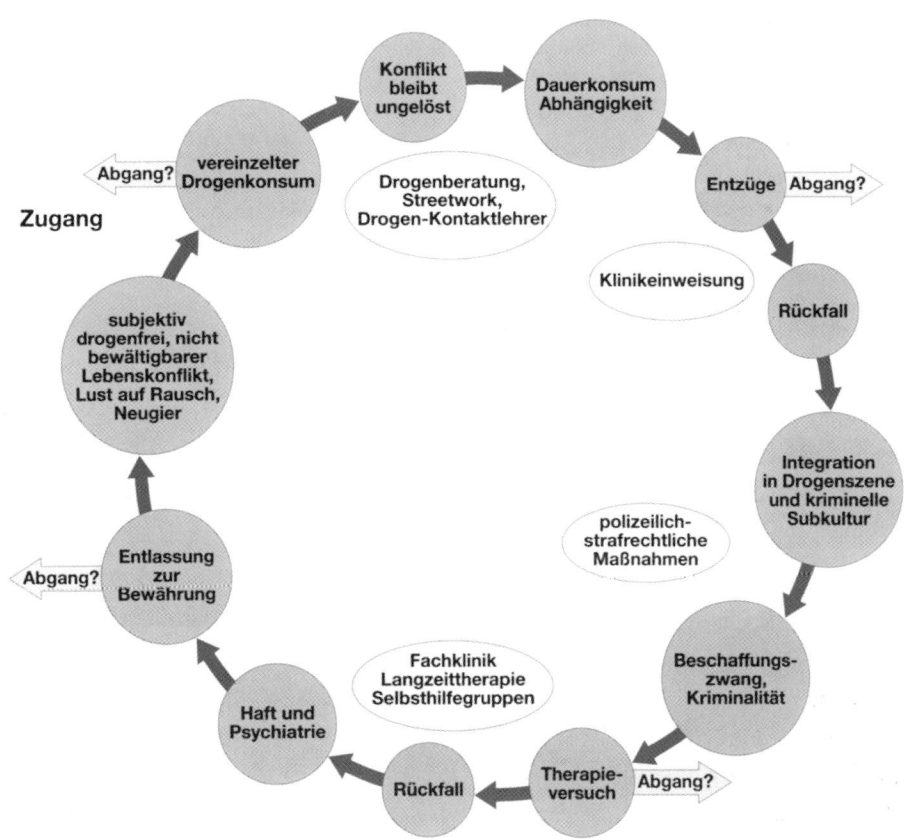

1. Haschisch ist eine Einstiegsdroge.

Stimmt so nicht. Vielfältige Untersuchungen zeigen, dass dem Konsum von illegalen Drogen in der Regel ein intensiver Konsum legaler Drogen wie Nikotin und Alkohol vorausgeht. Die meisten Jugendlichen, die Cannabisprodukte probiert haben, hören nach relativ geringer Zeit mit dem Konsum wieder auf, beispielsweise weil ihre Neugier befriedigt ist. Gleichwohl ist der Erwerb von Cannabisprodukten strafbar und somit kann ein häufiger oder regelmäßiger Konsum zum Beispiel von Haschisch einen Einstieg in die Illegalität bedeuten.

2. Wer den Konsum oder Besitz von Drogen nicht der Polizei meldet, macht sich selbst strafbar.

Stimmt so nicht. Das Strafgesetzbuch kennt nur ganz wenige Delikte, die selbst einen Straftatbestand darstellen, sofern sie nicht zur Anzeige gebracht werden. Delikte aus dem Bereich des Betäubungsmittelgesetzes gehören nicht dazu. In Einrichtungen der stationären Jugendhilfe stellt sich jedoch gerade im Zusammenhang mit dem Konsum von illegalen und legalen Drogen immer wieder die Frage nach der Aufsichtspflicht. Dieses Thema sollte unbedingt mit einer rechtskundigen Person ausführlich besprochen werden.

3. Ein richtiger Mann muss ab und zu mal betrunken sein.

Ein verbreiteter Mythos gerade unter Männern. Es gibt keine Untersuchungen, die zeigen, dass männliche Jugendliche, die noch nie betrunken waren, schlechtere Aussichten als Mann in unserer Gesellschaft haben als die, die öfter mal betrunken waren. Im Gegenteil: Gewöhnung an häufigen Alkoholkonsum im Jugendalter erhöht das Risiko für eine spätere manifeste Alkoholabhängigkeit.

4. Jugendliche aus sozial schwachen Familien sind durch Drogen mehr gefährdet als Jugendliche aus „gutem Haus".

Das lässt sich so nicht belegen. Wesentlich mehr Einfluss auf das Konsumverhalten hinsichtlich legaler und illegaler Drogen scheint die Bezugsgruppe (Peer-Group) der Jugendlichen zu haben. Dabei soll nicht verkannt werden, dass schwierige soziale und familiäre Verhältnisse mit eine Ursache für einen sehr frühen Konsum legaler und illegaler Drogen sein können, aus dem sich dann zusammen mit anderen Faktoren eine Abhängigkeit entwickeln kann.

5. Kiffen gehört heute einfach zum Erwachsenwerden dazu.

Stimmt nur zum Teil. Aus zahlreichen Untersuchungen ergibt sich, dass rund ein Viertel aller Jugendlichen und jungen Erwachsenen schon einmal Cannabisprodukte probiert hat. Nahezu 95 Prozent haben jedoch nach kurzer Zeit mit dem regelmäßigen Konsum aufgehört. Problematisch wird es insbesondere dann, wenn der Konsum von Cannabis dazu führt, dass beispielsweise die schulischen Leistungen deutlich nachlassen oder eine berufliche Ausbildung gefährdet ist.

6. Sucht hat was mit „suchen" zu tun.

Trifft so nicht zu. Etymologisch ist „Sucht" verbunden mit dem Wort „siechen" (= krank sein). Dennoch können verschiedene Formen von Suchtmittelkonsum darauf hinweisen, dass die Betroffenen unbewusst auf der Suche nach Möglichkeiten sind, wie sie beispielsweise mit psychisch belastenden Situationen umgehen. Der Konsum von Suchtmitteln ist dann möglicherweise auch darauf zurückzuführen, dass die Betroffenen bisher keine geeigneten Strategien gelernt haben, um unter anderem mit ihren Ängsten und Frustrationen umzugehen. Der Konsum von beruhigenden Drogen oder Medikamenten dient dann dazu, Ängste zu überdecken oder Frustrationen und Unlustgefühle nicht aushalten zu müssen.

7. Drogenabhängige könnten prinzipiell mit dem Drogenkonsum aufhören, sie haben nur einen zu schwachen Willen.

Stimmt so nicht. Allein der Wille, aus einer manifesten psychischen Drogenabhängigkeit auszusteigen, genügt in den meisten Fällen nicht. Vielmehr müssen die vielfältigen, meist unbewussten Ursachen des Drogenkonsums aufgearbeitet werden. Eine wesentliche Voraussetzung für den Ausstieg aus einer Drogenabhängigkeit ist ein realistisches Ziel, das dazu motiviert, zukünftig drogenfrei zu leben.

8. Die beste Drogenprävention ist eine behütete Kindheit.

Dies ist in der Regel nicht so. Eine nicht unerhebliche Anzahl von Drogenabhängigen hat eine sehr behütete Kindheit gehabt. Untersuchungen zeigen, dass eine zu behütete Kindheit auch eine Ursache für eine sich später entwickelnde Drogenabhängigkeit sein kann, da die Jugendlichen beispielsweise nicht richtig gelernt haben, mit Frustrationen umzugehen. Allerdings berichten viele Drogenabhängige davon, dass sie in ihrer Kindheit und Jugend wenig oder keine emotionale Zuwendung bekommen haben. Dies trifft insbesondere dann zu, wenn Eltern selbst suchtmittelabhängig sind. Auch zerrüttete familiäre Situationen scheinen sich suchtfördernd auszuwirken.

9. Einmal drogenabhängig, immer drogenabhängig.

Stimmt so nicht. Nach vielen Untersuchungen kann gesagt werden, dass sehr viele Drogenabhängige, allerdings nach oft jahrelangen Bemühungen, einen Weg aus der Drogenabhängigkeit finden. Wichtig ist dabei, dass möglichst frühzeitig fachliche Hilfe einsetzt. Dabei darf man nicht übersehen, dass gerade der Konsum so genannter harter Drogen wie Heroin ein außerordentlich hohes, zum Teil tödliches Risiko darstellt. Ebenso gilt, dass viele ehemals manifest Suchtmittelabhängige auch nach erfolgreicher Therapie wohl sehr lange Zeit, unter Umständen lebenslang auf den Konsum von Suchtmitteln wie Alkohol verzichten müssen, da sie ansonsten Gefahr laufen, wieder abhängig zu werden.

10. Strafandrohung hält viele Jugendliche vom Konsum illegaler Drogen zurück.

Stimmt nicht. Untersuchungen zeigen, dass die Angst vor Strafe nur wenige Jugendliche davon abhält, illegale Drogen auszuprobieren. Die meisten Jugendlichen, die nie illegale Drogen probiert haben, begründen dies damit, dass sie fürchten, von der Droge abhängig zu werden oder durch sie gesundheitliche Schäden zu erleiden. Nur etwa 15 Prozent der Jugendlichen lassen sich diesen Untersuchungen zufolge durch Strafandrohung vom Konsum illegaler Drogen abschrecken.

Häufig gestellte Fragen zu Drogen, Sucht und Abhängigkeit

Frage: Ist Alkohol eine Einstiegsdroge?

Antwort: Alkohol kann eine Einstiegsdroge für Missbrauch und Abhängigkeit sein. Untersuchungen zeigen, dass Jugendliche meist mit den legalen Drogen wie Nikotin und Alkohol beginnen, bevor sie zu illegalen Drogen greifen. Alkohol selbst hat ein nicht unerhebliches Suchtpotenzial.

Frage: Woran kann ich erkennen, ob jemand alkoholabhängig ist? Gibt es eine Maximalmenge, die man täglich trinken darf und die unbedenklich ist?

Antwort: Als unbedenklich wird bei erwachsenen Frauen etwa eine Menge von bis zu 20 g reinen Alkohols (entspricht 0,25 l Wein oder 0,5 l Bier) gewertet, bei erwachsenen Männern von bis zu 30 g (entspricht drei mal ein Achtel Liter Wein oder drei mal ein Viertel Liter Bier täglich). Tägliches Trinken ist aber wegen der organischen Belastung unbedingt zu vermeiden. Die Abhängigkeit richtet sich zwar auch nach der Konsummenge und der Dauer des Trinkens, ausschlaggebend ist aber das eingeschränkte Kontrollvermögen („Ich kann nicht mehr entscheiden, wann und wie viel ich trinke"), ob eine Art Zwang zu trinken vorhanden ist, ob trotz negativer körperlicher, sozialer und familiärer Folgen weiter getrunken wird, ob körperliche Entzugssymptome auftauchen und ob ein sozialer Rückzug erfolgt und statt anderer Vergnügungen getrunken wird. Treten drei der beschriebenen Verhaltensweisen innerhalb des vergangenen Jahres auf, ist von einer Abhängigkeit auszugehen.

Frage: Ist Nikotin gefährlich?

Antwort: Ja. Nikotin hat zum einen ein hohes Suchtpotenzial. Zum anderen enthalten Zigaretten über 4000 weitere Stoffe, die zum Teil giftig sind, die Gesundheit schädigen und krebserzeugend sind.

Frage: Ist der Konsum von illegalen Drogen strafbar?

Antwort: Der Konsum von Drogen ist nicht strafbar. Allerdings sind Erwerb und Handel illegaler Drogen strafbar. Der Erwerb ist strafbar, bei geringer Menge für den Eigenbedarf kann von Strafverfolgung abgesehen werden. Der Eigenbedarf wird bei den verschiedenen Substanzen in einzelnen Ländern unterschiedlich definiert. Der Besitz und der Handel von illegalen Drogen sind international verboten. Es gibt nur wenige Ausnahmen, z. B. wenn sie für medizinische Zwecke eingesetzt werden. Bei legalen Suchtmitteln wie Alkohol und Nikotin gelten die Vorschriften des Jugendschutzgesetzes. Tabakwaren dürfen in Gaststätten, Verkaufsstellen oder sonst in der Öffentlichkeit nicht an Kinder und Jugendliche unter 16 Jahren abgegeben werden, noch darf ihnen das Rauchen gestattet werden. Alkohol als Bier und Wein darf nicht unter 16, als Spirituosen nicht unter 18 Jahren abgegeben werden.

Frage: Warum sind Suchtmittel gefährlich?

Antwort: Jede Droge ist ein Nervengift. Gifte führen in einer Überdosierung logischer Weise zu Vergiftungen. Aber Gehirn und Körper gewöhnen sich bei einem regelmäßigen oder abhängigen Konsum an die Substanz und damit wird die Fähigkeit des Gehirns, aus eigener Kraft ein Gleichgewicht und Wohlbefinden herzustellen, verändert. Drogen greifen in die biochemischen Abläufe im Gehirn ein und verändern sie. Das ist der Grund, warum es zu Entzugserscheinungen kommt, wenn die Droge abgesetzt wird. Das Gehirn braucht eine Zeit, manchmal sehr lange, bis die eigenen biochemischen Abläufe wieder reguliert sind.

Frage: Führt der einmalige Konsum von Suchtmitteln zu Abhängigkeiten?

Antwort: Nein. Allerdings haben Drogen ein unterschiedliches Suchtpotenzial, manche machen schneller abhängig als andere. So haben Heroin und Nikotin ein relativ hohes Suchtpotenzial.

Frage: Wie wirken Suchtmittel eigentlich?

Antwort: Sie wirken als psychoaktive Substanzen auf das zentrale Nervensystem und das Gehirn ein. Das Gehirn wird über bestimmte biochemische Abläufe gesteuert und hat das Ziel, ein Gleichgewicht und Wohlbefinden herzustellen. Drogen greifen in die biochemischen Abläufe ein und verändern sie.

Frage: Ist für Kinder und Jugendliche der Alkohol-, Medikamenten- und Drogenmissbrauch gefährlicher als für Erwachsene?

Antwort: Ja. Der physisch und psychisch noch nicht ausgereifte Organismus reagiert empfindlicher auf schädigende Stoffe. Eine Abhängigkeit tritt in der Regel nach einem erheblich kürzeren Zeitraum des Konsums auf, als bei Erwachsenen.

Frage: Welchen Einfluss haben die Freunde?

Antwort: Die Gruppe der Gleichaltrigen gewinnt im Jugendalter an Bedeutung. Wenn ein Jugendlicher ein gesundes Selbstwertgefühl und Selbstvertrauen hat und in relativ positiven und stärkenden Zusammenhängen aufgewachsen ist, wird der Freundeskreis keine Abhängigkeit „anzetteln" können. Wird die Gruppe der Gleichaltrigen aber zu einer inneren Heimat, einer Alternative für die Familie, weil der Jugendliche keine andere innere Heimat findet, kann der Freundeskreis großen Einfluss haben, auch im Hinblick auf den Konsum von Suchtmitteln. Die Gruppe der Gleichaltrigen kann aber bei riskantem Konsum eine Rolle spielen, wenn dieser hier üblich ist.

Was als Spaß beginnt, kann in der Sucht enden

Die Zahlen sind mehr als schockierend: 535 Kinder und Jugendliche mussten im letzten Jahr mit einer Alkoholvergiftung in die Klinik. Die Hälfte davon waren Mädchen. Eine weitere erschreckende Zahl: 50 Prozent aller Jugendlichen unter 16 Jahren haben bereits Erfahrung mit Haschisch gemacht. Warum greifen Kinder immer früher zu Drogen und Alkohol?

Psychologen sind sich weit gehend einig, dass den Kindern der „Einstieg" immer leichter gemacht wird. **Alcopops** spielen z.B. wegen ihres süßen Geschmacks eine große Rolle beim Einstieg in den Alkoholismus. Dass jede der kleinen Flaschen den **Alkoholgehalt eines doppelten Schnapses** hat, wissen die Kinder oft nicht.

Die **Werbung** vermittelt gerade Mädchen häufig ein falsches Bild: Schlanke, dynamische junge Frauen mit einem Glas Alkohol in der Hand werden ihnen als **Vorbild** präsentiert. Diesem Ideal eifern sie – oft unbewusst – eifrig nach.

Die meisten Eltern sind mit dem **Alkohol- oder Drogenproblem** ihres Kindes **überfordert**. Sie verdrängen es, wollen nicht wahrhaben, dass ihr Kind in die **Abhängigkeit** geraten ist.

Psychologen raten, vor den Problemen **nicht die Augen zu verschließen**, sondern die Kinder darauf anzusprechen und Hilfe sowie **Unterstützung** anzubieten.

Professionelle Hilfe finden Eltern und Kinder bei **Beratungsstellen**: Deutsche Hauptstelle gegen Suchtgefahren (Telefon: 0 23 81/9 01 50), im Internet unter www.drugcom.de und www.karunaberlin.de.

Anna (17) kifft seit zwei Jahren. „Marihuana gehörte für mich zum Leben", sagt die Schülerin

Zum ersten Mal kam Anna vor zwei Jahren mit Drogen in Berührung. „Das war im Zeltlager in Schweden", erzählt die heute 17-jährige Schülerin.

„Es war der aufregendste Sommer meines Lebens", schwärmt sie. Sie will nicht einsehen, dass es der Anfang ihrer Drogenkarriere war. Vorher hatte sie noch nicht einmal geraucht, geschweige denn an einem Joint gezogen. „Dort rauchten alle Joints und Marihuana oder Hasch", erinnert sich die Berlinerin.

Im Zeltlager kam sie auf den Geschmack

Nachts, am Lagerfeuer, wenn alle beieinander saßen und Geschichten erzählten, gingen die Joints herum. „Da hab ich eben mitgemacht", sagt Anna. „Es war ja nichts dabei."
Zurück in der Schule, freundete sich Anna mit einem Mädchen aus einer höheren Klasse an. „Tina war echt cool drauf", sagt Anna. Der Drogenkonsum von Tina beeindruckte sie. Die Ältere nahm Anna unter ihre Fittiche: **nächtliche Partys am Wochenende, kiffen im Stadtpark – das war nun Annas neue Welt.**
Nach einem Jahr konsumierte Anna über 20 „Tüten" Marihuana in der Woche. Das Gras kaufte sie bei einem Dealer im Hinterzimmer einer türkischen Teebar. Das Geld dafür – etwa 40 Euro – stahl sie aus dem Portemonnaie ihrer Mutter. Manchmal klaute sie Kosmetikstifte im Supermarkt, verkaufte sie in der Schule.

Für die Eltern brach eine Welt zusammen

Im Unterricht ging es Stück für Stück bergab. Aus Angst vor Klassenarbeiten rauchte Anna nun auch auf dem Pausenhof immer öfter einen Joint. Die Stunden erlebte sie dann wie durch einen bunten Nebel.

Als Annas Noten immer schlechter wurden, begannen die Eltern, Alarm zu schlagen. Natürlich war ihnen schon aufgefallen, dass Anna sich oft in ihrem Zimmer einsperrte und sich draußen herumtrieb. „Doch wir schoben es auf die Pubertät", sagt die bestürzte Mutter Jutta D. (45).
Nachdem ein blauer Brief aus der Schule im Briefkasten lag, nahmen die Eltern ihre Tochter ins Kreuzverhör. „Ich kiffe, findet euch damit ab", schrie sie erbost. Und beschimpfte die Eltern als „verdammte Spießer".
„Für uns brach eine Welt zusammen", sagt die Mutter. Hatten sie nicht versucht, Anna zu einem frei denkenden, aber verantwortungsbewussten Menschen zu erziehen? **„Hätten wir strenger sein müssen?", fragte sich Jutta D. verzagt.**
Als sie mit Annas Klassenlehrer über das Drogenproblem der Tochter sprechen wollte, winkte der gelangweilt ab. „Die kiffen doch alle!"
Schockiert über diese Aussage, suchte Annas Mutter Rat bei einem Psychologen. Der empfahl ihr, Anna zu einer Beratungsstelle für drogengefährdete Jugendliche zu schicken. Anna sträubte sich mit Händen und Füßen. „Da kriegt ihr mich noch nicht einmal in Fesseln hin", tobte sie.
Bis zu dem Tag vor einem halben Jahr, als sie ihre alte Freundin Tina wieder sah, die mittlerweile die Schule abgebrochen hatte und „abgetaucht" war. „Ich sah sie am Bahnhof", sagt Anna knapp. Tina bettelte um Geld. **„Sie sah so fertig aus." Annas Stimme zittert.**
Jetzt willigte sie in die Therapie ein. „So wie Tina will ich einfach nicht enden", sagt sie und wischt sich dabei energisch die Tränen aus dem Gesicht. „Ganz bestimmt nicht."

1. Wie kam Anna mit Drogen in Berührung?
2. Wie entwickelte sich ihre „Drogenlaufbahn"?
3. Wie kam sie an Geld, um die Drogen zu finanzieren?
4. Wann wurden die Eltern auf die Sucht aufmerksam?
5. Anna willigte in eine Therapie ein. Warum?

Anna (17) saß früher oft stundenlang im Park und rauchte Marihuana. „Das machte die Welt schöner"

Einstiegsdrogen Alcopops und Haschisch – immer mehr Mädchen sind betroffen

Es begann mit „harmlosen" Alcopops. Dann trank sich Marina (16) bis in die Bewusstlosigkeit. „Erst fand ich's cool. Aber plötzlich war ich süchtig", sagt sie heute. **Sie versucht, vom Alkohol wegzukommen.** „Es ist ein verdammt harter Weg", klagt sie verzweifelt.
Schnell setzt sie die Tequila-Flasche an den Mund. So, als wäre es Limonade. Der hochprozentige Alkohol fließt ihre Kehle hinunter. Schluck für Schluck trinkt Marina die halbe Flasche leer, ohne ein einziges Mal abzusetzen. Die Freunde stehen im Halbkreis um sie herum und feuern das Mädchen mit lautem Klatschen und Zurufen an.
„Koma-Saufen" nennen sie diese Treffen.
Dieses Mal ist Marina die Hauptperson der Clique: Sie feiert ihren 16. Geburtstag und hat mehrere Flaschen Wodka und Tequila mitgebracht. „Schließlich wollten wir zur Feier des Tages richtig einen draufmachen", sagt sie.

„Ich geh mit keiner, die nur Cola trinkt ..."

Doch plötzlich, nachdem die zweite Tequila-Flasche leer ist, bricht Marina bewusstlos zusammen. **Ein Rettungswagen bringt sie mit Blaulicht ins Krankenhaus.** In letzter Minute wird ihr dort der Magen ausgepumpt.
„Es war eine Alkoholvergiftung." Marinas Stimme ist kaum zu hören. Wenn sie an ihren Geburtstag vor zwei Monaten zurückdenkt, wird sie sichtlich nervös. Die Schülerin senkt den Blick, streicht sich die Haare aus der Stirn. Dann lächelt sie zaghaft. So, als wolle sie sich für das, was geschehen ist, entschuldigen.
Mit 14 machte Marina zum ersten Mal Erfahrung mit Alkohol. Sie suchte nach einem passenden Getränk für die Klassenfete. Sie kaufte schließlich ein paar der kleinen, poppig-bunten Alcopops.
Um sich vor den Mitschülern nicht zu blamieren, kostete Marina vorsichtshalber einen mit der peppigen Aufschrift „Bacardi Breezer" – eine Mischung aus Saft und Bacardi.
Schmeckt echt gut, dachte die 14-Jährige. **Dass die Fläschchen fünf Prozent Alkohol enthalten, wusste das Mädchen nicht.** Woher auch? „Die Teile sahen doch aus wie Limo!"
Bei den Klassenkameraden kam das süffige Gebräu hervorragend an, und bald war es in Marinas Clique selbstverständlich, dass sie nach dem Unterricht ein paar Alcopops tranken. Jedenfalls die, die dazugehörten.
Schließlich interessierte sich so auch der coolste Junge der Klasse für sie. „Ich geh doch nicht mit einer, die nur Cola trinkt", hatte sie ihn mal sagen hören. Nein – „so eine" wollte sie nicht sein.
Für Marina war es eine schwierige Zeit: Ihr Vater verlor seinen Job bei der Post, lag deprimiert auf dem Sofa und trank Bier. Ihre Mutter sah sie oft tagelang nicht, da sie als Reiseverkehrskauffrau viel unterwegs war. **„Die Clique hatte immer Zeit für mich",** sagt Marina.
Wenn sie abends mit einer Fahne nach Hause kam, hatte sie keine Vorwürfe zu befürchten: Die Mutter war unterwegs oder schlief schon erschöpft. „Und Papi roch schlimmer als ich", sagte Marina achselzuckend.

Plötzlich reichten die Alcopops nicht mehr

Mit 15 lief Marina täglich nach Schulschluss zum Supermarkt, um sich mit Alkohol für die Treffen der Clique einzudecken. „Alcopops waren nur noch was für Schwächlinge", sagt Marina. **Mittlerweile tranken sie Wein und Wodka.** Alcopops reichten schon lange nicht mehr aus, um die zitternden Hände zu beruhigen ...
Die Schülerin, mehr Kind noch als Jugendliche, war immer tiefer in den gefährlichen Sog der Clique geraten. Zu Hause fühlte sie sich verloren, die Freunde gaben ihr das ersehnte Gefühl von Geborgenheit. „Meinen Eltern war es ja egal, was ich tat", sagt sie trotzig. Ein Schrei nach Liebe.
Als ihre Mutter vor zwei Monaten erfuhr, dass Marina eine Alkoholvergiftung hatte, war sie entsetzt. „Es war so unglaublich, als ob er gesagt hätte, mein Kind hätte jemanden getötet", sagte sie schockiert.
Erst machte sie ihrem Mann bittere Vorwürfe, dass er nicht besser auf Marina aufgepasst hatte. Dann handelte sie: **kündigte den Job, suchte sich eine ruhigere Stelle am Ort, meldete die Tochter zu einer Therapie an.**
Marina hat noch einen langen und harten Weg vor sich. „Ich hoffe, ich schaffe es." Aufrecht sitzt sie da, knetet nervös ihre Hände. „Ich wünsche es mir so sehr", fügt sie leise hinzu.

1. Berichte über das im Text erwähnte „Koma-Saufen"!
2. Was ist das Gefährliche an den Alcopops?
3. Welche Bedeutung hatte die Clique für Marina?
4. Alcopops waren nur die Einstiegsdroge. Erkläre!
5. Wie sieht die momentane Situation aus?

Was Drogen in unserem Körper anrichten

Auge:
Lidzucken: Schlafmittel
Erblindung: Schnüffelstoff

Herz:
Verminderter Kreislauf: Schlafmittel
Schäden: Schnüffelstoff
Herzschwäche: Opiate und Kokain
Herzversagen: Kokain und Anregungsmittel

Leber:
Schäden: Schlafmittel, Kokain, Schnüffelstoff
Funktionsstörungen: Schlafmittel
Bei Injektionen große Gelbsucht-Gefahr

Niere:
Schäden: Schnüffelstoff
Schäden: Medikamentenmissbrauch

Zellen:
Gefäßschwäche: Schlafmittel
Zerstörung der Blutkörperchen: Beruhigungsmittel, Schlafmittel, Schnüffelstoff
Schäden an Blutgefäßen: Kokain
Chromosomenschäden: vermutlich Cannabis und LSD
Zellveränderungen: Cannabis

Gehirn:
Blutungen: Anregungsmittel
Schäden: Schnüffelstoff
Veränderungen: LSD, Cannabis, Kokain, Anregungsmittel

Lunge:
Atemlähmung: Opiate, Kokain, Schnüffelstoff
Atmungsschwäche: Schlafmittel
Schäden: Cannabis

Magen/Darm:
Krämpfe: Schlafmittel
Erbrechen und Durchfall: Opiate
Störung der Darmbewegung: Opiate

Zentralnervensystem:
Zerstörung: Kokain

Beim Jungen:
Impotenz: Opiate und Schlafmittel
Genveränderungen: LSD

Beim Mädchen:
Fehlgeburten: LSD und Cannabis
Genschäden: LSD

In den Fängen von dubiosen Sekten

Mord und Selbstmord – Sensationsmeldungen in den Medien

Im Jahr 1978 versammelte Sektenführer Jim Jones seine Anhänger um sich und reichte ihnen eine mit Zyanid versetzte Flüssigkeit zum gemeinsamen Selbstmord. 914 Menschen starben, darunter zahlreiche Kinder und der Sektenführer selbst.

Der selbsternannte Messias David Koresh forderte „christliche Disziplin" von seinen Anhängern auf einer über 30 Hektar großen Ranch in Waco/Texas. Polizeibeamte versuchten, die Ranch zu stürmen und gefangene Sektenmitglieder zu befreien. Der Versuch schlug fehl. Vier Beamte starben, 15 wurden verwundet. Anschließend wurde das Gelände belagert. Als die Polizei nach 51 Tagen Belagerung erneut das Gelände stürmte, steckten die Sektenmitglieder die Ranch in Brand. 85 Menschen starben. Koresh hatte nachgeholfen, indem er gefordert hatte: „Setzt euch hin und wartet, bis ihr Gott seht!"

Luc Jouret, der Führer des „Sonnentempler-Ordens", scharte seine Anhänger in Kanada und der Schweiz um sich und inszenierte einen Weltuntergang. Im schweizerischen Bergdorf Cheiry fanden im Oktober 1994 Feuerwehrleute 23 tote Anhänger dieses angeblichen „Ordens", 18 davon lagen kreisförmig mit den Füßen nach innen im Keller. Gleichzeitig starben 200 km entfernt weitere 25 Sektenanhänger in Granges-sur-Salvan und fast zeitgleich nochmals fünf Menschen dieser Sekte in Kanada. Der Massenmord war eine sorgsam überlegte Aktion. Den Opfern war offensichtlich eine Flüssigkeit gespritzt worden, die sie in einen Dämmerzustand versetzt hatte. Über ein Jahr später – Weihnachten 1995 – starben weitere 16 „Sonnentempler", darunter drei Kinder.

In Japan werden am 20. März 1995 zwölf Menschen getötet und über 5000 verletzt, als die so genannte „Aum-Sekte" einen Giftgasanschlag auf die U-Bahn in Tokio unternimmt. Dessen Anhänger sind alles andere als dumm: Einige davon haben ihr Studium auf den besten Universitäten Japans mit Bestnoten abgeschlossen. Mit Meditationstechniken und finanzieller Ausbeutung bringt sie der Sektenführer dazu, solche Anschläge zu begehen mit dem Ziel, die Macht in Japan zu übernehmen.

Warum sind Sekten so gefährlich?

Diese Fälle haben in den letzten Jahren großes Aufsehen erregt und die Medien berichteten in ausführlichen Berichten über die Geschehen. Ganz so spektakulär muss die Bindung an eine Sekte zwar nicht enden, es genügt jedoch, wenn einzelne Menschen durch die Zugehörigkeit zu einer Sekte ihre Persönlichkeit einbüßen und zu einem willenlosen Instrument gemacht werden.

Die Gefahr, die von solchen Gruppen ausgeht, ist kurz gesagt eine Abhängigkeit der Gruppenmitglieder von einem „geistigen Führer", der ihr Leben mehr oder weniger kontrolliert, sie in irgendeiner Form (meist finanziell) ausbeutet und als „Gegenleistung" Dinge verspricht, die nicht eingehalten werden können.

Die wichtigsten Sekten in Deutschland

Gruppierung	Mitglieder / Anhänger
Neuapostolische Kirche	445 000
Zeugen Jehovas	192 000
Mormonen	36 000
Vereinigte Apostolische Gemeinden	30 000
Neugermanen	25 000
Christengemeinschaft	20 000
Bruno-Gröning	12 000
Apostolische Gemeinschaft	8 000
Christliche Wissenschaft	8 000
Universelles Leben	6 000
Bahai	5 000
Apostelamt Juda	4 500
Johannische Kirche	3 500
Gralsbewegung	2 500
Soka Gakkai	2 100
Boston Church of Christ	1 000
Rajneesh Bewegung	750
Fia Lux	700
Vereinigungskirche	500
ISKON (Krishna)	390
Scientology	15 000

*Quelle: IDEA-Spektrum Nr. 4, 28. Januar 2001, S. 18
(Quelle: EZW)
idea e. V.
Evangelische Nachrichtenagentur*

Scientology

So viel zu wissen und so bekannt zu sein wie der Physiker Albert Einstein, das ist der Wunsch vieler junger Leute. Das weiß auch L. R. Hubbard (1911–1986); der ehemalige Marinesoldat und Science-Fiction-Autor wirbt deshalb mit Einsteins Bild für sich und seine Bücher.

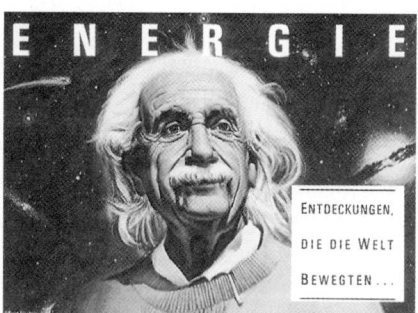

ENTDECKEN SIE IHR WAHRES GEISTIGES POTENTIAL

Die großen Männer der Geschichte wussten es auszuschöpfen. Gemäß Albert Einstein nützen wir Alltagsmenschen aber nur 10 % unseres wahren geistigen Potentials. In seinem Buch DIANETIK zeigt L. Ron Hubbard erstmals, warum wir bisher auf 90 % unseres kostbaren Gutes verzichten mussten. Er präsentiert aber auch eine Methode, mit der wir mehr und mehr unserer enormen geistigen Reserven freisetzen können. Fachleute waren von seinen Entdeckungen so beeindruckt, dass die amerikanische Regierung versuchte, sein Wissen unter ihr Monopol zu bekommen. Hubbards Antwort war die Veröffentlichung des Buches DIANETIK, mit dem er seine Erkenntnisse uns allen zugänglich macht. Ihr wahres geistiges Potential ist zu wertvoll, um ungenutzt zu bleiben. Bestellen Sie deshalb das Buch DIANETIK mit der umseitigen Karte.

Immer mehr Menschen, darunter Künstler, Ärzte, Manager und Angestellte, verwenden heute die DIANETIK-Methode erfolgreich im täglichen Leben.

UNIVERSELLES LEBEN

Meditation bereichert das Leben

Viele Menschen haben Angst vor dem Tod – kaum jemand vor dem Schlaf. Der Schlaf ist jedoch der kleine Bruder des Todes, denn auch im Schlaf löst sich die Seele vom Leibe; sie bleibt aber durch das geistige Informationsband mit dem Körper verbunden. Wird es getrennt, so stirbt der Mensch. Sind wir darauf vorbereitet?

Mit welchen „geistigen Grundlagen" arbeiten die Sekten?

Viele Sekten bedienen sich der Aussagen großer Religionen und formulieren deren Grundsätze so um, dass es zur eigenen „Geschäftsidee" passt. Manch ein Sektenführer hat sein „Wissen" bei einem anderen Sektenführer erhalten und gründete nach seiner „Lehrzeit" eine eigene Gruppe. Mit dem Anspruch, die „richtige Religion" gefunden zu haben, treten sie an die Menschen heran, die nicht selten nach einem „passenden" Glauben suchen.

Wenn man jedoch die Verschleierungstaktik durchschaut und die Sekten auf ihre eigentlichen Ziele reduziert, kommen ganz andere Interessen zum Vorschein – allerdings keine religiösen!

Oft lassen die Sektenführer ihre Anhänger für sich arbeiten und finanzieren auf diese Weise ihren luxuriösen Lebensunterhalt. Viele Sekten nutzen die im Grundgesetz garantierte Religionsfreiheit aus, um frei von Strafverfolgung ihre Opfer zu manipulieren. Vor allem in juristischen Auseinandersetzungen ist das Pochen auf diese Religionsfreiheit ein wirksames Mittel, um Angriffe abzuwehren und dem Staat einen wirksamen Eingriff in ihr Tun zu erschweren.

Wie arbeiten die Sekten?

1. Das Lockmittel: Versprechen des ewigen Heils

Einige Sektenführer versprechen den Anhängern, über die Ausübung ihrer Religion ein bestimmtes Ziel zu erreichen. So können Probleme gelöst, Lebenskrisen bewältigt und das eigene Ich gefunden werden. So wie die weltlichen Schwierigkeiten werden ebenfalls die großen Fragen des Menschseins beantwortet: Die neue Religion hat den richtigen Weg gefunden, ewiges Heil zu erlangen!

Allerdings ist man vom Sektenführer abhängig, wenn dieser behauptet, er allein wisse, wie man an ein bestimmtes Ziel kommt. Der Betreffende kann, vorausgesetzt er ist ebenfalls davon überzeugt, gar nicht anders, als genau das zu machen, was ihm der große Führer befiehlt, weil er unbedingt dieses Ziel erreichen möchte.

Die so genannten „fernöstlichen Sekten" ähneln sich in ihrer Lehre. Oft geht es um die Wiedergeburt des Menschen. Das jetzige Leben wird als „Prüfung" angesehen.

Der Sektenführer kann das Leben lehren, das zur Erlösung führen wird, so dass das Sektenmitglied im nächsten Leben ein glückliches Leben führen kann. Um diese Gnade zu erlangen, muss der Anhänger allerdings in diesem Leben seinem Führer folgen, Enthaltsamkeit üben und sich an die Regeln der Gruppe halten. Kennzeichen eines solchen Lebens als Vorbereitung auf die Erlösung: wenig Schlaf, überwiegend vegetarische Kost und Ablehnung jeglicher Sexualität.

2. Eine neue Welt entsteht

Von Beginn an wird dem Angeworbenen der Blick auf eine „völlig neue Weltsicht" ermöglicht; der persönliche Horizont wird erweitert, die Ideologie bietet ein in sich geschlossenes, einfach nachvollziehbares Weltbild, das für jedes Problem eine Lösung bietet.

3. Der Anfang: nur Erfolgserlebnisse

Durch sofortige Erfolgserlebnisse zu Beginn des Eintritts in die neue „Glaubensgemeinschaft" (beispielsweise durch eine sofortige Integration) gibt die Gruppe dem Opfer das Gefühl, dass das Lebenskonzept des Sektenführers tatsächlich sofortige Erfolge zeigt. Auf diese Art und Weise beweisen die Anhänger der Sekte die Stärke ihrer Religion und gewinnen schnell das Vertrauen der Opfer. Sekten benutzen erfolgreich Psychotricks, die bei jedem funktionieren und den Einstieg in die Sekte leicht machen.

4. Hervorragende Redner

Hinzu kommen rhetorische Glanzleistungen, durch die die Angeworbenen moralisch unter Druck gesetzt werden, beispielsweise wenn der Werber sagt: „Willst du nun Bewusstseinsfortschritte machen? Dann musst du auch tun, was man dir sagt!"

Ähnlich wird vorgegangen, um dem Neuen scheinbare Perspektiven zu geben („Wir können dir helfen, dich zu finden"), um Dinge zu verschleiern („Wir sind keine Sekte, aber wir sind Menschen, die wirklich verstehen, was leben bedeutet!").

Aufbau der Sekten

Der „Meister", der „Gründer" ist als „Sprachrohr Gottes" der alleinige Führer. Er ist der Einzige, der die „Wahrheit" kennt. Sein bisheriges Leben erstrahlt in hellem Licht. Sein Wort ist Gesetz, an ihm soll sich jeder orientieren.

Auf der nächsten Ebene stehen die Führungsmitglieder. Sie kennen den Willen des Führers am besten und haben die Berechtigung, Befehle zu erteilen. Die Neumitglieder stehen ganz unten in der Hierarchie. Sekten werden absolut autoritär geführt.

Nach außen schotten sich die Sekten ab. Der Zusammenhalt innerhalb der Gruppe wird groß geschrieben; der Gruppendruck ist enorm. Ein Abweichen von der Meinung der Gruppe ist nicht möglich. Von den Mitgliedern wird Hingabe und Unterordnung verlangt. Wer die Anordnungen nicht befolgt, schadet der Gruppe. Das Ziel der Gruppe steht über dem Einzelnen; jeder muss sich dem gemeinsamen Ziel unterordnen. Kritik an der Gruppe ist verboten und wird bestraft.

Kontakte nach außen werden abgebrochen

Die Sektenmitglieder unterliegen einem überaus starken Druck und einer nahezu lückenlosen Kontrolle. Der Tagesablauf wird bestimmt, Essens- und Reinigungsvorschriften aufgestellt, Telefongespräche und Briefe kontrolliert. Oft wird in die Entwicklung von Partnerschaften eingegriffen. Die Sekte fordert die Trennung von der Familie, von Freunden, Bekannten und Verwandten, wenn diese zu der Sekte kritisch eingestellt sind. Bisherige Werte, Hobbys, Vorstellungen werden über Bord geworfen.

Viele Mitglieder brechen ihre Ausbildung ab, beenden ihren schulischen Werdegang, steigen aus ihrem Beruf aus, um für die Gruppe zu arbeiten.

Warum treten Menschen solchen Sekten bei?

Besonders anfällig für die Verlockungen solcher Sekten sind Menschen, die sich in einer Lebenskrise befinden. Dies kann in verschiedenen Erscheinungsformen auftreten: Arbeitslosigkeit, Angst vor dem Wechsel der Schule, Scheidung, Tod eines Ehepartners, Umzug in eine fremde Stadt, allgemeine Sorgen, Existenzangst. Alle diese Menschen sind potenziell gefährdet, weil die Sekten zunächst einen Halt anbieten, den diese Menschen in ihrer Situation dringend brauchen. Hier erfahren sie Zuwendung, Gespräche, Aufmunterung, Anerkennung, Liebe.

Dass dies aber nur dem Zweck dient, den jeweiligen Menschen in die Sekte zu locken, fällt manchen erst später auf, manchen nie.

Gefährlich sind diese Sekten auch dadurch, dass sie diese Menschen oft sehr schnell auf ihre Seite ziehen. Ehe die Angehörigen oder Freunde auf die neue Situation reagieren können, hat das Neumitglied bereits einen Platz in der Sekte gefunden und verteidigt seine „neuen Freunde".

Warum ist es so schwierig, Menschen aus solchen Sekten zu befreien?

Oft versuchen verzweifelte Angehörige, Menschen aus Sekten herauszuholen.

Das größte Problem dabei ist, dass das Sektenmitglied nicht „befreit" werden will. Der Jugendliche, der nun Mitglied der Sekte ist, fühlt sich hier wohl.

Er ist Teil einer Gruppe, die sich immer um ihn sorgt, er ist Teil einer „tollen Gruppe", er hat sich mit den Zielen der Gruppe identifiziert. Gleichzeitig spielt auch die Angst eine große Rolle, mit der in Sekten ganz gezielt gearbeitet wird. Jedes Mitglied empfindet Angst, aus dieser Gruppe wieder auszusteigen. Auch dieses Element hält manche vor diesem Schritt ab.

Eine Befreiung kann nur gelingen, wenn der Betreffende erkennt, dass er ein Opfer ist und die notwendige Bereitschaft aufbringt, sich von der Gruppe zu trennen.

Dies setzt von Seiten der „Befreier" voraus, dass sie Kontakt zu ihrem Sohn/ihrer Tochter halten, um mit ihm/mit ihr im Gespräch die Absicht der Sekte zu verdeutlichen. Dies will die Sekte jedoch immer verhindern – ein äußerst schwieriges Problem.

Jeder kann in einen Kult hineingezogen werden

Psychologe Dieter Rohmann über die Gründe, warum Menschen sich Psycho- oder Guru-Bewegungen zuwenden

Sind Sektenmitglieder naive, labile Persönlichkeiten? Eine Studie des Münchner Psychologen Dieter Rohmann, der seit 16 Jahren mit Aussteigern und den Angehörigen von Kultmitgliedern arbeitet, widerspricht diesem Stereotyp. Sektenmitglieder sind demnach in der Regel äußerst hilfsbereite, sensible und idealistische Menschen. Sie sind häufig in einer Kleinstadt oder auf dem Land aufgewachsen und verfügen über eine höhere Schulbildung. Das Eintrittsalter liegt meist zwischen 21 und 25 Jahren. Für seine Untersuchung hat der Psychologe Angehörige und Freunde von 110 Sektenmitgliedern aus Deutschland, Österreich und der Schweiz befragt.

Dieter Rohmann
Foto: Egginger

Gibt es so etwas wie eine „typische Sektenpersönlichkeit"?

Dieter Rohmann: Ich glaube nicht. Es kann jedem passieren, in einen Kult hineingezogen zu werden. Es gibt für jeden den passenden Kult. Menschen, die optimistisch ins Leben schauen, sind vielleicht weniger gefährdet. Doch die Kultmitglieder sind nicht ängstlicher, naiver, schwächer als andere Menschen.

In Ihrer Studie sprechen Sie von äußeren Faktoren, die hinzukommen müssen, bevor sich jemand einem Kult zuwendet. Die Sekte als Rettungsanker in einer aussichtslosen Lebenssituation?

Rohmann: Offensichtlich. Mich hat selbst überrascht, dass die meisten Kultmitglieder zum Zeitpunkt ihres Eintritts mit drei bis vier Problemen gleichzeitig zu kämpfen hatten – in der Beziehung, am Arbeitsplatz oder in der Schule. Oft kam dann noch der Verlust eines Menschen oder ein Unfall dazu.

Die Angaben über die Mitglieder stammen von deren Eltern, Geschwistern und von früheren Freunden – also von Leuten, die der Eintritt möglicherweise gekränkt hat. Wie objektiv sind solche Daten?

Rohmann: Die Schilderungen der Angehörigen sind natürlich tendenziös. Ich gehe aber davon aus, dass die Menschen, die sich mit der Bitte um Hilfe an mich wandten, zumindest subjektiv wahre Antworten gegeben haben. Sie wussten ja: Wenn sie die Fragebögen unrichtig ausfüllen, kann ich ihnen nicht helfen.

Unter den 110 Befragten fanden sich nur drei Einzelkinder. Sind Einzelkinder weniger anfällig für Sekten?

Rohmann: Ich kann mir das nur so erklären, dass Einzelkinder mit sich selbst gut klar kommen. Die brauchen nicht unbedingt die Bestätigung durch die Gruppe. Außerdem ist es wahrscheinlich eine Horrorvorstellung für sie, mit vier, fünf Leuten einen Schlafsaal zu teilen.

Gibt es geschlechtsspezifische Motive, sich einem Kult zuzuwenden?

Rohmann: Bei Frauen ist auffällig, dass sie häufig aus einer als belastend empfundenen Familiensituation ausbrechen wollen. Außerdem sind es oft Frauen, die sich in dem Lebensentwurf „Kinder – Küche – Kirche" gut zurechtfinden. Die Männer gaben ihren Angehörigen gegenüber hingegen häufig das Interesse für die Lehre der Gruppe als Motiv an.

Inwieweit spielt die kirchliche Bindung eine Rolle?

Rohmann: Nur in christlich-fundamentalistischen Gruppen finden sich überdurchschnittlich viele Leute, die einen regelmäßigen Kirchenbesuch aus ihrer Kindheit kannten. Bei den so genannten Guru-Kulten oder den Esoterik- und Psychokulten ist die religiöse Erziehung weniger stark ausgeprägt.

Gibt es etwas, das alle Kultmitglieder eint?

Rohmann: Ja. Die Suche nach verbindlicher Autorität und nach verbindlichen Antworten findet sich in den klassischen Kultformen, die sich von der Welt abwenden, ebenso wie in den neuen, die gerade für die Welt fit machen wollen. Managementkurse mit esoterischem Anstrich etwa sind stark im Kommen. Die Leute fragen sich: „Ist mein Handy, das ständig klingelt, wirklich alles?" Die Frage ist ja auch die richtige. Nun bei den Anbietern muss man aufpassen, ob sie es ehrlich mit einem meinen.

Interview: Monika Maier-Albang

Die Studie „Ein Kult für alle Fälle" kann bezogen werden bei der Edition Soziothek, Lorrainestraße 52, 3013 CH-Bern, E-Mail: soziothek@freesurf.ch

Mit Comic-Männchen warb Scientology bis vor kurzem im Stadtgebiet. Die Junge Union will von sofort an die Namen der Werbefirmen veröffentlichen.

Sekten – Informationen für Lehrer

Häufig wird die Frage nach der Zahl der Sekten in Deutschland oder der Mitgliederzahl gestellt. Da die Begriffe „Sekte" und „Mitglieder einer Sekte" jedoch nicht eindeutig zu definieren sind, gibt es auch keine exakten Zahlen. Insbesondere gibt es keine Statistik mit ermittelten Zahlen.

Wir können deshalb immer nur von Schätzungen ausgehen, wobei die jeweilige Einschätzung unterschiedliche Werte ergibt, so dass sich bundeseinheitlich kein gesichertes, klares Bild ergibt. Hinzu kommt, dass sich die Zahlen mitunter relativ rasch verändern, so dass jede „Statistik" dem realen Zustand hinterherhinkt.

Schätzungen nach gibt es in Deutschland ca. 600 Sekten. Nimmt man alle „Psychogruppen" hinzu, ist die Zahl mit Sicherheit zu niedrig, zählt man nur die Gruppen mit religiösem Einschlag, dürfte sie zu hoch sein.

Der Begriff „Mitglied" hat eigentlich eine juristische Bedeutung – er deutet auf eine exakt ermittelnde Zahl hin. Gemeint sind aber in diesem Zusammenhang meist die Anhänger, die sich zu einer Sekte bekennen. Dazu kommt, dass die Begriffe auch unterschiedlich verwendet werden. Scientology-Vereine beispielsweise haben keine Mitglieder, nur Kunden.

Die Zahlen, die für die Enquete-Kommission des Bundestages ermittelt wurden, zeigen, dass Sekten ca. 800 000 Anhänger und 1,2 Millionen Kunden haben. Die Unterscheidung zwischen Kunden und Anhängern bzw. Mitgliedern beruhte jeweils auf Selbsteinschätzung. Insgesamt liegt somit ein Kundenpotential von rund zwei Millionen Bundesbürgern vor.

Eine besonders beachtenswerte Sekte ist die von Gabriele Wittek (geb. 1933) gegründete „Universelles Leben".

Die Entstehungsgeschichte: Der Tod ihrer Mutter führte zu einer schweren Krise. Zuflucht fand sie in einem spiritistischen Kreis, in dem ihr ihre Mutter erschien.

Ein Geisteswesen namens „Bruder Emmanuel" sowie Jesus Christus begegneten ihr, später auch ein gewisser „Bruder Mairadi".

1975 gründete sie in Würzburg das „Heimholungswerk Jesu Christi" und wirkte dort als Prophetin. Ihre Offenbarungen wurden in Schriften und Tonträgern verbreitet und führten zu einer raschen Ausbreitung der Gemeinschaft in Süddeutschland und Österreich.

Gabriele Wittek sieht sich als „Sprachrohr Christi" und „Prophetin der Jetztzeit". Beeinflusst wurde sie durch den ehemaligen Professor Walter Hofmann, der sich selber als Fachmann für esoterische und östliche Weltanschauungen bezeichnete.

1985 gründete sie das „Heimholungswerk Jesu Christi" – umbenannt in „Universelles Leben". Wirtschaftliche Aspekte wurden immer wichtiger. Es begann eine starke Bautätigkeit: Kindergärten (Kinderland e. V.), Schulen, Wohnhäuser und Handwerksbetriebe (so genannte Christusbetriebe) entstehen. Eine „Wir sind für Sie da – Dienstleistungs-GmbH" wird gegründet. Zahlreiche mittelständische und Kleinbetriebe gehören zum „Universellen Leben" (Helfende Hände – Soziale Dienste e. V., Kosmo-Bio-Nahrungs-GmbH, EPD – Erwerben – Planen – Bebauen GmbH, Verlag Universelles Leben).

Wesentliche Inhalte der Lehre:

- Stark von östlichen und esoterischen Gedanken (Reinkarnation und Karma) inspiriert.
- Bei der Schaffung der Welt kam es zu einem Machtkampf zwischen Licht und Finsternis. Geistwesen fielen ab. So entstand der Mensch. Durch den Tod des Geistwesen Christus am Kreuz erhielten die Menschen den Erlöserfunken, durch den sie wieder zu Gott aufsteigen können.
- Durch Erreichen der sieben höheren Bewusstseinsstufen steigt der Mensch wieder auf zum Geistwesen der Himmel. Der Mensch kann sich auf diese Weise selbst erlösen.
- Einzige Lehrautorität ist Gabriele Wittek.

Grundgliederung des Themas (evtl. für Referate):

1. ...
2. ...
3. ...
4. ...
5. ...
6. Wo finde ich Hilfe/Informationen?
- katholische Kirche/evangelische Kirche
- Sektenbeauftragte der beiden Kirchen
- Internet ...

Japan: Todesstrafe für den Sektenchef

Für Giftgasanschlag auf Tokioter U-Bahn verantwortlich

Tokio (dpa).
Fast neun Jahre nach dem tödlichen Giftgas-Anschlag auf die Tokioter U-Bahn ist der Sektenguru Shoko Asahara am Freitag zum Tode verurteilt worden. Das Tokioter Bezirksgericht befand den halb blinden Gründer der Endzeit-Sekte Aum Shinrikyo in erster Instanz in allen 13 Anklagepunkten für schuldig, Drahtzieher mehrerer von seinen Jüngern begangener Morde und Mordversuche mit insgesamt 27 Toten gewesen zu sein. Dazu zählt der Saringas-Anschlag auf die U-Bahn der japanischen Hauptstadt, bei dem am 20. März 1995 zwölf Menschen ums Leben gekommen und Tausende verletzt worden waren.

Mit dem 48-jährigen Asahara, bürgerlich Chizuo Matsumoto, wurde der letzte von 189 Angeklagten verurteilt, davon zwölf zum Tode durch den Strang. Keines der Todesurteile wurde bisher vollstreckt. Auch Asaharas Verteidiger legten sofort Berufung ein, womit sich der seit fast acht Jahren andauernde Jahrhundert-Prozess gegen ihn noch lange hinziehen dürfte. Zuletzt war die Todesstrafe in Japan im September 2003 vollstreckt worden. Die wenigen Todesstrafengegner bleiben fast alle stumm, zu schrecklich ist die Erinnerung an die Taten der Aum-Sekte.

Fast nur geschwiegen

Fünf führende Aum-Mitglieder hatten am 20. März 1995 in mehreren Zügen mit angefeilten Regenschirmspitzen Plastiktüten mit Sarin angestochen und so das tödliche Nervengas unter dem Regierungsviertel freigesetzt. Mit dem Anschlag wollte die Sekte eine geplante Razzia der Polizei gegen ihr Hauptquartier am Fuße des heiligen Berges Fuji verhindern. Die Verteidigung hält Asahara, der seit Prozessauftakt fast nur geschwiegen hat und das Todesurteil unbewegt vernahm, für unschuldig. Seine Jünger hätten eigenmächtig gehandelt.

Angehörige von Opfern reagierten mit einer Mischung aus Genugtuung über das erwartete Urteil und Verbitterung über die Gleichgültigkeit des Staates gegenüber den Opfern. „Ich wünsche mir, dass Asahara so schnell wie möglich verschwindet", sagte eine Frau, die ihren Sohn bei dem Giftgas-Anschlag in Tokio verloren hatte. Zugleich beklagte sie, dass der Staat sich nicht um die Opfer kümmere. Manche Opfer konnten sich aus der Konkursmasse einiger Firmen der Sekte in Zivilprozessen bescheidene Entschädigungssummen erstreiten. Die Regierung jedoch hat für die medizinische Betreuung nichts bezahlt.

Dabei habe die Sekte das System, die Regierung, im Visier gehabt, sagt ein Mann, dessen heute 40 Jahre alte Schwester seit dem Anschlag fast völlig gelähmt ist und deren mentale Fähigkeiten durch das Sarin auf die eines Kleinkindes reduziert sind. „Sie wollten die Politiker treffen. Meine Schwester hat es an ihrer Stelle getroffen." Jetzt solle die Regierung wenigstens helfen, dass sie würdig leben könne.

In allen 13 Anklagepunkten für schuldig befunden: der 48-jährige Sektengründer Shoko Asahara.

Bild: dpa

Gottes schulflüchtige Kinder

„Wir lernen ganz neu miteinander umzugehen – ohne Angst, ohne Feindseligkeit und ohne Misstrauen. Wir werden wie kleine Kinder. Wir leben in einem Umfeld, in dem man einander vertrauen kann. Die Liebe herrscht hier." Aus der Selbstdarstellung der „Zwölf Stämme".

5.45 Uhr wird der Schlaf unterbrochen. Nicht vom Klingeln eines Weckers. Auf den Fluren sind Gitarrenklänge und Wortfetzen zu hören: „Seine Wege offenbaren", „wie ein Gottessohn" oder „im Herzen Europas". Ein Traum? Ein Albtraum? Jemand klopft an die Tür und ruft fröhlich: „Guten Morgen!"

So beginnen die Tage der Glaubensgemeinschaft „Zwölf Stämme", die sich der Liebe verschrieben hat. Der Liebe zu Jahschua, dem Sohn Gottes. In Klosterzimmern, einem 18 Hektar großen ehemaligen Zisterzienserkloster im Landkreis Donau-Ries im bayerischen Schwaben, leben 48 Männer und Frauen, 15 davon als Paare, mit ihren 35 Kindern. Die Brüder und Schwestern mit den hebräischen Namen warten auf die baldige Wiederkehr des Erlösers, bauen Kartoffeln, Mais, Getreide und Gemüse an, züchten Ziegen und Hühner, setzen das Gut instand und predigen unbedingten Gehorsam gegenüber den „Worten Jahschuas, des Messias". Alle, ob Installateur, Sozialarbeiter, Studienabbrecher, allein erziehende Mutter, Bankkaufmann oder Fernmeldemonteur, haben ihr Vermögen in die Gemeinschaft eingebracht. Alkohol, Tabak, Fernsehen, Radio, Kino und Sex vor der Ehe lehnen sie ab. Auch die Schulpflicht. Sie weigern sich, ihre Kinder auf öffentliche Schulen zu schicken, um sie „von der Welt unbefleckt" zu halten, wie sie sagen. Deshalb müssten sie den Unterricht selbst in die Hand nehmen: „Unsere Kinder gehören nicht dem Kaiser, sondern Gott."

Geläut und schreiende Mütter

Während die Behörden in Niedersachsen und Baden-Württemberg, wo die Gemeinschaft zuvor lebte, den Konflikt nicht öffentlich austragen wollten und sich auf Kompromisse einigten, bekommen die Eltern in Bayern die Härte des Gesetzes zu spüren. Ihren Widerspruch gegen angedrohte Zwangsgelder in Höhe von 1000 Euro pro Kind lehnte das Verwaltungsgericht ebenso ab wie ihre Klage gegen die Schulpflicht.

Dennoch weigern sich die Brüder und Schwestern weiterhin, ihre Kinder in die staatliche Schule ins nahe gelegene Dorf Deiningen zu schicken. Anfang Oktober kamen Polizisten in Uniform und Zivil, der amtierende Landrat und Vertreter des Jugendamtes nach Klosterzimmern. Glockengeläut und schreiende Mütter konnten nicht verhindern, dass die Kinder für einen Tag in die Schule gebracht wurden. Dabei blieb es jedoch vorläufig, denn Fernsehbilder von Kindern, die in Polizeibegleitung in die Schule gefahren werden, haben auch die Behörden in Bayern nicht gern.

Während das Landratsamt nun einen teilweisen Entzug des Sorgerechts prüft, geht das Leben in Klosterzimmern seinen gewohnten Gang. Morgens um sieben versammeln sich Männer mit Vollbärten und kurzen Pferdeschwänzen, Frauen mit langen Haaren und weiten Röcken mit ihren Kindern in der Kirche. Dort gibt es Umarmungen für die Nächstenliebe, Mate-Tee gegen die Kälte, Gitarren- und Geigenklänge für die Tänze, die Eltern und Kinder zu Liedern wie „Jauchzt vor dem Herrn" aufführen.

Um neun geht der „göttliche Erziehungsauftrag" weiter. Kinder zwischen sechs und 15 Jahren sitzen in dicken Jacken und Anoraks auf Stühlen in der Kirche. Sie preisen in deutschen und englischen Liedern Gott und danken ihm, dass er sie erschaffen hat. Vor ihnen steht Robert Pleyer, der auf den Namen Yathar getauft wurde, was „nützlich" heißt. Der 33-Jährige hat einige Semester Sozialarbeit studiert und leitet das „Schulwesen" in Klosterzimmern. Mit gescheiteltem Haar und Bart sieht er wie ein netter Ökobauer aus.

An diesem Morgen fragt er die Kinder nach „wertvollen Eigenschaften". Nicht ohne ihnen den Grund seiner Frage zu erklären. „Unser Vater braucht Menschen, die seine wertvollen Eigenschaften ausdrücken." Anhand eines Lappens erklärt er den Begriff Eigenschaften. Die Kinder amüsieren sich, als er ihnen vorführt, dass ein Lappen nicht stehen kann. Bevor sie außer Rand und Band geraten, holt sie der Lehrer zurück auf den Boden der Realität in Klosterzimmern. „Wir sind hier, um die Eigenschaften von Gott zu verkünden. Wie ist unser Vater?", fragt er mit Nachdruck. „Das muss jetzt zackig gehen."

Eben, Sarah, Rachel und Johanna und wie sie alle heißen, heben den Arm und sagen auf, was ihnen beigebracht wurde: Liebe, Barmherzigkeit, sanftmütig, geduldig, liebevoll, fürsorglich, Frucht vom Geist, treu. Das reicht dem Lehrer nicht. „Woher wissen wir das?", fragt er und blickt ernst in die Runde. „Warum hat Gott uns nach Klosterzimmern gebracht?" Die Antwort auf die letzte Frage liefert er selbst. „Um seine Eigenschaften auszudrücken." Die Kinder nicken.

Robert Pleyer kennt, wie alle anderen Erwachsenen, die Welt außerhalb der Gemeinschaft und glaubt, die Kinder davor bewahren zu müssen. Er hat vor vielen Jahren auf der Suche nach einer alternativen Lebensform die „Zwölf Stämme" für sich entdeckt und etwas, was er vorher in seinem Leben vermisste. „Wahre Freundschaft" und ein Gefühl des „Füreinanderdaseins". Dass das Leben in der Gemeinschaft den Kindern wichtige Dinge vorenthält, findet er nicht. „Wir haben hier eine wunderbare Realität", sagt er mit einem zufriedenen Lächeln. Nach der Logik der Gemeinschaft geht es nicht darum, was die Kinder nicht lernen, sondern um das, was ihnen erspart bleibt. „Ich hätte als Kind nicht geklaut, wenn meine Klassenkameraden nicht gewesen wären", sagt Robert Pleyer. Außerdem hätten die Schüler „billige und schmutzige

Magazine" getauscht. Er findet das schlimm.

Sechs Brüder und Schwestern unterrichten die Kinder in sechs Klassen in Lesen, Schreiben, Rechnen, Englisch, Musik und Sachkunde. Die Klassen umfassen zum Teil nicht mehr als drei Kinder, weil Jungs und Mädchen getrennt lernen. Das Lehrmaterial, eine Mischung aus selbst gefertigten Lektionen und abgeänderten normalen Schulbüchern, ist ein Abbild des Lebens in der Gemeinschaft. Die Kinder lernen nicht, was ein Marathonlauf, ein Schachspiel, ein Mondflug oder der Bundestag ist. Die dargestellten Menschen sehen genauso aus wie die Brüder und Schwestern. Und mit den Bildern von Feld- und Tischlerarbeiten für die Jungen und Nähen und Kochen für die Mädchen werden die Kinder auf ihre zukünftigen Arbeiten vorbereitet.

Das Ziel der Gemeinschaft besteht darin, zu wachsen. Sie glauben, eines Tages den Erdball zu füllen. Die Kinder werden nicht gefragt, ob sie Teil dieser „neuen Gesellschaft" sein wollen. Sie werden dazu gemacht.

Die Erwachsenen sind überzeugt, ihre Kinder zu schützen. „Wir brauchen uns nicht mit Wissen zu schmücken", sagt Dieter Musiol, der als eine Art Pressesprecher fungiert. Sozialkompetenz heiße nicht, den Umgang mit der U-Bahn zu lernen, sondern ehrlich, treu, verständnisvoll und hilfsbereit zu sein. Der 52-Jährige ist Autoelektriker und stieß vor 24 Jahren auf der Suche nach dem Sinn des Lebens zu den „Zwölf Stämmen". Seitdem trägt er den Namen Nahum, „Trost". Dass die Kinder irgendwann Nachteile haben könnten, will er nicht sehen. Als Heranwachsende sei es ihnen freigestellt, in der Gemeinschaft zu bleiben, sagt er, fügt aber hinzu: „Die Kinder bleiben bei uns."

Sie will Gott gefallen

Die 19-jährige Joy ist ein nettes, schüchternes Mädchen, das auf den Namen Simchah Schalomah, „Freude und Friede", hört und das zusammen mit anderen dafür sorgt, dass täglich Essen auf dem Tisch steht. Sie wurde in einer Gemeinschaft in den USA geboren. Ihre Mutter ist Amerikanerin, der Vater Deutscher. Nach einigen Jahren in Gemeinschaften in Frankreich und England kam sie vor sieben Jahren nach Deutschland. Sie hätte vor einigen Jahren die Gemeinschaft verlassen können. Aber sie will nicht. „Wir leben, um Gott zu lieben. Ich will mich selbst reinhalten und Gott gefallen", gibt sie wieder, was ihr beigebracht wurde. Ob sie etwas vermisst? Sie überlegt. „Eine Ausbildung wäre nicht schlecht", sagt sie. „Einige Sachen konnte ich nicht lernen." Sie musste sich um sechs Geschwister kümmern. Gerne würde sie richtig schneidern und musizieren können und nicht nur ein bisschen. Dann spricht sie von „Abwägen" und „Werten in der Gemeinschaft" und sagt, dass sie zuversichtlich ist, bei den „Zwölf Stämmen" richtig nähen und musizieren zu lernen.

Joy befindet sich zur Zeit in einer wichtigen Phase ihres Lebens. Seit einem Monat ist sie in der „Wartezeit". Das bedeutet: Wenn ein Mann und eine Frau aus der Gemeinschaft Gefallen aneinander finden, treffen sie sich etwa drei Monate lang zu Gesprächen, um herauszufinden, ob sie sich binden wollen. Der Mann, der ihre Eltern um eine „Wartezeit" mit ihr bat, ist Robert Pleyer, der sie als Kind unterrichtet hat. „Ich mag ihn. Ich will rausfinden, ob es mehr ist", sagt Joy etwas verlegen. „Bis jetzt läuft es gut. Ja, ich denke ans Heiraten." Sie erzählt, dass sie unbedingt Kinder haben will. „Aber nicht sieben wie meine Mutter."

Barbara Bollwahn de Paez Casanova

Die Glaubensgemeinschaft

Die christlich-jüdische Gemeinschaft „Zwölf Stämme" wurde vor etwa 25 Jahren in den USA gegründet und hat in Deutschland knapp **100 Mitglieder**. Der Name kommt von den zwölf Stämmen Israels in der Bibel. Ein Großteil der wie Spätthippies aussehenden „Brüder" und „Schwestern" lebt seit Sommer 2000 in Klosterzimmern, einem **Zisterzienserkloster** im bayrischen Schwaben. Mit dem Geld eines Ehepaares der Gemeinschaft erwarben sie das 18 Hektar große Gelände. Zehn „Brüder" der Gemeinschaft montieren „draußen in der Welt" Küchen und tragen nach Angaben der Gemeinschaft so die monatlichen Fixkosten.

Die Mitglieder der Gemeinschaft sind polizeilich gemeldet, sie machen von ihrem **Wahlrecht keinen Gebrauch**, beziehen weder Sozialhilfe noch Arbeitslosengeld und verzichten auf eine **Sozialversicherung**. Es liegt jedoch im Ermessen jedes Einzelnen, bei ernsthaften Erkrankungen normale Ärzte zu konsultieren. **Kontakt** mit den 1900 Einwohnern des nahe gelegenen Dorfes Deiningen gibt es kaum. Für Aufsehen sorgt die Weigerung der Gemeinschaft, ihre Kinder auf staatliche Schulen zu schicken.

Für den Sektenbeauftragten der Evangelischen Kirche Bayerns, Wolfgang Behnk, sind die „Zwölf Stämme" eine **Sekte**. In einem Bericht über die Gemeinschaft schreibt er: „In dem Bestreben, unter ihren Mitgliedern Harmonie und Liebe zu sichern, bedient die Gemeinschaft sich der Mittel **geistiger Bevormundung**, kollektiver Vereinnahmung, hierarchisch-autoritärer Unterwerfung, disziplinarischer Repression und **sozialer Isolation**." *Aus: Die Tageszeitung vom 7. 11. 2002*

Die Glaubensgemeinschaft

1. Wann wurde die christlich-jüdische Gemeinschaft gegründet?
2. Wo wurde sie gegründet?
3. Wie viele Mitglieder hat sie in Deutschland?
4. Wie werden die monatlichen Fixkosten für die Gemeinschaft erwirtschaftet?
5. Wie verhalten sie sich gegenüber dem Staat?
6. Welches Verhalten sorgte für Aufregung?
7. Mit welcher Begründung bezeichnet Wolfgang Behnk, der Sekten-Beauftragte der Evangelischen Kirche in Bayern, die „Zwölf Stämme" als Sekte?

Gottes schulflüchtige Kinder

8. Wann und wie beginnen die Tage der Glaubensgemeinschaft?
9. Worauf warten die Mitglieder dieser Glaubensgemeinschaft?
10. Wie bewirtschaften sie den 18 Hektar großen Besitz?
11. Welche Berufe haben die Mitglieder dieser Glaubensgemeinschaft?
12. Wie finanzieren sie ihr Leben?
13. Was lehnen sie ab?
14. Wie verhielt sich der Staat beim Thema „Schulpflicht"?
15. Wie gestaltet sich der weitere Tagesablauf?
16. Wer ist Robert Pleyer, welche Bedeutung hat er für die Gemeinschaft?
17. Wovor glaubt er, die Kinder bewahren zu müssen?
18. Ergänze: „Es geht nicht darum, was die Kinder nicht lernen, sondern…"
19. Wer unterrichtet die Kinder, in welcher Form?
20. Was gibt es über das Lehrmaterial zu sagen?
21. Was ist das Ziel der Gemeinschaft?
22. Dieter Musiol fungiert als eine Art Pressesprecher. Er behauptet: „Sozialkompetenz heißt…"
23. Mit welchem Argument will er widerlegen, dass die Kinder irgendwann Nachteile haben könnten?
24. Berichte über die 19-jährige Joy!
25. In welcher wichtigen Phase ihres Lebens befindet sie sich zur Zeit?
26. Wie ist deine Meinung zu dieser Glaubensgemeinschaft?

Foto: Volker Derlath

Die Sekte breitet sich aus im Dorf

Im Wirtshaus verstummen die Gespräche, wenn ein Fremder eintritt. Michelrieth ist das bestbewachte Dorf Bayerns, vermuten Einheimische. Weil sich die Prophetin und der Sektenanwalt hier niedergelassen haben, durchkämmen die „Gewappneten", der Sicherheitsdienst der Sekte, Tag und Nacht das Dorf.

Das alte Schulhaus haben sie nicht bekommen, sonst aber sind die Sekten-Unterhändler sehr erfolgreich gewesen beim Häuserkauf im Spessart-Dorf Michelrieth. Das Schulhaus im Dorfzentrum hat der Sohn der früheren Mesnerin gekauft. Thomas Müller ist mit seiner Familie nach Michelrieth zurückgekehrt, er hat das Mesneramt von seiner Mutter übernommen und das alte Schulhaus zum Wohnhaus umgebaut, weil er sein Heimatdorf nicht ganz dem Universellen Leben (UL) überlassen wollte. „Alle reden von Scientology", wundert er sich, über „die ureigene bayerische Sekte, das Universelle Leben" werde viel zu wenig gesprochen.

Michelrieth, überwiegend evangelische Gemeinde im Spessart, muss schon seit mehr als zehn Jahren mit der Sekte dem UL leben. Es fing damit an, dass 1986 UL-Ärzte ein altes Klinikgebäude im Dorf übernahmen und es als Naturklinik „für Leib und Seele" ausbauten. Mittlerweile ist mehr als die Hälfte des Dorfes von der Sekte besetzt. Kaum ein Haus im Neubaugebiet des 800-Seelen-Dorfes, das nicht vom UL aufgekauft oder angemietet ist. Mitten durch das Dorf geht die Sektenlinie. Hier die Neubauten der UL-Schwestern und -Brüder, dort die Höfe der alten Dorfbewohner.

Was einige der alten Dorfbewohner besonders schreckt: Inzwischen macht sich die Sekte auch im Dorfkern breit. UL-Wohngemeinschaften werden demnächst im Neubau neben der Dorfgaststätte einziehen, dort, wo früher ein altes Gehöft gestanden ist. Und neben dem evangelischen Friedhof hat die Sekte Senioren angesiedelt.

Allgegenwärtig: Männer mit Funkgeräten

Christian Sailer, der Sprecher und Anwalt der Sekte, lebt im Dorf. Die Prophetin selbst hat sich in Michelrieth ein Haus am Waldrand ausgesucht. Wer zu nahe an das Haus der Prophetin gerät, dem kann es passieren, dass er sich plötzlich in die Zange genommen fühlt von Männern mit Funkgeräten. Die melden an die Zentrale, wenn verdächtige Fremde sich in der Sektensiedlung verirren.

Beim Spaziergang durchs Dorf und im Wald trifft niemand auf die Prophetin. Doch wenn der weiße Audi durch die Grafschaftsstraße braust, kann man Gabriele Wittek hinter getönten Scheiben erkennen, sagt Thomas Müller. Ein aktuelles Foto der selbst ernannten Prophetin würde hoch gehandelt werden, vermutet er. Doch so nah, dass man sie fotografieren könnte, kommt die Frau mit den schwarz gefärbten und straff zurückgebundenen Haar keinem der Dorfbewohner.

Die gute Luft im Spessart und die nahe Autobahn waren vermutlich ähnlich ausschlaggebend für die Siedlungspolitik der Sekte. Günstig für die Sekte war vermutlich auch, dass Michelrieth von der Stadt Marktheidenfeld aus regiert wird. In der Stadt selbst gibt es nur vereinzelt Sektenmitglieder, doch in den eingemeindeten Dörfern hat das Universelle Leben Wurzeln geschlagen. Grundstücke in den umliegenden Dörfern an die Sekte zu verkaufen, schien der Stadtverwaltung kein Problem. Oft genug hat das UL auch deutlich mehr geboten für Grundstücke als die Einheimischen. Das hat sicher zusätzlich gelockt. Mit „ganz normalen Ängsten vor allem Fremden", erklärt Bürgermeister Leonhard Scherg die Ängste der Dorfbewohner vor einer Unterwanderung durch die Sekte.

Neben der Privatklinik in Michelrieth unterhält die Sekte im Nachbardorf Esselbach eine private, vom Staat mitfinanzierte Schule. Ein paar Kilometer weiter, in Kredenbach, hat sich die UL-Sozialstation „Helfende Hände" niedergelassen. Das Einkaufsland „Alle für alle" wirbt im benachbarten Altfeld um Kunden auch aus der weiteren Umgebung.

Einschüchterungsversuche

Manche UL-Äußerung könne „ängstliche Gemüter schon erschrecken", räumt der Marktheidenfelder Bürgermeister ein. Doch niemand müsse das besonders ernst nehmen, sagt er. Der Michelriether Pfarrer Reinhold Völler und Mesner Thomas Müller berichten von telefonischen und schriftlichen Einschüchterungsversuchen der Sekte. Auch Hiltrud von Loewenich, die Frau des früheren Landesbischofs, hat schon erlebt, wie ihre Nachbarn mit Wurfzetteln des UL vor ihrem Mann gewarnt worden sind. „Da fühlt man sich machtlos", sagt sie, „gegen dieser Art der Auseinandersetzung kann man sich nicht wehren."

In zwei Instanzen hat Sektenanwalt Christian Sailer vor kurzem gegen die Kirchengemeinde prozessiert, weil ihm die Internetseite der Gemeinde übel aufgestoßen ist. Der erhoffte Erfolg für die Sekte ist allerdings ausgeblieben. Unter http://www.michelrieth.de kann man weiterhin nachlesen, wo und wie „die wesentlichen Fäden der wirtschaftlichen Aktivitäten der Sekte zusammenlaufen". Nur einige Halbsätze sind geschwärzt.

Über die Klinik in Michelrieth heißt es in der Internet-Seite der Kirchengemeinde: Sie soll „das von der Prophetin offenbarte Gesundheitskonzept in die Tat umsetzen". Danach beruht Krankheit im Wesentlichen auf „falschem Denken". „Menschliche Schuld und Versagen werden nach der Lehre des UL in der gigantischen ‚Buchhaltung Gottes' gespeichert und fallen in der Form von Krankheiten oder Schicksalsschlägen wieder auf die Schuldigen zurück."

Erfahrungen mit der Christusklinik

Kaum ein Leiden, das in der „weltweit ersten Christusklinik" nicht behandelt wird. Ein Schreiben des Gesundheitsamtes hat entscheidend dazu geholfen, dass aus der Kurklinik ein Allgemeinkrankenhaus geworden ist, die auch „akutstationäre Krankenbehandlung" anbieten darf. Beamte und deren Angehörige bekommen seither über die Beihilfe 50 bis 80 Prozent der Kosten in der so genannten Christusklinik erstattet. „Ich komme jedes Jahr in den Herbstferien hierher", schwärmt eine Lehrerin aus Nürnberg, die Seele könne hier richtig aufatmen, „die machen hier so eine tolle Maltherapie".

Sie habe den Ärzten in der Michelriether Klinik voll vertraut, sagt die Sektenaussteigerin Irene Saft aus Heilbronn, die über eine Fastenkur in die Sekte geraten ist. Nie habe sie geglaubt, sie könne selbst einmal in einer Sekte landen, sagt sie heute. „Ich wusste nicht, wie leicht man da hineingezogen wird."

Irene Saft hat die Tropfen geschluckt, die ihr ans Bett gestellt wurden. „Ich habe auch nicht nachgefragt, was die mir injiziert haben", sagt sie. Erst nach und nach seien ihr Veränderungen an sich selbst aufgefallen. „Meine eigene Stimme war mir fremd", erinnert sie sich, „ich bin ganz außer mir gewesen."

Nach einer Meditation – „wir lagen alle auf dem Boden, die Kassette von der Prophetin wurde abgespielt" – sei sie in Panik erwacht. „Mit Herzrasen, eiskalten Füßen, die Hände wie abgeschnitten." Wie unter Zwang habe sie dann in ihrem Zimmer „alles niederschreiben müssen". Und am anderen Tag hat sie dann im Gruppengespräch alles erzählt, was sie unter innerem Druck geschrieben hat.

Der so genannte innere Weg, den Anhänger der Prophetin beschreiten sollen, macht „taub und gefühllos für alles, was von außen kommt", sagt Irene Saft. Man soll nichts Unwesentliches sprechen, fordert Gabriele Wittek von den so genannten Schwestern und Brüdern im UL. Und bevor man sich auf Gespräche mit Außenstehenden einlässt, soll man genau prüfen, ob man nicht zu viel von der wertvollen Sekten-Energie an weniger hochstehende Menschen verschwendet.

Über „das Wetter oder die schönen Blumen im Garten kommen Sie nicht hinaus", berichtet die Kirchenpflegerin Helga Schäfer in Michelrieth von Gesprächen mit Sektenanhängern. Als Zeitungsausträgerin kommt sie täglich auch in das Wohngebiet der Sekte. „Die sind alle unheimlich freundlich", sagt sie, „aber Sie können nicht reden mit denen." Wenn sie nur frage, wie es ihnen in Michelrieth gefällt, „dann drehen die sich schon um". Fast so, als habe sie etwas Obszönes gefragt.

Misstrauen macht sich breit

„Wenn eine Sekte so lange im Dorf ist, ist es nicht mehr schön", sagt sie über das Leben hier. Das Misstrauen untereinander ist für sie das Schlimmste. An zwei Händen kann sie die Leute im Dorf abzählen, die wirklich nichts mit der Sekte zu tun haben wollen. Immer wieder sei es das Geld, mit dem die Sekte locke. Längst ist die Sekte größter Arbeitgeber im Dorf geworden: Sie vergibt Aushilfstätigkeiten und Jobs in der Klinikverwaltung, in der Ambulanz und im hauswirtschaftlichen Dienst der Seniorenwohnanlagen.

Im Michelriether Wirtshaus verstummen oft die Gespräche, wenn Fremde in die Stube treten. „Wir wissen ja nicht, ob einer vom UL geschickt worden ist oder nicht", sagt Gastwirt Hans Mohr. Froh ist der evangelische Gastwirt darüber, dass die Landeskirche die Pfarrstelle um eine Halbtagsstelle aufgestockt hat, um der Kirchengemeinde Rückhalt zu geben in der Auseinandersetzung mit der Sekte.

Ele Schöfthaler

Aus: Unser Auftrag, 11/1999
    Mit freundlicher Genehmigung der Autorin

1. Von welcher Sekte ist in diesem Artikel die Rede?
2. Von welcher Gemeinde wird hier berichtet?
3. Wie und in welcher Weise nahm die Sekte Einfluss auf die Gemeinde?
4. In welcher Weise hat sich die Sekte im Dorf ausgebreitet?
5. Wer ist die so genannte „Prophetin"?
6. Was war ausschlaggebend für die Siedlungspolitik der Sekte?
7. In welcher Weise hat die Stadtverwaltung Marktheidenfeld die Ansiedelung der Sekte begünstigt?
8. Was gibt es über die Einschüchterungsversuche der Sekte zu sagen?
9. Wie endete der Prozess der Sekte gegen die Kirchengemeinde?
10. Worauf beruht – nach der Lehre der UL – Krankheit?
11. Wie hat der Staat beim Thema „Klinik" der Sekte geholfen?
12. Berichte über die Erfahrungen der Sektenaussteigerin!
13. Mit welchem Mittel lockt die Sekte? Hat sie damit Erfolg?
14. Informiere dich unter der Internet-Adresse „michelrieth.de" über die Aktivitäten der Sekte „Universelles Leben"!

Persönliche Probleme? Mutlos? Ängstlich? Es gibt immer eine Lösung. Rufen Sie uns an.

Telefonhilfe aus geistiger Sicht
Tel. ▓▓▓▓▓ täglich von 19 – 21 Uhr

Christus - Heilstrahlung
Montags von 8.00 – 8.45 Uhr MEZ.

Welt-Heilstrahl-Gebet
Freitags von 6.30 – 7.15 Uhr MEZ.

Glaubensheilung wie im Urchristentum
Christus wirkt durch Glaubensheiler im gemeinsamen Gebet.
Mittwochs, Beginn jeweils 6.30 und 7.30 Uhr.
Ort: Haus des Universellen Lebens, ▓▓▓▓▓

Gott spricht
zu uns Menschen direkt
- wie durch die Propheten des Alten Bundes - und lehrt Wahrheiten, welche die Welt bisher nicht kannte.

Hören auch Sie die göttlichen Offenbarungen im Originalton auf Cassette.

Spüren, wie schön es ist zu leben

Ich bin für andere wichtig, ich werde gebraucht

Manchmal kochte sie für die kranke Nachbarin eine Kleinigkeit

Heute lohnt es sich zu leben, weil ...

Gelingt eine Schlichtung?

Jedes Jahr werden in den 87.000 Sportvereinen rund eine halbe Milliarde Arbeitsstunden von über zweieinhalb Millionen ehrenamtlich tätigen Mitarbeiterinnen und Mitarbeitern geleistet: Tolle Leistung – Zeit für ein Dankeschön!

DEUTSCHER SPORTBUND
50 JAHRE

Ich bin für Gott wichtig – Meditation von Glaubensaussagen – Info für Lehrer/innen

Die folgenden Glaubensaussagen sollen Gegenstand einer Meditation sein.
Mit einzelnen Klassen, in denen dies möglich erscheint, könnte das Bild die Grundlage der Meditation bilden. Der Lehrer liest dabei die Bibeltexte vor.

Gottes Trost für Zion:

Doch Zion sagt: Der Herr hat mich verlassen, Gott hat mich vergessen.
Kann denn eine Frau ihr Kindlein vergessen, eine Mutter ihren leiblichen Sohn?
Und selbst, wenn sie ihn vergessen würde: ich vergesse dich nicht

Jes 49; 14–15

Das Ziel der Sendung Jesu

… Denn Gott hat die Welt so sehr geliebt, dass er seinen einzigen Sohn hingab, damit jeder, der an ihn glaubt, nicht zugrunde geht, sondern das ewige Leben hat. Denn Gott hat seinen Sohn nicht in die Welt gesandt, damit er die Welt richtet, sondern damit die Welt durch ihn gerettet wird. Wer an ihn glaubt, wird nicht gerichtet; wer nicht glaubt ist schon gerichtet, weil er an den Namen des einzigen Sohnes Gottes nicht geglaubt hat. Denn mit dem Gericht verhält es sich so: Das Licht kam in die Welt und die Menschen liebten die Finsternis mehr als das Licht; denn ihre Taten waren böse. Jeder, der Böses tut, hasst das Licht und kommt nicht zum Licht, damit seine Taten nicht aufgedeckt werden. Wer aber die Wahrheit tut, kommt zum Licht, damit offenbar wird, dass seine Taten in Gott vollbracht sind.

Joh 3; 14–21

Vincent van Gogh (1853–1890): La Nuit étoilée
Museum of Modern Art, New York

Der zärtliche Gott

Wie eine Henne ihre Kücklein, wie ein Bräutigam seine Braut, wie eine Mutter ihr Kind... so liebt uns Gott. Augenblicke, in denen der Mensch das verstehen kann?
Sie gehen vorüber. Aber sie müssen erfahrbar gewesen sein, damit der Mensch sich erinnern kann. Als ich dich umarmte, ging über meinem Leben die Sonne auf, als ich dich in den Armen hielt, wusste ich, was Heimat bedeutet.
Als die Zeit versank, die Stunden eilten und alle Angst, da wusste ich, dass es noch etwas mehr geben muss als dich und mich.
Das alttestamentliche Lied der Lieder kam mir in den Sinn: „Du bist schön, meine Freundin... leg mich wie ein Siegel auf dein Herz. Stark wie der Tod ist die Liebe... Ich will dir meine Zärtlichkeit schenken..."
Unsere Zeit ist arm an Zärtlichkeiten.
Aber sie schreit auch danach. Die Großmutter im Altenheim schreit nach ein wenig Zärtlichkeit, nicht nach dem Enkel, der zur Zeit der Rentenauszahlung die Hand aufhält. Die Frau im Rollstuhl schreit nach Zärtlichkeit, nicht nur nach Betreuung, wie es die Pflicht will.
Stark wie der Tod ist die Liebe. Ist sie es? – Die Frage ergeht an alle, die einmal sagten: „Bis dass der Tod uns scheidet."
Der Mensch in seiner Ohnmacht ist da überfordert. Aber Gottes Treue geht uns voran.

Sich für Gott öffnen im Nachdenken, Beten und Singen – Lehrerinformation

Einen Zugang zu Gott finden, indem im Rahmen einer ganzheitlichen Erziehung über kognitive Aspekte hinaus der Schüler emotional in den Bann gezogen wird, erscheint gerade bei diesem Themenbereich als überaus angebracht und bietet die Möglichkeit, dass sich Schüler in verschiedenen Formen in den Unterricht einbringen können. Das Öffnen für Gott könnte unter folgenden Schwerpunkten angeregt werden:

1. Nachdenken:

Nachdenken über Vorgänge, Personen (Klassenkameraden, Prominente aus Sport, Politik u. Ä...., Vorbilder, Abzocker, Mädchen, Jungs, Nobelpreisträger, Super-Stars, Filmschauspieler, Eltern), Schlagzeilen, Geschehnisse, Umweltaktionen, Straftaten, Auszeichnungen, Filme, Besitz, Produktion, Elend, Dritte Welt, Kunst, Kultur, Technik...

2. Beten:

Grundgebete gemeinsam beten – Gebete selbst formulieren lassen – muslimische Gebete mit christlichen Gebeten vergleichen –
Gebete als Collage aufbereiten –
Gebete zu Bildern formulieren – Gebete graphisch ausgestalten

3. Singen:

Liedbegleitung mit Klavier, Gitarre usw. je nach Möglichkeiten von Lehrer/Schüler:
Mögliche Liedauswahl:
– Vergiss nicht zu danken dem ewigen Herrn...
– Er hält das Leben in der Hand

Sich für Gott öffnen – eine Wallfahrt nach Altötting

Jung, gläubig, gut zu Fuß

Jedes Jahr im April pilgern Christen aus allen Teilen Bayerns nach Altötting und leiten damit die **Wallfahrtssaison** ein. Unter ihnen sind auch viele Jugendliche auf der Suche nach Besinnlichkeit

Es gibt Wege, die sind so lang und beschwerlich, dass man sich fragt, warum jemand sie freiwillig geht. Der Weg von Regen nach Altötting ist so einer – 120 Kilometer und drei Tagesmärsche lang. An diesem frühen Donnerstagmorgen, die Sonne ist gerade erst aufgegangen, treten ihn 52 junge Menschen an. Sie tauchen ein in die kühle Luft, Rucksäcke geschultert, mit müden Augen und fröstelnden Gliedern, marschieren sie einfach los. Und wer sie zum ersten Mal begleitet, stellt sich die Frage: Wie wollen sie bei dem Tempo durchhalten – und wie will man es selbst?

Ohne Blasen und Muskelkater anzukommen, hatte der Generalvikar zuvor in der Pfarrkirche beim Segen gewünscht. Dass es ein frommer Wunsch bleiben wird, wissen die meisten. Dass wunde Füße und schmerzende Gelenke unvermeidlich sind, sowieso. Nur wer den Weg zum ersten Mal geht, hofft da noch.

Jedes Jahr im April pilgert die Jugend nach Altötting und leitet damit die Wallfahrtssaison in dem oberbayerischen Pilgerort ein, einem der bedeutendsten in Deutschland.

Am Anfang, nach dem Zweiten Weltkrieg, waren es junge Soldaten, die sich zum Dank für ihre Heimkehr auf die Pilgerreise machten. Später schlossen sich Jugendliche an, und mittlerweile hat sich ihre Zahl bei etwa 5000 Pilgern eingependelt. Auch in diesem Jahr strömen sie wieder aus Passau, Osterhofen, Pfarrkirchen und eben aus Regen zusammen.

Raureif glitzert noch auf den Wiesen, als die Regener Pilger die ersten Hügel nehmen. Das Tempo wird verschärft – „bergan moche ma des imma so", erklärt Klaus, 25, mit Sepplhut und stets guter Laune. Er wallfahrtet zum zweiten Mal ab Regen, zuvor war er jahrelang die kürzere Strecke ab Osterhofen gelaufen.

Klaus läuft mit zwei Brüdern, einer Schwester und Freunden – keiner ist zum ersten Mal dabei. Neue Gesichter fallen auf, davon gibt es nicht so viele. Denn die Regener Wallfahrer sind eine eingeschworene Gemeinschaft.

Pilger aus Regen trugen ein Kreuz bis nach Altötting

„Die ganz Harten", wie sie die Pilger aus Osterhofen oder Passau nennen. Denn als Einzige laufen sie nicht zwei, sondern drei Tage – statt 80, 120 Kilometer.

Manche, wie Martina, 26, reisen dafür eigens aus dem 45 Kilometer entfernten Aldersbach an. Vor einem Jahr hatte sie die Prüfung zur Bilanzbuchhalterin bestanden und sich vorher geschworen, „wenn's klappt, gehe ich von Regen nach Altötting". Prüfungen, Schicksalsschläge, großes Glück oder Leid sind häufig Anlass, um nach Altötting zu pilgern. Bei Günther, 33, war es einst ein verunglückter Cousin, bei Gertraud, 23, und Sarah, 24, einfach das „Gefühl, da mal mitlaufen zu müssen". Und fast alle, die einmal dabei waren, kommen wieder. „Des is wie oane Sucht", sagt Klaus.

Mittags, bei der Rast in Siederding, nach 20 Kilometern, fühlt sich der „Frischling" allerdings alles andere als berauscht. Die Füße brennen, die feuerrote Haut wirft erste Blasen und frisch fühlt man sich schon länger nicht mehr. Bei den ersten Schritten nach der Pause scheinen die Schuhe mit Nadeln gespickt. „Profi-Pilgerer" wie Anton, 35, Feinoptiker aus Kirchdorf, lacht und sagt, „des wird schoa. Nach ein paar Kilometern spürst nix mehr." Das macht wahrhaft Mut. 21 Mal ist Anton schon nach Altötting gewallfahrtet, „immer in den gleichen Turnschuhen", sagt er und zeigt auf seine blauen, ausgetretenen Adidas, die schon 720 Kilometer unter der Sohle hatten. Dabei sei er keiner, der jeden Sonntag in die Kirche rennt, sagt er, damit kein falscher Eindruck entstehe: „Aber weil im Alltag eben oft die Zeit für Besinnung fehlt, mache ich das hier. Eine Art Selbstfindung."

Nicht zu vergessen, dass er seine Frau Barbara, 28, bei dieser Wallfahrt fand – „und vor zehn Jahren", ergänzt die zierliche Frau mit den langen schwarzen Haaren, „haben wir beim Pilgern sogar kirchliche Verlobung gefeiert".

Irgendwann nimmt der Tag ein Ende und Osterhofen, das erste Quartier, ist in Sicht. Erschreckend munter scheinen die meisten, während man selbst jeden Kieselstein unter der Sohle zu spüren meint. Doch auch Martin, 34, humpelt verdächtig. „Des tut schoa weh", sagt er und zeigt auf seine Füße. Blasen und Gelenkschmerzen gibt er offen zu und erklärt das Unverständliche: „Viele reden nicht über die Schmerzen, weil sie dazugehören. Und dann ist es auch jedes Jahr anders: Mal ist man nach dem ersten Tag noch fit, mal nach ein paar Stunden schon fertig." Er selbst ist dieses Jahr erkältet gestartet, so fühlt er sich jetzt auch: fiebrig und schwindelig. Martin, Beamter der Landshuter Umweltbehörde, läuft schon zum neunten Mal mit. Spätestens im Februar reicht er jedes Jahr Urlaub ein, um dabei sein zu können. „Auch wegen dieses Gemeinschaftsgefühls. Man sieht sich nur einmal im Jahr, doch die gemeinsame Erfahrung des Pilgerns verbindet."

Am nächsten Morgen sind die Blasen zur zweiten Sohle und schmerzfreies Auftreten zum Kunststück geworden. Wie die anderen weiterlaufen können, bleibt ein Rätsel. Doch sie laufen weiter: Gertraud mit blutigen Zehen, Martin mit schmerzenden Gelenken und selbst Barbara, die sich am Tag zuvor den Knöchel verknackst hat. Die Zahl der Pilger hat sich fast verzehnfacht. 450 ziehen aus der Osterhofener Basilika aus – im Abstand von 200 Metern laufen sie nun in fünf Zügen, die Regener vorneweg. Sie geben das Tempo vor, weil sie schon einen Tag länger laufen. Doch ihrem Schritt ist das nicht anzumerken, manchen der frisch Gestarteten ist er sogar zu schnell.

Vorbei an Wäldern und Wiesen schlängeln sich die Pilger-Züge über die Landstraßen. Es wird gesungen, gebetet, gelaufen, und die Rinder starren hinterher. Bauern auf Traktoren nicken anerkennend und Straßenarbeiter rufen mit Ehrfurcht in der Stimme: „Geht's nach Altötting?!" In Windbaising, irgendwo vor Johanniskirchen, verteilt am Straßenrand eine Frau selbst gebackene „Zwetschgenbovesen" (Gebäck mit Pflaumenmus) an die Wallfahrer.

Nach der Mittagspause knallt die Sonne auf die erhitzten Gesichter. Das Anlaufen wird zur Qual. Die ersten Pilger aus Osterhofen bitten, ein Stückchen im Begleitbus mitfahren zu dürfen. Und irgendwann sitzt auch Martina, die Finanzbuchhalterin, darin: „Schade, dass ich es nicht ohne schaffe. Aber ich kann nicht mehr." Es klingt fast wie eine persönliche Niederlage.

„Man sagt sich, schaffst du das hier, schaffst du alles", erklärt Anton, der noch immer vorneweg läuft. Doch als am Abend die Züge in Pfarrkirchen, dem zweiten Quartier, einlaufen, sind einige Gesichter schmerzverzerrt.

In der Nacht werden Unmengen an Rindertalg und Franzbranntwein verrieben, die wichtigsten Utensilien im Pilger-Gepäck. Und am nächsten Tag wird weitergelaufen. Der Schmerz ist schon Routine. „Du musst singen, beten oder an etwas anderes denken", rät Anton. Dabei fragt man sich eigentlich nur, warum das alles? „Weil es dir danach einen unglaublichen Schub gibt", sagt Michaela, 25. Woher der kommt, weiß die Lehramtsstudentin aus Hängersberg auch nicht so genau. Sicherlich nicht von den Füßen, denn die sind nach der Wallfahrt erst mal nicht mehr zu gebrauchen.

Es muss wohl an diesem Abschluss liegen, dem Einzug in Altötting, der irgendwann nach drei unendlich langen Tagen tatsächlich greifbar nah ist. Dieses Gefühl, das am späten Nachmittag ganz langsam den Rücken hoch kriecht, wenn von fern her zum ersten Mal die Umrisse der Stadt mit den Kirchtürmen zu sehen sind. Und wenn man dann einläuft in die Stadt und in die Basilika, mit diesem Gefühl des Sieges über den inneren Schweinehund und die eigene Schwäche – dann weiß man, warum. Und vielleicht gehört man danach ja auch zu den Süchtigen. „Man merkt es nicht gleich", sagt Martin. „Aber wenn der nächste Termin näher rückt, und man unruhig wird, dann ist es so weit."

Heike Vowinkel

Zwischen den Wiesen geht's vorwärts: Die Pilger im „Marsch auf Altötting"

Gott in der Mailbox finden

Beten per Internet – die Münchner Jesuiten stoßen mit ihrem Angebot auf ungewohnte Resonanz

Beten per Internet, geistliche Begleitung per E-Mail – und das von München aus für alle deutschsprachigen Länder: Dank moderner Kommunikationstechnik ist es möglich und ein christlicher Orden ist federführend, wenn es um die Nutzung der neuesten Technik zu seelsorgerischen Zwecken geht: die Jesuiten. „Wir sehen darin auch eine Chance für Menschen, die einen neuen Zugang zu Fragen des Glaubens und der Religion suchen", sagt Stefan Kiechle, als Novizenmeister für den Ordensnachwuchs zuständig.

Der Erfolg gibt dem Konzept Recht: Seit der Orden Meditationsimpulse per Internet anbietet, können die Ordensbrüder den Andrang kaum bewältigen.

„Die Idee kam mir, als eine Bekannte, die im Management einer größeren Firma arbeitet, erzählte, dass sie ja gern ‚was Geistliches machen wolle, aber einfach keine Zeit und keine Ruhe dafür habe", berichtet Ansgar Wiedenhaus. Der junge Jesuit, der nach seiner Priesterweihe jetzt gerade eine erste Gemeinde übernommen hat, kannte das Prinzip der Online-Exerzitien aus Vietnam und hatte vor einigen Jahren in einer Frankfurter Gemeinde auch „Fasten per SMS" erlebt. „Daraus ergab sich die Idee für Exerzitien per Mail auch in Deutschland."

Im vergangenen Sommer startete das Projekt, und kaum war das Angebot auf der Homepage der deutschen Jesuiten angekündigt, war der Kurs auch schon voll. „Ich musste vier Tage vor Anmeldeschluss die Notbremse ziehen, denn ich allein kann nur höchstens 15 Teilnehmer begleiten." Schließlich bedeutete das Verschicken der täglichen Impulse und die sich anschließende Betreuung der Antworten täglich drei bis vier Stunden Arbeit. Für den nächsten Kurs erbat sich Wiedenhaus bereits Unterstützung von Mitbrüdern. Momentan bastelt er an einem Team, um das Angebot vor Weihnachten ausbauen zu können.

Doch wie erklärt sich der Orden die große Nachfrage nach Anregungen und Erwiderungen auf Meditationsgedanken? Stefan Kiechle erlebt nicht nur bei Menschen, die sich für das Ordensleben interessieren, ein Bedürfnis nach Ruhe, Stille und Gesprächen über bedenkenswerte und oft existenzielle Fragen des Daseins. „Die geistlichen Übungen des Ordensgründers Ignatius von Loyola bieten dem modernen Großstadtnomaden individuelle Erfahrungen", so der Jesuit, der mit 22 Jahren in den Orden eintrat und mittlerweile Verfasser nicht nur eines Buches über den „Jesuitenorden heute", sondern auch über Ignatius und seine Arbeit an Meditationsmethoden ist. Schließlich sind die Ignatianischen Exerzitien eine Art Markenzeichen, sie „gehören sicher zum Besten, was die Jesuiten zu geben haben", wie Stefan Wiedenhaus meint.

Auch die Online-Exerzitien orientieren sich an dem, was Ignatius vor immerhin 450 Jahren erfahren und erarbeitet hat. Ziel ist, durch bestimmte Vorgehensweisen bei täglicher Meditation mit und ohne Text nicht weniger als ein Gespür für Gottes Begleitung jedes individuellen Menschenlebens zu bekommen. Täglich erhält der Teilnehmer per Mail kurze Texte, die er sich im Lauf des Tages durch den Kopf gehen lassen und dann kurze Gedanken dazu formulieren soll. Im Lauf des für 30 Tage konzipierten Prozesses stelle sich oft eine erstaunliche „Exerzitiendynamik" ein, Erfahrungen, die ohne professionelle Begleitung kaum möglich wären.

Will per Internet mehr Menschen zum Glauben verhelfen: Novizenmeister Stefan Kiechle

Denn die Professionalität in Sachen spirituellem Weg kann man Mitgliedern des Jesuitenordens nicht absprechen. Zehn bis 15 Jahre Studium und geistliche Ausbildung hat derjenige hinter sich, der sich mit dem „Terziat" und weiteren 30 Tagen Exerzitien lebenslang an den größten katholischen Männerorden bindet.

Und auch das Gebet per Web nimmt immer größere Ausmaße an. Seit August betreut die Online-Redaktion der deutschen Ordensabteilung von der Münchner Kaulbachstraße aus die deutschsprachige Version von „Sacred Space", die von irischen Jesuiten entwickelten Gebetsseiten. Täglich wechselnde Gebetsimpulse und weiterführende Anregungen zum Nachdenken stehen für das Konzept dieses Online-Angebots, das sich auf die spirituellen Erfahrungen der Jesuiten stützt. Mit diesem Gebets-Impuls sollen nicht zuletzt auch diejenigen erreicht werden, die sich noch gar nicht oder seit langer Zeit nicht mehr mit dem Beten auseinander gesetzt haben. Und auch dieses Konzept der irischen Jesuiten ist erfolgreich: Über sieben Millionen Besucher wurden seit 1999 auf den Webseiten von „Sacred Space" gezählt, das Gebets-Angebot ist mittlerweile in 16 Sprachen übersetzt.

Die deutschen Jesuiten haben für ihren Online-Dienst am Menschen ein Schlagwort geprägt: Deus ex Machine oder, Deutsch formuliert: „Gott in der Mailbox finden".

Martina Kausch

Mehr Infos im Internet:
www.jesuiten.de

2. Wofür die Kirche da ist – Hilfen zum Leben

Lernziele

- Aufmerksam werden auf das Wirken der Kirche in ihrem Lebensraum
- Die Kirche als Gemeinschaft verstehen, zu deren Selbstverständnis es gehört, sich für andere Menschen, für Arme, Not leidende und Unterdrückte einzusetzen
- Einen Einblick in die vielfältigen Aktivitäten und Projekte kirchlicher Gruppen und Verbände gewinnen
- Interesse wecken, sich in der Kirche zu engagieren

Medien

42 40810	„Bananen – Reif für den Handel" (20 min)	
10 03842	„Bananen Transfair" (36 Dias)	
42 40697	„Biagio Conte – Bruder der Armen" (23 min) – moderner Heiliger	
42 40928	„Chico Velho – Der große Fluss der kleinen Leute" – (30 min) – Bischof und Kleinbauern gegen brasilianischen Staat	
42 40312	„Christsein in Rom" (30 min)	
42 40324	„Dies ist euer Land" (43 min) – Slums in Südafrika	
42 41394	„Die Firmung" (18 min)	
42 41777	„Frucht vom goldenen Baum" (13 min) – Bauern in Ghana	
42 40684	„Gemeinsam besser helfen" (20 min) – Hilfe durch die Caritas	
42 42034	„Heimat geben – Friedrich von Bodelschwingh" (15 min)	
42 41754	„Hier soll wieder Leben sein" (28 min) – Kampf um Strom und Wasser	
42 40829	„Hilfe für Menschen" (27 min) – Verbände der freien Wohlfahrtspflege	
42 41434	„Hilfe ohne Grenzen" (30 min) – Arbeit der Caritas	
42 41454	„Hoffnung in der Mega-Stadt" (29 min) – Mega-Städte in Brasilien	
42 40939	„Kaltgestellt" (29 min) – Armut in Deutschland	
42 42076	„Lichtblick" (30 min) – Hilfe für Obdachlose	
42 41748	„Not sehen und handeln. Caritas" (30 min)	
10 03836	„Schokolade Transfair" (36 Dias)	
42 01987	„Soziale Einrichtungen im Wandel" (16 min)	
42 40849	„Suchen – Orientieren – Finden" (30 min) – freiwilliges soziales Jahr	
42 41324	„Ein Tag in unserem Leben" (30 min) – Behinderte	
10 03838	„Tee Transfair" (36 Dias)	
42 04062	„Von Straßenkindern und grünen Hühnern" (30 min) – Straßenkinder in Brasilien	
42 41362	„Wir machen Kirche ganz anders" (25 min) – Vielfalt kirchlicher Jugendarbeit	

2. Wofür die Kirche da ist – Hilfen zum Leben

Aktive Pfarrgemeinden – das Evangelium als Richtschnur

Welche Angebote macht die Pfarrgemeinde?
Aus einem Pfarrgemeinderat-Info
Nicht nur schimpfen – mitmachen! Anleitung zum Nachdenken
Warum ich in der Kirche mitarbeite?
Warum engagieren sich Menschen in der Kirche?
Was bedeutet „Kirche"? – Hinweise für Lehrer/innen

Kirche in unserer Gesellschaft – Verantwortung übernehmen

Menschliche Probleme und Schwierigkeiten
Persönliche Not
Menschen haben Probleme
Die Kirche bietet Hilfe an
Caritas verteilt Lebensmittel
Seelsorgerische Dienste
Ein Mädchen kostet 80 Euro
Couragiert für die Ermutigung von Frauen
Der Brummi-Pfarrer
Die Kirche bietet Hilfe an
Haupt- und ehrenamtliche Tätigkeiten in der Kirche
Probleme in der Arbeitswelt
Die Kirchen beziehen Position für die Menschen
Unterwegs mit einem Betriebsseelsorger
Verlautbarungen der Kirche zu Problemen der Arbeitswelt

In der einen Welt leben – Einsatz für Gerechtigkeit und Frieden

Nicht auf Kosten anderer leben

Fotos: E. Birzele

Welche Angebote macht die Pfarrgemeinde?

In fast allen Gemeinden unserer Gegend gibt es einen Pfarrgemeinderat. In diesem engagieren sich ehrenamtlich Mitbürger für das Wohl ihrer Mitmenschen in ihrer Pfarrgemeinde. Gewählte Frauen und Männer gestalten das Pfarrleben mit als Ausdruck der gemeinsamen Verantwortung aller Gläubigen.

Ausgehend von der Situation der Menschen am Ort, dem sozialen und kulturellen Milieu, arbeitet der Pfarrgemeinderat an der Entwicklung seiner Gemeinde mit und erfüllt damit den Auftrag der Kirche, lebendige Christengemeinde mitzugestalten.

Die Pfarrgemeinde wird in Form von Mitteilungsblättern über Veranstaltungen in ihrer Gemeinde informiert. Einen Überblick über mögliche Themen zeigen diese Auszüge aus Veranstaltungshinweisen:

Bibelkreis

Im Bibelkreis treffen sich interessierte Christen, um unter der Anleitung von evangelischen oder katholischen Theologen die Bibel zu lesen und über deren Inhalte zu diskutieren.

Frauengemeinschaft

Jazz-Gymnastik

Kinder- und Jugendgruppen

In verschiedenen Kinder-, Jugend- und Ministrantengruppen treffen wir uns regelmäßig zum gemeinsamen Spielen, Basteln, Denken oder einfach nur Spaß zu haben. Darüber hinaus veranstalten wir Tischtennisturniere, Discos, Ausflüge und Wochenendfreizeiten.

Kirchenchor

Gesang, Freude, Geselligkeit und Gemeindeleben sind in dieser Gemeinschaft groß geschrieben. Gesangsübungen, Repertoirepflege, Mitgestaltung der Gottesdienste sind die Hauptgründe, warum wir uns immer wieder treffen und uns auf öffentliche Auftritte vorbereiten.

Männerfrühschoppen

In unregelmäßigen Abständen treffen sich Männer der Gemeinde nach dem Sonntagsgottesdienst und tauschen Erfahrungen aus, vereinbaren notwendige Arbeitseinsätze, diskutieren Gemeindeprobleme und informieren uns über jedes neue Gesicht in dieser Runde.

Preis-Schafkopf

In den Wintermonaten Oktober bis März wird im Gemeindehaus nach folgendem Motto ein Turnier gespielt: Nicht der Gewinn, die Freude am Spiel ist wichtig!
Der Beitrag ist gering, die Spieler sind fair und die Preise sorgfältig ausgesucht. Die Stimmung ist harmonisch, denn die Profis und alle, die sich so fühlen, verzeihen den Anfängern auch ihre Fehler und helfen ihnen, das Spiel zu erlernen. An jedem Samstag des Monats werden Tische aufgestellt und alle, die Freue am Schafkopfspiel haben, sind herzlich eingeladen.

Rentner-„Band"

Alle Männer der Gemeinde, die ein klein wenig Zeit für das „Drumherum" um die Kirche opfern wollen, sind herzlich willkommen. Wir fällen und stellen die Weihnachtsbäume, schneiden und putzen alles, was noch erhaltenswert erscheint, organisieren und unterstützen die Gemeindefeste und feiern entsprechend mit.
Rentener-„Band" heißen wir nur, weil vor allem die Rentner hier das Sagen haben.

Kegeln

Alle Interessierten treffen sich alle 14 Tage am Dienstag um 18.00 Uhr im Pfarrheim. Anschließend marschieren wir gemeinsam zur Kegelbahn im „Goldenen Hirsch" und betätigen uns sportlich und gesellschaftlich.

Mutter-Kind-Gruppen

Mütter mit Kindern im Alter ab ungefähr fünf Monaten treffen sich zum gemeinsamen Spielen und Singen, zum Austausch oder ganz einfach zum Ratschen.

Frauenkreis „Wort und Leben"

In diesem offenen Kreis wollen wir das Wort Gottes nicht nur hören, sondern auch in die Praxis umsetzen. Wir nehmen uns konkrete Aufgaben in der Gemeinde vor und versuchen vor Ort Hilfe zu leisten bei den Menschen, die unsere Hilfe brauchen. Wir besprechen unsere Erfahrungen und versuchen im Einzelfall auch, Hilfe von Seiten der Behörden zu bekommen.

Kindertreff:

Spaß und Spiel für Kinder im Vorschulalter und Schulkinder.

1. *Beschreibe, was in den angebotenen Veranstaltungen gemacht wird! Wer wird angesprochen? Wem soll geholfen werden?*
2. *Kannst du dir vorstellen, dass Menschen, die neu am Ort sind, eine Hilfe in diesen Angeboten sehen?*
3. *Könntest du dir vorstellen, hier in irgendeiner Weise mitzuarbeiten?*
4. *Vergleiche mit den Aktivitäten in deiner Pfarrgemeinde! Erkundige dich und berichte über geplante Vorhaben!*
5. *Welche Personen gehören deinem Pfarrgemeinderat an?*
6. *Erstelle ein Plakat mit den Angeboten, die es in deiner Gemeinde gibt!*

Foto: Michael Trippel

Aus einem Pfarrgemeinderat-Info

Die folgenden Tipps für Pfarrgemeinderäte sind einem Rundschreiben eines Pfarrgemeinderats entnommen. Sie sagen sehr viel über die Arbeit eines Mitglieds des Pfarrgemeinderats aus. Formuliere diese Aufgaben mit eigenen Worten! Erkläre dann mit eigenen Worten, welche Ratschläge für die Sommerferien Pfarrgemeinderäten gegeben werden!

Tipps für Pfarrgemeinderäte im Sommer

1 Schließen Sie ab!
Der Sommer sollte eine Zeit des Atemschöpfens sein: erholen Sie sich von den Sorgen, der Arbeit und den Aufregungen des Arbeitsjahres. Als Hilfe diene der überlieferte Satz von Papst Johannes XXIII.: „Johannes, nimm dich nicht so wichtig" – machen Sie sich bewusst, dass man nicht für alles und jedes in der Kirche Verantwortung übernehmen kann und muss und dass am Ende eines Arbeitsjahres nicht alles erreicht sein kann!

2 Suchen Sie Inspiration!
Frederik, die Maus, die scheinbar faul in der Sonne liegt, antwortet auf die Frage, warum er nichts arbeitet: „Ich sammle Sonnenstrahlen!" – Anregungen, beim Besuch von Kirchen in den Urlaubsorten, bei der Teilnahme an Gottesdiensten fern der eigenen Pfarrei, in religiösen Zeitschriften, bei Gesprächen usw. können ihre Arbeit im Laufe des nächsten Jahres befruchten, wenn Sie sie den Sommer über sammeln.

3 Klären Sie ihre Aufgaben!
Ein entspannter Blick in die Ordnung für den Pfarrgemeinderat kann anregen, die Aufgabe des Pfarrgemeinderates tiefer zu erahnen: „Guter Rat ist teuer" – lautet nicht umsonst ein Sprichwort. Lassen Sie sich die Frage etwas kosten, was Sie ihrem Pfarrer raten und wie Sie es ihm auch sagen können.

4 Klären Sie ihre Ziele!
Sie haben ein Aufgabengebiet in der Pfarrarbeit übernommen. Wie starten Sie damit im Herbst, was wollen Sie im nächsten Arbeitsjahr erreicht haben, wovon träumen Sie? Halten Sie ihre Gedanken fest und sagen Sie sie zum gegebenen Zeitpunkt den andern.

5 Pflegen Sie Kontakt!
Hatten Sie schon Gelegenheit, mit Ihrem Pfarrer in ein unkompliziertes Gespräch zu treten? Ein gemütlicher Abend, bei dem Sie manches ganz persönlich austauschen, kann die Zusammenarbeit wesentlich erleichtern.

6 Suchen Sie Frieden mit sich selber!
„Heut Abend besuch ich mich, und ich bin schon gespannt, ob ich zu Haus sein werd!" – dieser humoristische Satz von Karl Valentin enthält eine tiefe Weisheit: Die Arbeit im Pfarrgemeinderat verändert Sie ein Stück, sie „macht etwas mit ihnen", nimmt Einfluss auf die Persönlichkeitsentwicklung. Um im Frieden mit sich selber zu bleiben, braucht es Zeit, all das zu überlegen und hochkommen zu lassen – damit Sie sich weiterhin „gern besuchen"!

7 Lassen Sie sich fallen in die Hand Gottes!
„Gott kommt mit seiner Gnade unserem Tun zuvor" – ein vertrauensvolles Gebet, in dem auch die Sorge der Pfarrarbeit Platz hat, soll Sie vergewissern, dass er selbst Sie gerufen hat und immer wieder ruft. Aus der Begegnung mit ihm wächst alle Kraft.

**Nicht nur schimpfen – mitmachen! –
Anleitung zum Nachdenken**

Die traurige Rolle des Beobachters

„Wer mitmacht, erlebt Gemeinde." Diesen klugen Satz gibt es seit einer Reihe von Jahren. Er hat vielen Mut gemacht, sich in einer Pfarrei zu engagieren. Selbstverständlich kann man auch Gemeinde erleben, wenn man nicht mitmacht! Dann steht man in der „traurigen Rolle eines Beobachters" (Sören Kierkegaard), der meint, von außen her alles richtig beurteilen und bewerten zu können. Da bleibt man bei denen, die zwar alles besser wissen, aber nichts besser können und erst recht nicht machen.

Ähnlich erlebt man das bei politischen Wahlen. Die nicht zur Wahl gehen, fühlen sich womöglich als die besseren Demokraten und als Staatsbürger mit Durchblick. Aber das entschuldigende Gerede von der „Wahlmüdigkeit und Wahlverdrossenheit" klingt halt allemal besser als der Entschluss, tatsächlich zur Wahl zu gehen.

Gott sei Dank, es gibt immer ein paar „Dumme". Die setzen sich bei der Gewerkschaft ein, machen beim Vereinsfest die Arbeit. Die dichten für Nikolaus, treten in eine Partei oder Bewegung ein, um etwas voranzubringen. Die lassen sich in den Pfarrgemeinderat wählen, gehen bei der Caritas-Sammlung von Haus zu Haus. Die putzen den Dreck weg, leeren die Aschenbecher. Die stehen noch abends daheim und bügeln der großen Tochter die Wäsche. Die ziehen nicht den Kopf ein, wenn es gegen die Kirche geht. Ja, es braucht immer Leute, welche die Arbeit tun und (man staune!) dabei sogar zufrieden sind. Denn sie wissen, dass sie einen Dienst tun, der eine Gemeinschaft zusammenhält.

So wird also ein Schuh daraus: Wer sich einsetzt, ist nicht dumm, sondern gewinnt! Der kann von sich sagen: Ich leiste einen notwendigen Dienst, auf den die anderen nicht verzichten können. Lob darf man dabei nicht erwarten. Und mit Zorn im Bauch solche Dienste tun, bringt auch nichts. Es muss schon „reinen Herzens" und aus Überzeugung geschehen. Denn der nach außen hin unscheinbare Einsatz trägt zum Zusammenhalt bei. Und die psychologische Forschung sagt: „Nächstenliebe und sozialer Einsatz sind gesund!" Wenn es nicht überall solche „Dummen" gäbe, die für andere da sind, man müsste sie glatt erfinden.

P. Joseph Danko

1. Warum spricht Pater Danko von der „traurigen Rolle des Beobachters"?
2. Worin sieht er Ähnlichkeiten mit politischen Wahlen?
3. Welche angeblich „Dumme" nennt er in diesem Text?
4. Warum sind diese Leute trotz vieler freiwilliger Arbeit trotzdem oder gerade deswegen sehr zufrieden?
5. Ergänze seine Aussage: „Wer sich einsetzt..."
6. Was soll der letzte Satz aussagen?

Warum ich in der Kirche mitarbeite (1): Burkhard Anschütz aus München

„Die Gemeinde: Meine Heimat, meine Freunde"

Gibt's den Prototyp des ehrenamtlichen Mitarbeiters in der Kirche? Natürlich nicht, denn dazu sind die 132 666 Ehrenamtler allein im Bereich der Kirchengemeinden dann doch zu viele, zu verschieden, eine kunterbunte Schar von Kirchenvorstehern, Chorsängern, Mitgliedern in Ökumene- und Missionskreisen, Bibelkreisen und Umweltgruppen, Austrägerinnen von Gemeindebriefen, Prädikanten und Lektoren und und und... – Nehmen wir hier einen, der bestimmt kein durchschnittlicher Ehrenamtler ist – siehe oben –, der aber für die Vielfalt des ehrenamtlichen Tuns und der Möglichkeiten steht.

Nach der prägendsten Szene in seinem ehrenamtlichen Dasein für Gemeinde und Kirche gefragt, muss Franz-Burkhard Anschütz nicht lange überlegen. Es war vor sechs Jahren, da hat er eine junge Frau, die nicht weit von ihm im Gottesdienst saß, gefragt, ob sie nicht Lust hätte, im Kirchenchor mitzusingen. Er war mit diesem seinen Anliegen zwar nicht erfolgreich, obwohl die Dame ganz gut bei Stimme ist, wohl aber zeitigte sein mutiges Ansprechen im geschützten Raum der Kirche eine viel fundamentalere Folge: Er heiratete bald darauf seine neue Bekanntschaft, und heute ist daraus eine vierköpfige Familie geworden!

Der „Vorfall" steht sehr beispielhaft dafür, dass ehrenamtliche Tätigkeit in der Kirche auch dieses bedeutet: Kontakt, Bekanntschaft und Wirken in einem kirchlich-sozialen Umfeld, in dem man sich – natürlich – wohl fühlt und zu Hause ist.

Franz-Burkhard Anschütz, geborener (und kirchlich sozialisierter) Oberfranke, hat mit Beginn des Studiums seine Wurzeln in München geschlagen; heute ist der 31-jährige Elektroingenieur im Süden der Großstadt zu Hause. Seine sozialen Beziehungen rühren her: aus der evangelischen Studentengemeinde, aus dem Kreis der grob geschätzt ein- bis zweihundert ehrenamtlichen Mitarbeiter in seiner knapp 70 000 Seelen zählenden Großstadt-Kirchengemeinde St. Andreas.

Auf den Stationen, die Anschütz im Laufe seines bisherigen ehrenamtlichen Daseins durchlaufen hat, hat er wohl die meisten aus diesem inneren Kreis der Rührigen kennen gelernt: Anschütz singt im Kirchenchor, war im „Hauskreis Junger Erwachsener" mit dem schönen Namen Oase dabei, ist „Krabbelgruppenleiter" – als Mann ist man da eine ziemlich exotische Erscheinung, verkauft schon mal – in Erinnerung an seine ESG-Zeiten – fair gehandelte Produkte nach dem Gottesdienst, war für ein Jahr im „Besuchsdienst" tätig (das heißt: besuchte neu zugezogene Gemeindemitglieder). In der zu Ende gehenden Amtsperiode gehörte er dem so genannten erweiterten Kirchenvorstand an, wo er sich vor allem in den Bereichen Gottesdienst, Öffentlichkeitsarbeit und Erwachsenenbildung, Kirchenmusik engagierte; und nun ist er ordentlich gewähltes Mitglied der Gemeindeleitung und freut sich auf spannende sechs Jahre „Kirchengemeindepolitik".

Warum macht ein Mann, der am Anfang eines Berufslebens und mitten in der „Familien-Gründungsphase" steht, was beides gewiss viel Kraft und Zeit erfordert, so etwas „nebenher"? Freundschaften und Bekanntschaften, nun ja, das ist das eine. Zuallererst aber geht es ihm um etwas, das mit Worten zu beschreiben ihm schwer fällt: etwas „Sinnvolles" tun; etwas „aus Überzeugung" tun. Nicht dass Anschütz etwas Missionarisches an sich hätte; aber er hat den Anspruch, etwa wenn er Dritte-Welt-Produkte verkauft, „dass ich in der Gesellschaft, in der ich lebe, etwas bewirke". Und das ist für ihn mehr als nur Gesellschaftspolitik. Er will „ein Zeichen setzen, dass man seinen Glauben engagiert lebt".

Eltern-Kind-Gruppen – ideales Terrain für ehrenamtliches Engagement

Als gutes Beispiel, in dem alle seine Motive für ehrenamtliche Mitarbeit zusammenkommen, nennt Anschütz die „Krabbelgruppen-Arbeit" für junge Familien oder – wie sie oft auch genannt werden – Eltern-Kind-Gruppen. Da lernt man neue Leute kennen. Da öffnet sich gerade in der Großstadt Kirche für Menschen, die sonst keinen Zugang zur Kirche hätten. Da erfüllt Kirche auch eine gesellschaftspolitische Aufgabe auf kommunaler Ebene. Und da setzt Kirche bei einem Familien-Gottesdienst ein Zeichen des Glaubens.

Abschlussbemerkung des „Ehrenamtlers" Burkhard Anschütz: Diese Familienarbeit auf Gemeindeebene wäre ohne ehrenamtlichen Einsatz nicht möglich.

Warum engagieren sich Menschen in der Kirche?

„Kirchen sollen sich einmischen"

Bundespräsident hofft auf ein deutliches Wort der Christen zu Wert- und Zukunftsfragen

Wenige Tage vor dem Ökumenischen Kirchentag hat Bundespräsident Rau an die Kirchen appelliert, sich weiter in politische Debatten einzumischen. „Die Kirchen sind keine Parteien, aber sie können und sollten Partei ergreifen für ihre Wertvorstellungen", sagte Rau am Sonntag in der fünften Augsburger „Rede über Frieden und Toleranz".

Wie groß das Interesse der Menschen „an solcher Parteinahme" sei, habe sich an der Aufmerksamkeit für die Äußerungen des Papstes zum Irak-Krieg gezeigt, sagte der Bundespräsident. Die Kirchen könnten „Wegweiser aufstellen" und sich in den „Zukunftsfragen unserer Gesellschaft" auf „Werte und Maßstäbe berufen, die über den Tag und über die Konjunkturlage hinausreichen".

Rau rief die Kirchen dazu auf, „Fehlentwicklungen zum öffentlichen Thema zu machen". Als Beispiel nannte er, „dass immer mehr Privates, ja Intimes vor laufender Kamera stattfindet", während Wertentscheidungen und Grundüberzeugungen immer mehr „zu Privatangelegenheiten gemacht" würden. „Diese Entwicklung bereitet mir Sorge", sagte Rau. „Mit einer Minimal-Ethik können wir nicht leben." Eine Kirche aber, „die die Orientierungslosigkeit der Gesellschaft nur noch einmal verdoppelt, machte sich selber überflüssig".

Er erwarte, dass der Ökumenische Kirchentag „ein deutliches Wort zu sagen hat", sagte Rau, „und dass die Parteien dieses Wort hören werden". Die Frage nach dem Frieden werde ein Hauptthema sein; eine Politik, die dabei „hilflos wirkt, wirkt auch schwächend auf die Demokratie", warnte der Präsident am Rande eines Empfangs im Stadttheater. Er könne sich vorstellen, dass aus der Friedensstadt Augsburg Initiativen zum Ausländerrecht kommen, die etwa in Abschiebungs-Härtefällen den Entscheidungsspielraum vergrößern.

Fotos: E. Bizzele

Rekord beim Gospelseminar

Sage und schreibe 130 Anmeldungen von Interessenten aus dem Raum Donauwörth und darüber hinaus nahm Organisator Hans-Georg Stapff entgegen. Eine Resonanz mit Rekordcharakter, die den Kirchenmusiker freut und bestätigt. Den vielen Zuhörern, die die Kirchenbänke der Christuskirche bis auf den letzten Platz füllten, bot ein hundertköpfiger Chor (aus Platzgründen konnten nicht alle 130 Interessenten mitmachen) traditionelle und neuere Gospelmusik unter fachkundiger Leitung von Cynthia Utterbach und Helmut Jost.

Wie schon vor zwei Jahren, als beide schon einmal zu Gast waren, war es die Aufgabe der beiden Profis, aus der Schar der sangesfreudigen Laien einen Gospelchor mit Feeling und vor allem einem kompletten Konzertprogramm zu formen – und das alles in nur knapp drei Tagen. Doch ihnen gelang noch ein Weiteres. Die Motivation und Freude, die der Chor mit auf die Bühne brachte, breitete sich in Kürze auf sein Publikum aus. Dies kann man vor allem als Verdienst der Sängerin Utterbach bezeichnen. Spontan wandte sie sich immer wieder an die Konzertbesucher und übertrug ihnen Liedpassagen und Klatschrhythmen.

Erinnerungen an die Kindheit

Die Ansagen der Sängerin waren Ausflüge in die Vergangenheit. Sie handelten von ihren Erinnerungen an Kindheit, Sonntagsschule und das Aufwachsen in einer sehr stark von Glauben und Gospel geprägten Umgebung in ihrer amerikanischen Heimat. Aus dieser Zeit stammten Stücke wie „Calvary", mit einer etwas düster-schaurigen Melodie in den Männerstimmen, das bluesige „Everything will be all right", welches der Chor mit gefühlvollem Summen fast wie auf Samt bettete oder das im Walzerrhythmus wiegende „In the Garden".

Flexibel am Piano überzeugte Helmut Jost. Ob sanfte Begleitung beim Jazz-Standard „God bless the Child" oder stampfender Rock bei „The Train", er hatte dafür am Klavier immer die passenden Licks parat. Einige seiner Songs brachte der Komponist mit der kehligen Soulstimme solistisch dar, und in der Funktion als Chorleiter präsentierte er sich zusammen mit dem „Notenkessel-Chor" als eingespieltes Team.

Sein von den Teilnehmern geschätzter Humor, der dem Wochenende eine entspannte und angenehme Atmosphäre gab, spiegelte sich auch in seinen Übersetzungen der Ansagen von Cynthia Utterbach wider. Doch ließ auch er den Zuhörer etwas in seine Gedankenwelt blicken und brachte dem Publikum seine Kompositionen näher, erläuterte ihnen sein Verständnis von Gott, Glaube und Kirche. Mit viel Engagement und Hingabe übernahmen immer wieder Chorsängerinnen und Chorsänger Solopassagen im Konzertrepertoire, und der junge Schlagzeuger Christian Stapff gab bei einigen der Lieder des Abends noch zusätzlich eine Portion Groove dazu. Eine lebhafte Verkündigung der frohen Botschaft, ein großartiges Erlebnis von Gemeinschaft im Chor und ein Publikum, das durch ein abwechslungsreiches und professionell dargebotenes Programm voll auf seine Kosten kam, so lautet das Resümee dieses Gospelwochenendes. Für so manchen der Aktiven als auch der Zuhörer stand am Ende dieses Ereignisses schon fest, das nächste Jahr wieder (manche nahmen bereits an allen fünf Seminaren teil) dabei zu sein.

Tom Lier

Das Gospelkonzert unter Leitung von Cynthia Utterbach beschloss das Seminar. Bild: privat

„Gott möchte dein Freund sein"

Wie Clemens Bittlinger das Publikum begeistert

Jn der bis auf den letzten Platz besetzten Kirche mussten die Besucher sehr eng zusammenrücken, um überhaupt Platz zu finden. Und beim gemeinsamen Zuhören, Mitsingen und herzhaften Lachen kamen sie sich dann auch wirklich näher.

Was Bittlinger und „seine Freunde" (einen Namen hat die Gruppe nicht) dem Publikum boten, war vom Feinsten: tiefsinnige Texte – zum Teil sehr persönlich, manchmal auch provokativ und unbequem, rockige Klänge neben stimmungsvollen Passagen, eine sympathische Moderation mit viel Witz und Charme. Auch wenn sich die „Freunde" sehr im Hintergrund hielten, David Plüss (Keyboards und Gesang) und Helmut Kandert (Percussions) waren nicht nur reine Begleiter, sondern ihre virtuose und kreative Musik setzte Akzente und verlieh dem Konzert eine ganz besondere Note.

Kampf mit dem Duschvorhang

Während die Lieder des ersten Teils im wahrsten Sinne des Wortes von Gott und der Welt handelten, stand im zweiten Teil die Verkündigung der christlichen Botschaft im Mittelpunkt. Warum das Konzertprogramm „Liedergalerie" hieß, wurde schnell deutlich: Es war eine bunt zusammengewürfelte Mischung aus alten und neuen Songs, ein überlegter Ablauf war nicht erkennbar. Auch blieb dem Zuhörer manchmal verborgen, was Moderation und folgendes Lied verbinden könnte: So blieb beispielsweise völlig offen, was nun Bittlingers Anekdote vom Kampf mit dem Duschvorhang mit dem folgenden Engelslied zu tun haben könnte – doch solche Dinge störten einfach nicht.

Spätestens ab dem zweiten Stück hatte der Liedermacher aus dem Odenwald die ganze Aufmerksamkeit seines Publikums auf sich gebündelt, und das blieb auch den ganzen Abend so. Er fesselte und erheiterte seine Zuhörer und brachte sie zum Nachdenken. Und wer eine ganze Kirche voll von erwachsenen Leuten beim etwas albernen „Rutschenlied" zum Singen von „rutsch, rutsch, rutsch" oder (noch besser!) beim „Schweinelied" zum Singen von „grunz, grunz, grunz" bewegen kann, ohne dass dabei irgend jemand auch nur einen Anflug von Peinlichkeit fühlt, muss einfach „das gewisse Etwas" haben. Genau das hat Bittlinger. Er ist echt, ehrlich und authentisch.

Die Anekdoten aus seinem Konzertleben amüsieren ebenso wie die Erlebnisse mit seinen Kindern. Nachdenklich machten die frechen, provokativen Texte (zum Beispiel „Aus Versehen" – ein Lied über „all die Sauereien, für die kein Schwein die Verantwortung übernehmen will" wie Kunstfehler, politische Skandale, Unfälle durch Autobahnraser usw.). Auch seine besondere Art der Verkündigung wirkte kein bisschen aufgesetzt. Das Publikum spürte, dass sie von Herzen kommt – daher erreichte sie auch die Herzen der Menschen. Egal ob Bittlinger einen Text über die Feindesliebe vorlas oder den Choral „O komm, du Geist der Wahrheit" (mit aktualisiertem Text in einer poppigen „Dudu"-Version) darbot, er vermittelte den Zuhörern damit die „wichtigste Botschaft der Bibel: Gott möchte dein Freund sein!" Ob der nicht enden wollende Applaus am Ende des Konzerts mehr der Musik oder dem Zuspruch galt, bleibt offen. Sicher ist, dass Bittlingers Konzept aufging: Durch seine Musik hatte er eine so vertrauensvolle Atmosphäre geschaffen, dass sich die Menschen für seine Art von christlicher Mission öffneten. Sicher ist auch: jedes seiner Konzerte ist ein bisschen Gottesdienst.

Heike Ritzka

Clemens Bittlinger

Was bedeutet „Kirche"? – Hinweise für Lehrer/innen

Was Kirche sein kann, welche Ansprüche an sie gestellt werden, wie sie vor Ort aussieht, welche Bedeutung sie für den einzelnen Menschen hat – ein großes Feld. Folgende Schwerpunkt könnten gebildet werden, die Basis für eine erfolgreiche Projektarbeit sein könnten:

1. Die Rolle der Kirche in den Medien:
   – Was wird über die Kirche ausgesagt, in welcher Form wird über die Kirche berichtet, was findet man im Internet, was zeigt das Kino…?

2. Bildbetrachtung/Meditation:

   Bild 1: – Sprechen über den Inhalt:
   - Wie wirkt das Bild für dich?
   - Was könnte das Bild aussagen?
   - Welches Symbol für die Kirche dominiert das Bild?
   - Findest du in der Kirche diesen Halt? …

   Bild 2: – Bildmeditation:
   - Wenn ich falle –
   - Ich kann mir etwas zutrauen, weil …
   - Das Netz gibt mir Sicherheit: Ich kann nicht …
   - Auch das Netz nicht zu sehen ist, …

3. Kirche am Ort: – Spurensuche unter drei Aspekten:

   a) Persönliche Kirchengeschichte:
   Taufe – Erstkommunion – Was ist für mich in der Kirchengemeinde wichtig?

   b) Reale Kirchengeschichte:
   Kirchen – Kapellen – Gebäude – Straßennamen – Flurnamen – Friedhöfe – Wegekreuze – Gedenkstätten

   c) Kirchengemeinde im Ort:
   - Kirchliche Einrichtungen: Gemeindezentrum, Pfarrhaus, Kindergarten/Jugendzentrum in christlicher Trägerschaft
   - Menschen in der Pfarrgemeinde:
     Porträts – Gruppen – Pfarrgemeinderat – Treffpunkte
   - Gottesdienste am Ort:
   - Kirche weltweit: Eine-Welt-Gruppen …

Fotos: E. Birzele

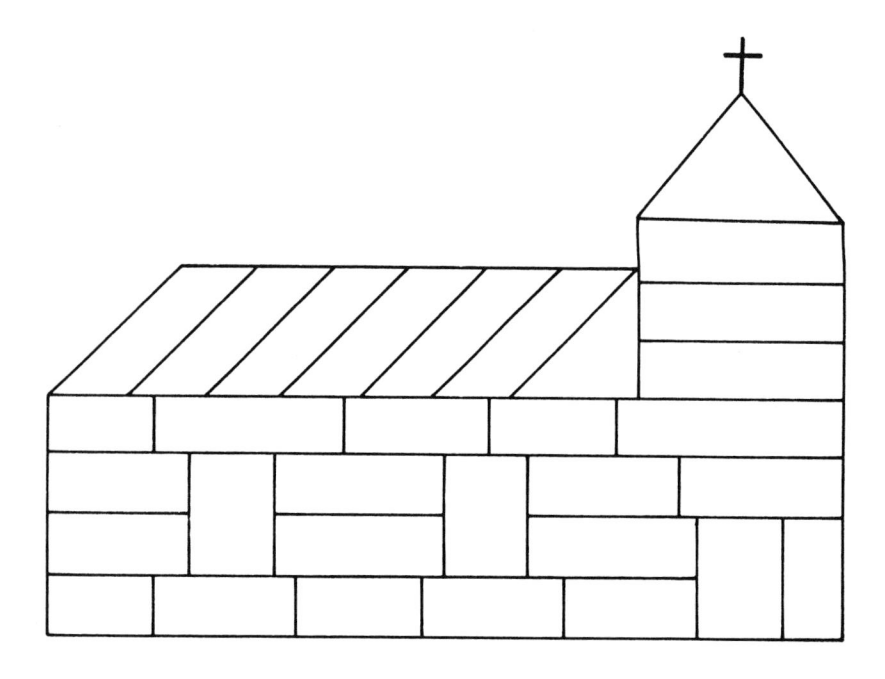

4. Das Haus der Gemeinde bauen:
   Die Schüler zeichnen Steine zum Bau des Hauses der Gemeinde. Die Steine werden mit den Aktivitäten der Gemeinde, mit Mitarbeitern (Sozialstation, Ministranten, Pfarrer, Lehrer...) beschriftet und anschließend zu einem Haus zusammengebastelt, -geklebt, -geschnitten ...

5. Wortbedeutungen gegenüberstellen: Die Schüler entwickeln positive und negative Inhalte eines Wortes und stellen diese einander gegenüber.

   Gemeinde kann bedeuten:

   G = Gemeinsamkeit
   E = Einigkeit
   M = Mut
   E = Eucharistie
   I = Innerer Frieden
   N = Nähe
   D = Demut, Dienst
   E = Evangelium

   Gemeinde kann auch bedeuten:

   G = Gewalt
   E = Eintönigkeit
   M = Mutlosigkeit
   E = Elend
   I = Intoleranz
   N = Neid
   D = Depression
   E = Einsamkeit

6. „Kirchenflyer" erstellen:
   Die Schüler erstellen einen Flyer ihrer Kirchengemeinde.

Menschliche Probleme und Schwierigkeiten

Alle Menschen träumen von einem Leben ohne Sorgen und Nöte, ohne Kummer und Krankheit, ohne Armut und Angst. Manchmal scheinen wir sogar ein Stück vom Paradies zu besitzen, doch manchmal dauert dieses Glücksgefühl nur recht kurz. Auf der einen Seite machen uns persönliche Schwierigkeiten sehr schnell wieder bewusst, dass Probleme Teil des Alltags sind, auf der anderen Seite begegnen wir fast täglich durch eigene Erfahrung oder über die Medien dem Elend, der Armut und der Not. Manche lassen die Schwierigkeiten anderer Menschen kalt, andere versuchen Probleme anzupacken und zu helfen.

Soziale Not

Triste Gefühle und wirre Gedanken: Menschen mit seelischen Krankheiten wie Depressionen und Psychosen leiden oft noch zusätzlich unter finanziellen Sorgen und den Vorurteilen ihrer Umgebung.
Foto: Stephan Rumpf

Persönliche Not

Die lähmende Angst vor dem Leben

Menschen mit psychischen Leiden geraten oft in einen Teufelskreis aus Krankheit und Not

Morgen will Frau R. loslassen. Will ihre Tochter, die 15 Jahre alt ist, endlich allein zur Schule schicken. An diesem Tag aber, sagt sie und wirft einen scheuen Blick zur Mitarbeiterin des Sozialpsychiatrischen Dienstes, habe sie das nicht geschafft. Wieder ist sie mit Nadja (alle Namen geändert) in den Bus gestiegen und hat sie bis vors Schulhaus gebracht. „Ich weiß, wie peinlich ihr das ist", fährt die Mutter fort, „aber ich habe so ein Gefühl, dass ihr etwas passieren könnte." Dann richtet sich die zarte Gestalt, die zusammengesunken dasitzt und von Hustenanfällen geschüttelt wird, auf und erklärt mit fester Stimme: „Heute war ich noch dabei, aber morgen werde ich es lassen."

Ob es ihr gelingt, wird auch vom Verlauf der nächsten Nacht abhängen. Denn dann kehren die Bilder wieder, die Frau R. seit drei Jahren verfolgen, Bilder, die keiner Krankheit entspringen, sondern der Realität: Sie läuft in der Dunkelheit durch den Regen, auf der Suche nach Nadja. Sie hört die Schreie des Mädchens bei der Untersuchung im gerichtsmedizinischen Institut. „Das krieg ich nicht aus dem Kopf", sagt Frau R. und fängt zu weinen an. Während die Mutter ihre Tochter bei einer Freundin glaubte, hatte sich die Zwölfjährige mit einem 15 Jahre älteren Mann aus dem „Obdachlosenheim" getroffen und blieb eine Woche verschwunden. „Sie hat damals begonnen, sich zu ritzen", erzählt Frau R., noch heute kaue Nadja an den Fingernägeln, „bis Blut kommt." Auch wenn das Mädchen „lieb und fleißig" sei und mit neun Einsern sogar den Sprung von der Förder- auf die Hauptschule geschafft habe, ist Frau R.s Kummer geblieben. Sie hat Angst vor fremdem Besuch, Angst um ihre Tochter, Angst vor dem Leben.

Schon vor vielen Jahren hat diese Macht von der 47-Jährigen Besitz ergriffen, sie drückt ihren Körper nieder, quält ihre Seele und gibt sie nur in wenigen guten Stunden frei. Und die sind nicht allzu häufig für Ingrid R. In diesen Wochen kämpft sie mit dem Abschied vom Sohn, der nach der Lehre in eine andere Stadt gezogen ist, um sich dort eine Existenz aufzubauen. Marc war der Liebling, der männliche Beschützer, der sich schon als Kind vor die Mutter gestellt hatte, wenn sie vom Ehemann bedroht und geschlagen wurde. Lang hat Frau R. die Wunden und blauen Flecken zu verbergen versucht – bis ihr ein Arzt die Ausreden nicht mehr abgenommen und zur Trennung geraten hat. Vor zehn Jahren ist Ingrid R. mit ihren vier Kindern gegangen, immer weiter weg vom Heimatort – und noch heute auf der Flucht.

„Die Angst steckt drin in mir", sagt die Köchin, die nach der Scheidung bei einer Putzfirma tätig war, bis ein Bandscheibenvorfall und Asthma sie zum Aufhören zwangen. Die Mittel gegen Schmerzen und Anfälle vertrugen sich nicht mit den Medikamenten gegen Depressionen und Panikattacken. Sie habe „Sachen gesehen, die nicht da waren", berichtet Frau R. verlegen, und gelacht „wie betrunken". Irmgard Salzinger vom Sozialpsychiatrischen Dienst würde Frau R. gern zur Psychotherapie schicken. Doch die Scheu davor sei noch zu groß, sagt die Sozialpädagogin. Nun besprechen die beiden wöchentlich, wie Frau R. mit 429 Euro, die ihr und Nadja von Sozialhilfe und Kindergeld nach Abzug der Miete pro Monat bleiben, zurecht kommt. Oder sie beraten, wie die Mutter die Geburtstagsparty bewältigen soll, zu der die Tochter über Nacht eingeladen ist.

Manchmal huscht ein verschämtes und sehr nettes Lächeln über Frau R.s Gesicht, wenn sie vom Ausflug in den Chiemgau mit dem Sohn erzählt, und vom Enkelkind, das leider weit entfernt wohnt. Um sie öfter ein bisschen glücklich zu sehen, würde eine Bahnkarte für einen Besuch bei den älteren Kindern genügen, wärmeres Bettzeug, weil in der Zwei-Zimmer-Wohnung auch am Heizen gespart wird, oder eine Schlafcouch, damit Nadja endlich ein Bett und ein Zimmer für sich allein hat.

„Sind Sie jetzt verrückt geworden", wurde Frau R. neulich im Supermarkt gefragt, nachdem sie einer Bekannten gestanden hatte, dass sie vom Sozialpsychiatrischen Dienst betreut würde. Trotz Anti-Stigma-Aktionen, trotz Aufklärung: „An den Vorurteilen, die in den Köpfen herumspuken, ändert sich wenig", bedauert Heinrich Berger, Psychologe beim Sozialpsychiatrischen Dienst Giesing. Psychisch Kranke gelten als gefährlich oder als so seltsam und rätselhaft, dass viele lieber nichts mit ihnen zu tun haben wollen. Die Eltern einer Frau, die über den Adventskalender Hilfe bekommen soll, ignorieren konsequent die Depressionen der Tochter: „Psychisch krank ist nicht echt krank", finden sie. Kein Wunder, wenn sich die Betroffenen schämen und zurückziehen und keiner seine Identität preisgeben will.

Dabei haben mindestens zwei Prozent der Menschen so verletzliche Seelen und so belastende Lebensumstände, dass sie an Depressionen oder Psychosen leiden. Rund 25 000 Bewohner Münchens quälen sich mit tristen Gefühlen und wirren Gedanken. Durch die „Drift" in die Großstadt – der Anonymität und der besseren Therapiemöglichkeiten wegen – schätzt Berger die Zahl sogar noch höher. Doch die Arbeit der neun sozialpsychiatrischen Dienste in München, die rund 3000 Menschen Beistand leisten, ist durch die Sparpolitik der Krankenkassen und des Bezirks Oberbayern gefährdet. Hier den Rotstift anzusetzen, hält Berger für völlig fehl am Platz – aus sozialer Verantwortung und aus ökonomischen Gründen: „Am Ende stehen Klinikaufenthalte, die um ein Vielfaches mehr kosten."

Es geschah einen Tag nach einer Beerdigung, als sich eine dunkle Gestalt auf Petra S. setzte. „Ich habe die Umrisse eines Wesens gespürt", sagt die 38-Jährige, „aber ich konnte es nicht sehen." Sie schüttelt sich leicht: „Ich will doch in Ruhe gelassen werden", sagt sie fast bittend.

Nur gut, dass Rainer, ihr Lebensgefährte, in der Nähe war. Da habe sie sich ein bisschen aufgehoben gefühlt. „Allein wäre ich durchgedreht" – wie so oft vorher, seit Frau S. mit 27 Jahren ihre ersten Psychosen durchlitten hat. Nach dem Studium habe es überall gekriselt, berichtet sie, privat und beruflich: „Ich bin zusammengebrochen." Sie kennt Zwangseinweisungen in Nervenkliniken, aber auch gute Zeiten, in denen sie zwei Kinder bekommen hat.

Freundlich begrüßt Frau S. Marie, die vom Kindergarten heimkommt. Alles, was sie sagt und tut, wirkt etwas verlangsamt und niedergedrückt. Die Medikamente schwächten den Antrieb, erklärt Rainer P. Eigentlich sind alle froh darüber, denn Frau S. hat Monate hinter sich, in denen sie sich „wie ein Autofahrer verhielt, der die Bremse nicht findet". So empfindet Rainer P. die extreme Schlaflosigkeit, die übersensible Geruchswahrnehmung und das immer rasantere Redetempo, das seine Partnerin dann entwickelt. Sogar wenn er sie in den Arm nehme, „komme ich nicht an sie ran". Sie fühle sich einer anderen Welt ausgeliefert, sagt Frau S. „Beschissen" sei dieser Zustand der Mama, erklärt der zwölfjährige Felix, „es ist so anstrengend".

Die Krise wurde ausgelöst, als die ganze Familie erstmals zusammenzog und Petra S. die Ängste, die damit verbunden waren, nicht bewältigen konnte. Dabei sei es ein Glück, sagt sie und schaut ihren Freund an, dass sie nicht alleine leben müsse, wie die meisten ihrer Schicksalsgenossinnen, dass er bei ihr bleibe und sich liebevoll um sie und die Kinder kümmere. Immer wieder muss der selbstständige Kurierfahrer wochenlang pausieren, oft kann er nur wenige Stunden arbeiten. Dann reicht die Sozialhilfe der restlichen Familie kaum für den Lebensunterhalt. Gerne würden sie öfter gemeinsame Ausflüge machen, einen bequemen Sessel anschaffen und Marie und Felix ein paar Weihnachtswünsche erfüllen. Wie jede ganz normale Familie.

Sibylle Steinkohl

Psychisch kranke Menschen leben oft am Existenzminimum. Das langjährige Seelenleiden hat sie zu Frührentnern oder Sozialhilfeempfängern gemacht. Ein Geldgeschenk kann für sie heilsamer Anstoß sein, um zu einer positiveren Sichtweise zurückzufinden. Sich einmal nicht um die Kosten für warme Winterkleidung oder für die Waschmaschinenreparatur sorgen zu müssen – das macht stabiler. Auch die Erfüllung mancher Wünsche, ein Möbelstück, Kinokarten, ein Ausflug, trägt zu einer besseren Gemütsverfassung bei. Es entsteht das gute Gefühl, nicht von aller Welt verlassen zu sein.

Menschen haben Probleme

Menschen erwarten und brauchen Hilfe.

Die Kirche bietet Hilfe an

Menschen in Not brauchen Hilfe. Einzelne Menschen wie vielleicht deine Eltern, Organisationen wie das Rote Kreuz und der Staat bieten vielfältige Hilfe an. Auch die Kirche leistet dazu einen großen Beitrag. Ohne diese Hilfe der Kirche könnten viele Menschen ihr Leben nicht bewältigen.

Sozial-caritative Dienste

Jeder Christ soll helfen, wenn jemand in Not ist. Denn für Christen gilt: Jeder Mensch ist vor Gott gleich viel wert und hat das gleiche Recht zu leben. Deshalb müssen sich die Kirchen für das Überleben der Menschen einsetzen.

Diese Hilfe ist in der katholischen Kirche durch die Caritas international organisiert. In Deutschland ist der Deutsche Caritasverband die große Hilfsorganisation der katholischen Kirche. „Caritas" meint die christliche Liebe. In der Caritas wird der Glaube in Taten umgesetzt.

Die Caritas ist an dem weißen Kreuz auf rotem Untergrund zu erkennen.

Der Deutsche Caritasverband hat viele Einrichtungen, z. B.

- Unfallrettungsdienst
- Behindertentransporte
- Krankenwagendienst
- Essen auf Rädern
- Allgemeine Krankenhäuser
- Krankenhäuser für Säuglinge und Kinderkrankheiten
- Krankenhäuser für Suchtkranke und Drogenabhängige
- Krankenhaus für Behinderte
- Entbindungsheime
- Heime für geistig Behinderte
- Heime für Lernbehinderte
- Heime für Körperbehinderte
- Heime für Hör- und Sprachgeschädigte
- Heime für Sehgeschädigte, Blinde und Taubblinde
- Heime für psychisch Kranke
- Wohnheime für Behinderte
- Erholungsheime für Kinder und Jugendliche
- Erholungsheime für Erwachsene
- Müttergenesungsheime
- Familienferienheime
- Altenerholungsheime
- Säuglingsheime, Kinderheime
- Heilpädagogische Heime
- Heime für Mutter und Kind
- Jugendwohnheime
- Schülerheime
- Wohnheime für Studenten
- Förderschulwohnheime
- Altenpflegeheime
- Altenwohnheime
- Kurzzeitpflege
- Krankenpflegeschulen
- Schulen für Heilerziehungspflege
- Berufsfachschulen für Kinderpflegerinnen
- Altenpflegeschulen
- Kinderkrippen/Krabbelstuben
- Kindergärten
- Kinderhorte
- Sonderkindergärten
- Tagesheime
- Sonderschulen
- Lehrwerkstätten
- Förderschulen für Aussiedler
- Förderlehrgänge
- Lehrgänge zur Förderung ausländischer Jugendlicher
- Beschäftigungsprojekte für Arbeitslose
- Sozialstationen
- Ambulante Krankenpflegestationen
- Familienpflegestationen
- Dorfhelferinnenstationen
- Beratungsstellen für Suchtkranke
- Psychologische Beratungsstellen
- Beratungsstellen für Erziehungsprobleme
- Beratungsstellen für Eheleute
- Beratungsstellen für Aussiedler
- Beratungsstellen für Ausländer
- Beratungsstellen für Nichtsesshafte
- Beratungsstellen für Problemschwangerschaften
- Bahnhofsmission
- Telefonseelsorge

Caritas verteilt Lebensmittel: Der Lebensmittelhandel als ein großer Helfer in der Not

„Donauwörther Tafel" für viele eine wöchentliche Anlaufstelle

Mehr als 50 Stammkunden hat sie schon, die Donauwörther Tafel, die nach dem Vorbild mancher Großstädte einmal wöchentlich Lebensmittel an Bedürftige verteilt.

Es ist 9.30 Uhr im gelben Haus in der Pflegstraße 23. Seit einer halben Stunde drängen sich Kunden im Laden, die fünf Damen kommen nicht zum Verschnaufen. Die Regale sind gut gefüllt mit Obst, Milchprodukten, Brot, Süßigkeiten, Hartwaren aus geöffneten Packungen, die so im Supermarkt nicht mehr verkäuflich waren. Gering ist das Angebot an Wurstwaren, nur fertig Verpacktes liegt bereit. Alles ist noch frisch.

Hohes Lob spendet die Leiterin der Donauwörther Tafel, die Diplom-Psychologin Andrea Mertens-Patrick, den beteiligten Firmen, die mit ihren Spenden dies alles erst möglich machen.

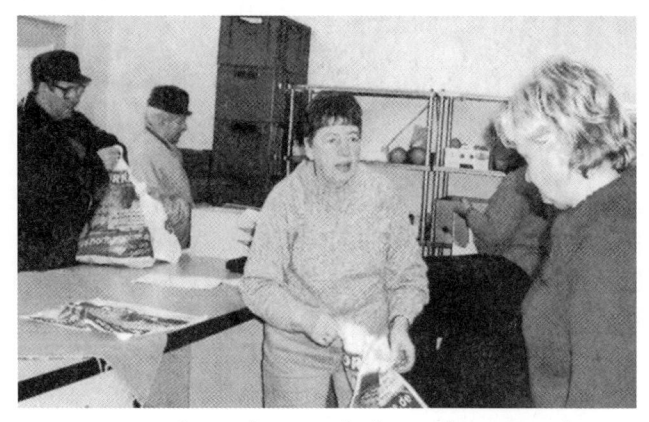

Keine Verschnaufpause haben die Mitarbeiter während der Öffnungszeit. 50 Stammkunden besuchen gegenwärtig die Tafel, die Tendenz ist steigend. Foto: Röhr

Stammkunden ...

Empfangsberechtigt sind grundsätzlich sozial Bedürftige, Arbeitslose, Sozialhilfeempfänger, Rentner mit geringem Einkommen. Oft sind alleinerziehende Mütter dabei. Der Anteil an Ausländern und Russlanddeutschen liegt hoch, wird auf 50 Prozent geschätzt. Cirka 50 Stammkunden hat die Tafel derzeit nach vierwöchigem Bestehen, der Zulauf nimmt zu. Gegen eine Gebühr von zwei Euro bekommt jeder Kunde pro Person zwei Tüten gepackt, ein Bedürftigkeitsnachweis muss allerdings erbracht werden.

Zusätzlich zur Einrichtung der Tafel in der Pflegstraße möchte die Caritas künftig ein Bringsystem aufbauen für jene, die einfach nicht mehr mobil sind. Ein anderer Plan sieht vor, Pfarreien im Umland zu wöchentlichen Anlaufstellen zu machen.

Im Dezember angegangen wird der Plan „Eichhörnchen". Die Mitarbeiter der Tafel postieren sich vor den Supermärkten, die bisher schon in reichem Maße spenden und bitten die Kunden, irgendetwas aus dem Grundsortiment des Hauses (Essig, Öl, Kaffee, Tee, Nudeln, Hartweizen, Kartoffeln) für die Tafel einzukaufen und es in den bereitstehenden Korb zu legen. Es ist eine Lebensmittelspende, die niemandem weh tut.

Viele wissen es nicht, aber neben der Donauwörther Tafel unterhält die Caritas für Bedürftige noch ein Hausratlager und ein Möbellager. Hier werden Hausrat, Elektrogeräte und Möbel gerne angenommen, hier warten aber auch Küchen, Schlaf- und Wohnzimmer, Tische, Betten usw. auch auf neue Besitzer.

Seelsorgerische Dienste

Frauen unterwegs

„Ich lebe mein Leben in wachsenden Ringen…" (R. M. Rilke)
Tanztag im Herbst

„Ich hebe meine Augen auf zu den Bergen"
Ps. 121
Meditatives Bergsteigen

Einander mitnehmen – gemeinsam ankommen
Schritte einer Schöpfungsspiritualität

Aufbrüche – Abschied, Loslassen – Neubeginn
Lebensübergänge
Vom guten Umgang mit Veränderungen

Holy Spirit, fill us!
Heiliger Geist, erfülle und bewege uns!

Mut zu einer sinnerfüllten Erziehung
Anregungen aus der Logotherapie

Durchkreuzte Wege – Wendepunkte
Die Fastenzeit bewusst beginnen

Meine Mutter und ich
Wochenende mit Allein Erziehenden

Powerfrauen gestalten Powerfrauen
Kreativ-Wochenende mit allein Erziehenden

Wege zur inneren Heilung – Aufbruch zu neuem Leben
Bildungswochenende

Mein Becher ist gefüllt bis zum Rand
Tagesseminar für (auch ehemals) berufstätige, allein lebende Frauen.

„Power unterm Dach" – Mütter und Söhne
Wochenende mit allein Erziehenden

„Oma so lieb, Oma so nett?"
Die Großmutterrolle auf dem Prüfstand

Tröste meine Trauer
Wochenende für Witwen

Behindertenseelsorge

Begegnungswochenende

Familientage

MännerSeelsorge

…und meine Schritte zu lenken auf den Weg des Friedens.
Vater-Kind-Projekte als neue Chance
Vater-Kind-Wochenende
Die Männer im Haus
Ein Erlebnis(pädagogisches)-Wochenende für Söhne und deren Väter

Als Söhne und Väter tragen wir bestimmte Bilder mit uns: geprägt aus jahrelanger Erfahrung miteinander, entstanden aus dem gesellschaftlichen Umfeld, vorgelebt in Film und Fernsehen. Diese Bilder bestimmen auch unser Verhalten und unseren Umgang miteinander. An diesem Wochenende wollen wir uns Zeit nehmen diese Bilder zu erforschen, aber auch neue Erfahrungen miteinander zu machen. Die Erlebnispädagogik und biblische Geschichten bieten eine Vielzahl von Möglichkeiten, die Vater-Sohn-Beziehung in einem anderen Licht zu sehen.

Ein Mädchen kostet 80 Euro

Auf den Philippinen gibt es 100 000 minderjährige Prostituierte.
Ein Pater versucht, sie aus dem Sexsumpf herauszuholen

Es sind die Augen, die irritieren. Leere Augen in einem starren Gesicht. Der Körper schwingt im Rhythmus der Musik, an der knappen Kleidung hängt eine Nummer, die Luft ist stickig. Männer, Filipinos und Ausländer, starren hinüber zur Bühne, wo das junge Mädchen strippt. Fleischbeschau in Makati, eines der Amüsierviertel Manilas. Jede Nacht tanzen in der philippinischen Hauptstadt Mädchen in glitzernden Dessous. Offiziell sind sie stets 18, doch tatsächlich oft jünger, denn gefragt sind „frische Mädchen". Wer sich für eine entschieden hat, bestellt die Nummer.

Die Welt der leeren Augen und gierigen Blicke beginnt hinter den Fassaden der Hotels am Roxas Boulevard, da wo der schöne Schein Manilas entlang der von Palmen gesäumten Promenade endet und die Bars „Bottom" oder „Victory Hills" heißen. Wer nicht hinein will, wird auch auf der Straße fündig. Zielstrebig steuert ein Filipino auf eine Touristengruppe zu. „Was für Mädchen sucht ihr?", fragt er. „Nette – junge", sagt der große, grauhaarige Mann in Karohemd und Sandalen. „Siebzehnjährige?", fragt der Filipino „Gibt es jüngere?", „Fünfzehnjährige, für Spezialpreis auch Zwölfjährige", sagt der Filipino. 5000 Pesos, umgerechnet 80 Euro will er haben.

Nichts, was nicht möglich wäre in Manila, Angeles City oder Olongapo, philippinischen Zielen von Sextouristen aus der ganzen Welt – auch vielen Deutschen. Mädchen und Jungen, sogar Kleinkinder werden hier angeboten, inzwischen zwar vorsichtiger, da 1992 die Todesstrafe für Kinderprostitution eingeführt wurde. Doch die Abschreckung scheint nicht groß. Immer noch leicht zu finden sind die Kinder getarnt als Blumenverkäufer, mit gefälschten Pässen, in Hinterzimmern. Junge Körper sind hier billige Ware, die für 30 bis 100 Euro die Nacht käuflich sind. Für Jungfrauen wird der

Pater Shay Cullen spricht in Manila mit jungen „Blumenverkäuferinnen"

doppelte bis dreifache Preis bezahlt. Allein auf den Philippinen gibt es 100 000 Kinderprostituierte.

Der große Mann, der immer wieder nach ihnen fragt, ist Pater Shay Cullen, 60. Ein Ire, hoch gewachsen, mit kräftiger Stimme und dunklen Augen. Er weiß, worauf er achten muss, um von Mama-Sans, den Puffmüttern, oder Pimps, den Zuhältern, die ganz jungen Mädchen zu bekommen. Denn Pater Shay, Bruder des Kolumban Missionarsordens, ausgezeichnet mit dem Weimarer Menschenrechtspreis und von deutschen Politikern für den Friedensnobelpreis vorgeschlagen, kommt seit 20 Jahren hierher. Er kauft Kinder, um sie zu befreien. Und um Zuhälter zu überführen, denn meist ist bei seinen Aktionen die Polizei versteckt dabei. Mehrere Hundert Mädchen hat er befreit, viele Zuhälter und Täter hinter Gitter gebracht. „Gerechtigkeit", sagt Pater Shay, „ist für die Opfer ein wichtiger Schritt zur Heilung." Darum setzt er viel Energie in die Verfolgung der Täter.

Etwa im Fall der Straßenkinder Pia und Marlyn. 1996 waren die damals Zehn- und 13-Jährigen von dem Deutschen Thomas B. und einem Niederländer gekauft und tagelang brutal vergewaltigt worden. Pater Shay ist es zu verdanken, dass B. in Iserlohn angeklagt und zu dreieinhalb Jahren Haft verurteilt wurde. Er hatte Beweise gesammelt und Pia und Marlyn nach Deutschland gebracht, damit sie gegen ihren Peiniger aussagen konnten – ein bislang einmaliger Fall.

Mit seiner Hartnäckigkeit im Kampf gegen Kinderprostitution hat sich Pater Shay viele Feinde gemacht, vor allem in der Sex-Welt Olongapos, jener Stadt 130 Kilometer nördlich von Manila, in die er 1969 von seinem Orden versetzt wurde. Damals kamen durch die US-

Militärbasis in Olongapo Tausende sexhungriger Marines in die Stadt, denen die darbende Bevölkerung bereitwillig gab, was sie suchten. In den Kliniken lagen neunjährige Kinder mit schweren Geschlechtserkrankungen. Pater Shay war einer der Hauptorganisatoren der Proteste, die schließlich 1992 zum Abzug der US-Truppen führten. Sein Kampf gegen Kinderprostitution ging jedoch weiter, denn neben den Soldaten gab es stets Sextouristen. Und die kommen bis heute.

Am Rande von Olongapo liegt auf einem Hügel das Kinderschutzzentrum Preda, das Pater Shay 1974 gegründet hat. Hierher bringt er die befreiten Mädchen, wo sie oft zum ersten Mal ein Familiengefühl erfahren. Sie besuchen wieder die Schule, und um ihre Traumata zu behandeln, hat Pater Shay eine spezielle Therapie entwickelt.

In einem hellen Raum im ersten Stock liegen auf einem weichen, blauen Teppich sieben Mädchen. Sie schreien, weinen, jammern, schlagen mit den Fäusten auf den Boden – all ihre Verzweiflung und Ängste brüllen sie hinaus. Sie lassen die Wut heraus auf ihre Peiniger, die sie missbrauchten, ihre Eltern, die sie allein ließen, ihre Zuhälter, die sie verkauften. Sie lernen, dass sie wertvoll sind und nicht schuld, an dem was geschehen ist. Es ist ein langer, schmerzvoller Prozess, der mindestens ein Jahr dauert. Doch sind 80 bis 90 Prozent der Kinder danach soweit geheilt, dass sie ein eigenständiges Leben leben können.

Gemma, 17, besucht nach fünf Jahren noch immer die Sitzungen, doch nur noch selten. Als sie zu Preda kam, war sie fast täglich dort. „Es war der einzige Weg, um herauszulassen, was in mir verschlossen war", sagt sie. Die Finger des hübschen Mädchens mit den seidig schwarzen Haaren verhaken sich ineinander, als sie von jener Zeit davor erzählt. Mit 13 war sie von ihrem Onkel vergewaltigt worden und danach weggelaufen. Sie lebte auf der Straße, bis ihr ein Job in einer Bar in Angeles City angeboten wurde. Dass sie dort als Stripperin arbeiten sollte, erfuhr sie erst, als sie in einem dunklen Raum stand und ihr jemand Dessous hinhielt. Es war eine der typischen Bars, mit vielen Touristen, die sie auf Drinks einluden und mehr wollten. Bis heute spielt sie das Erlebte lieber symbolisch in einer Theatergruppe nach, einer anderen Form der Therapie, als darüber zu reden. Gemma „überlebte", wie sie sagt, weil Pater Shay sie aus der Bar herausholte. Gerade noch rechtzeitig. Denn nicht alle Mädchen, die er befreit, wollen dies auch. Die Hälfte kehrt sofort zurück ins Rotlichtmilieu. „Bei Kindern, die mehrere Monate darin gearbeitet haben, ist es wie eine Gehirnwäsche", hat Pater Shay feststellen müssen. Bindungen und Abhängigkeiten sind entstanden, Zuhälter oder andere Prostituierte zum Familienersatz geworden.

Umso wichtiger sei es, vorher anzusetzen: Beim Bewusstsein der Menschen. Jeder sollte begreifen, dass Kinder das Zentrum des Lebens sind", sagt Pater Shay. Deswegen reist er weltweit zu Vorträgen, startet Kampagnen und hat die UN-Kinderrechtskonvention mit initiiert. In dieser Woche ist er in Deutschland – mit Pia. Das Kinderhilfswerk Missio, das Pater Shay seit Jahren unterstützt, hat sie hierher eingeladen. Es ist das erste Mal, dass Pia seit dem Prozess vor sieben Jahren nach Deutschland zurückkehrt. Damals kam sie voller Angst als Opfer. Heute ist sie 19, selbstbewusst, stark und engagiert sich im Kampf gegen Kinderprostitution. „Ich komme als Anwältin aller Kinder, die erleben, was ich erlebte", sagt sie. Ihre Augen sind nicht mehr leer, sie strahlen.

Heike Vowinkel

In: Welt am Sonntag vom
21.09.2003
Weitere Infos: **www.preda.org**

Couragiert für die Ermutigung von Frauen

Vor 100 Jahren bildete sich in Augsburg ein Zweigverein des Katholischen Frauenbunds – 35 500 Mitglieder im Bistum

Die Gleichberechtigung der Frau in Politik, Gesellschaft und Kirche stand von Anfang an auf ihrer Fahne. Dabei war vor 100 Jahren noch nicht einmal an ein allgemeines Wahlrecht zu denken. Doch das focht die couragierte Natalie Haas nicht an, als sie am 17. Juli 1904 mit 28 Mitstreiterinnen in Augsburg einen Zweigverein des Katholischen Frauenbundes gründete, um die Lebensbedingungen und die Bildung der Frauen auf der Grundlage christlicher Werte zu heben.

Dem Auftrag ist der Frauenbund – mit über 35 500 Mitgliedern im Bistum Augsburg der größte katholische Verband – treu geblieben. Geselligkeit ist gewiss auch ein hoher Wert im Frauenbund, aber beim Kaffeekränzchen belassen es die engagierten Katholikinnen selten. Dem Frauenbund ist beispielsweise das dichte Netz von 730 Mutter-Kind-Gruppen im Bistum zu verdanken. Vor 20 Jahren wurde die systematische Ausbildung der Gruppenleiterinnen begonnen, um Mütter und Kinder in einer gravierenden Umbruchphase qualifiziert zu begleiten. Die Schulung wird auch von Außenstehenden gerne genutzt. „Es gibt eigentlich kein vergleichbares Angebot", weiß Geschäftsführerin Evi Thomma-Schleipfer.

Genauso hat der Frauenbund etliche Kommunalpolitikerinnen hervorgebracht. „Eine Frau lässt sich nicht einfach ein Amt aufdrängen. Sie macht nur, was sie kann", erklärt die Diözesanvorsitzende Katharina Böhm. Im Frauenbund werde sie ermutigt und befähigt, öffentlich aufzutreten und sich tatkräftig einzumischen. Rhetorik, die Kunst des Leitens und der Interessensvertretung gehört zur Standardschulung. Böhm weiß dies zu schätzen aus eigenem Engagement als Gemeinderätin und Bürger-

Der Katholische Frauenbund unterhielt so genannte Brockenhäuser, um arme Familien mit ausgebesserter Kleidung zu versorgen. Dieses Bild entstand um 1921 in Neu-Ulm.

meisterkandidatin in Kuhbach (Kreis Aichach-Friedberg). Frauen interessieren weniger die Machtspiele, „sie arbeiten mit den Menschen", so die Vorsitzende. Gegen Widerstände hat sie selbst etwa eine Skaterbahn für die Jugendlichen durchgesetzt und an düsteren Ecken die Straßenbeleuchtung verbessert, damit sich Frauen sicherer fühlen.

Kleider aus dem Brockenhaus

Das Soziale wird im Frauenbund groß geschrieben – vor allem unter dem Motto „Frauen helfen Frauen". So genannte Brockenhäuser unterhielt der Verband, um arme Familien mit ausgebesserter Kleidung zu versorgen. Nach dem Ersten Weltkrieg entstanden überall Nähstuben für Mädchen und Frauen. Sogar Strafen riskierten die Gründermütter, als sie sonntags Märkte organisierten, wo Handarbeiten von vornehmen, aber mittellosen Damen, für die sich Erwerbsarbeit verbot, verkauft wurden. Politische Intention und soziale Arbeit verbinden sich seit den 90er Jahren in der Kampagne für den Ehrenamtsnachweis. Der Frauenbund forderte dazu auf, gratis erbrachten sozialen Einsatz und die damit erworbenen Qualifikationen zu dokumentieren. Zusätzliche Rentenzeiten sollte es erbringen und den Wiedereinstieg in den Beruf erleichtern. „Da bleiben wir hartnäckig dabei", so Geschäftsführerin Evi Thomma-Schleipfer.

Ebenfalls nicht locker lassen die Frauen bei dem Wunsch, die katholische Kirche möge Diakoninnen weihen. In Kranken- und Altenbesuchsdiensten und bei der Trauerbegleitung sind Frauen in den Pfarrgemeinden gar nicht mehr wegzudenken. Zudem bestärkte sie die Augsburger Dominikanerin Benedikta Hintersberger als geistliche Begleiterin darin, die Bibel aus Sicht der Frauen zu lesen und eigene Formen im Gottesdienst zu entwickeln, etwa den Frauen-Aschermittwoch.

Ganz praktisch wirkt der Frauenbund mit seinem Verbraucher-Service Bayern und seinen elf Familienpflegestationen, deren Einsätze übrigens ehrenamtlich koordiniert werden. Frauen treiben auch einiges Geld auf: 686 000 Euro wurden im Jahr 2003 gespendet, davon blieben 293 000 Euro in den Pfarreien. Viele Handreichungen kommen dazu. Braucht es weitere Belege für das geflügelte Wort, dass ein Pfarrer ohne Frauenbund ein ganz armer Hund sei?

Alois Knoller

Aus: AZ vom 16.07.2004

---

1. Wer gründete wann einen Zweigverein des Katholischen Frauenbundes?

2. Welches Ziel verfolgte die Gründerin?

3. Was hat der Frauenbund bei den Themen „Geselligkeit" und „Kommunikation" bis auf den heutigen Tag bewirkt?

4. Schildere weitere Tätigkeitsfelder des Frauenbundes zu folgenden Stichpunkten: Brockenhäuser – Ehrenamtsnachweis – Diakoninnen – Verbraucher-Service Bayern.

Der Brummi-Pfarrer Karl-August Dahl

Als Seelsorger für Fernfahrer eilt ihm ein Ruf voraus. Doch reichen seine Aktivitäten weit über die Windschutzscheibe hinaus. Wie ein Pfarrer a. D. Christentum und Gewerkschaft verbindet

Noch am Freitag hat Karl-August Dahl zwei Motorrad-verrückte Pärchen vermählt – auf „Biker-Hochzeiten". Am Wochenende warten die Schutzbefohlenen des evangelischen Geistlichen auf einem Trucker-Festival. Am Montag ein Gesprächskreis, am Dienstag zur Betreuungsarbeit beim Johanniter-Orden. Zwischendurch mal ein Treffen mit einem Reporter. So geht das die ganze Woche, fast zwölf Monate im Jahr. Das alles irgendwo zwischen Rheinböllen in Rheinland-Pfalz, dem Hunsrück und Butzbach-Niederwesel in Hessen. Daraus werden dann leicht 15 000 Kilometer mit dem Motorrad und 35 000 Kilometer mit dem Auto.

Den Truckern fehlt die Nähe zur Familie

Immer unterwegs. Es sei die Frage nach der Gerechtigkeit, die ihn antreibe, sagt er. Mit Lebenshilfe und Seelsorge gegen den unerbittlichen Takt einer auf Materialflussoptimierung und Renditemaximierung getrimmten Wirtschaft. Die Geschichten und Probleme, die er fast jeden Dienstagabend auf dem Autohof Elbert in Rheinböllen zu hören bekommt, ähneln sich. Doch hinter jeder steht ein Einzelschicksal: der Ärger mit Söhnen oder Töchtern, aber auch freudige Ereignisse finden häufig ohne die Trucker statt. Es mangelt am täglichen Umgang mit nahe stehenden Menschen. „Vielen Fernfahrern fehlt die Nähe zu ihren Familien", hat Dahl beobachtet. Lästige Folge: „Sie haben meist sehr hohe Handyrechnungen." Dazu gesellen sich Alltäglichkeiten wie Ärger im Beruf oder Probleme mit Behörden. Dahl versucht zu helfen, gibt Ratschläge oder hört manchmal auch einfach nur zu – und genießt nicht zuletzt deshalb unter den Fernfahrern einen guten Ruf. Das soziale Engagement scheint Karl-August Dahl in die Wiege gelegt worden zu sein: Am 9. November 1942 wird er in Solingen geboren und wächst gemeinsam mit vier Geschwistern in einer „sozial eingestellten Familie" auf. „Bei uns war immer ein Teller mehr gedeckt", erinnert er sich. Nach der Schule studiert er Theologie, anschließend schreibt er sich in der Sozialakademie Dortmund ein. In dieser Zeit, 1968, tritt er auch in die Gewerkschaft ein, „aus Solidarität mit denen, die unter anderen Bedingungen arbeiten müssen".

Sein Engagement führt ihn damals zunächst in die Gemeindearbeit nach Essen-Altstadt und nach Essen-Kray, ein Stadtteil, an dem der wachsende Wohlstand Westdeutschlands vorbeigeht. Später treibt es ihn noch weiter: Er wird Gefängnispfarrer. Sein Ziel: „Den Leuten zu helfen, auf die eigenen Schliche zu kommen." Dabei verzichtet er auf all die Insignien, die einen „echten" Pfarrer ausmachen, auf Talar, auf den würdevollen Habitus.

Der Großstadtseelsorger kommt aufs Land

Dass er nicht ganz so fromm daherkommt, fördert seine Glaubwürdigkeit. Und als er und seine Familie Mitte der siebziger Jahre im Hunsrück ankommen – er ist mittlerweile mit einer Kollegin verheiratet und Vater zweier Kinder –, da müssen sich der neue Pfarrer und seine Gemeinde erst zusammenraufen: der randgruppengeprüfte Großstadtseelsorger mit dem wehenden Haar und die traditionsbewussten Gläubigen. „Ich bin so wie ich bin", sagt er. Das wirkt. Die rührigen Damen der evangelischen Frauenhilfe im Hunsrück sprechen ihm ihr Vertrauen aus mit den Worten: „Wat wullt ihr denn? Unser Herr Jesus hat auch lange Haare gehabt."
Es sind wohl diese positiven Erfahrungen, die Dahl motivieren, immer wieder neue Aufgaben und Herausforderungen zu suchen. Das ist irgendwann aber auch zu viel: „Die Erfahrung auf dem Tisch des Kardiologen (Herzspezialisten) hat mir sehr geholfen", sagt er heute, vermeintlich selbstkritisch. Denn seit 1999 ist Karl-August Dahl aus gesundheitlichen Gründen im Ruhestand – oder das, was er so Ruhestand nennt. Hier mal eine Taufe, dort mal eine Hochzeit; seine Schutzbefohlenen können nicht ohne ihn leben und er wohl auch nicht ohne sie. Fehlt noch etwas? Ja, die Filmkarriere. In der dritten Staffel der Hunsrück-Saga „Heimat" von Edgar Reitz, die im Herbst 2004 ausgestrahlt wird, gibt er den Pfarrer Otto Bell. Dahl beschreibt seine Rolle ganz pragmatisch: „Ich sage nur, was ich will."
Er spielt sich selbst.

Jan Jurczyk

Die Kirche bietet Hilfe an

Sozial-caritative Dienste:

___

___

___

___

Seelsorgerische Dienste:

___

___

___

Die Kirche bietet Hilfe an

Sozial-caritative Dienste:

Altenheim, Aids-Beratung, Drogenberatung, Essen auf Rädern, Eheberatung, Frauenhaus, Krankenpflege, Kindergarten, Jugendarbeit, Behindertenbetreuung, Notruftelefon, Psychologischer Dienst, Sozialstation, Suchtberatung.

Seelsorgerische Dienste:

Telefonseelsorge, Beichte, Glaubensgespräche, Krankenhausseelsorge, Bahnhofsmission, Lebensberatung, Trauerbegleitung, Aussiedlerseelsorge, Behindertenseelsorge, Orientierungstage, Besinnungswochenende, Ehevorbereitung.

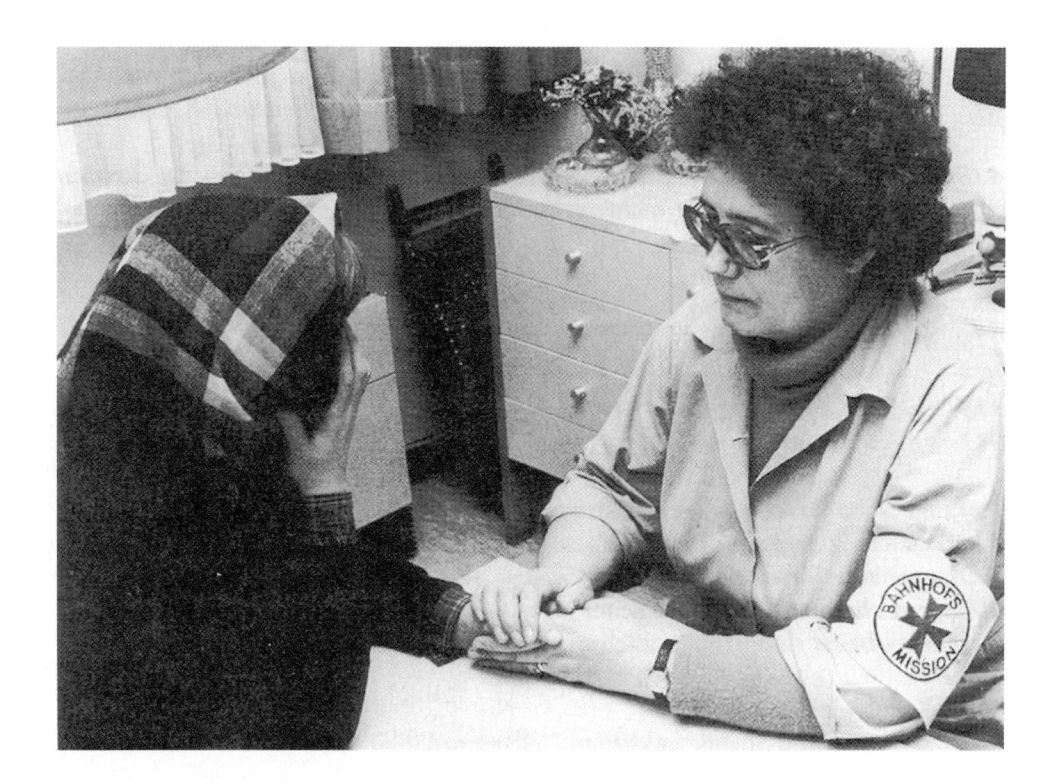

Ohne die Hilfe der Kirche könnten viele Menschen ihr Leben nicht bewältigen.

Haupt- und ehrenamtliche Tätigkeiten in der Kirche

Viele Menschen sind für die Kirche tätig. Im Rahmen von haupt- und ehrenamtlichen Tätigkeiten setzen sie sich für die Aufgaben der Kirche ein – weltweit, national und innerhalb der Pfarrgemeinde.

Informiere dich über die hier genannten Berufe der Kirche. Berichte über die Ausbildung, die schulischen Voraussetzungen, die beruflichen Tätigkeiten und den Verdienst.

Könntest du dir eine ehrenamtliche Tätigkeit innerhalb deiner Pfarrgemeinde vorstellen? Was könnte dich interessieren? Wo würdest du gerne mithelfen?

30 Jahre ehrenamtliche Mitarbeit im Gottesdienst

30 Jahre sind es dieses Jahr, dass Martha Lichtenstern bei den Gottesdiensten im BRK-Zentrum in Donauwörth mitarbeitet und Heimbewohner zum Gottesdienst abholt und wieder in ihre Zimmer zurückbringt. Pfarrerin Gottwald-Weber dankte ihr im Rahmen eines Gottesdienstes dort im BRK-Zentrum für diesen Dienst.

Bild: privat

Haupt- und ehrenamtliche Tätigkeiten in der Kirche

Ordne den folgenden Personen, die ehrenamtlich für die Kirche tätig sind, die jeweilige Tätigkeit zu:

Jugendleiter:	– hilft bei der Messe – trägt den Weihwasserkessel – steht am Altar
Mitglied im Gemeinderat:	– spielt die Orgel – sucht Lieder aus – begleitet die Lieder beim Gottesdienst
Ministrant/Ministrantin:	– bereitet auf die Erstkommunion vor – bespricht mit den Kinder die Beichte – klärt mit den Eltern die Kleiderfrage
Mesner:	– leitet eine Jugendgruppe – bereitet Jugendgottesdienste vor – plant und gestaltet Jugendfreizeit
Organist:	– trägt Mitverantwortung in der Gemeinde – gestaltet die Arbeit des Pfarrgemeinderats mit – unterstützt den Pfarrer bei seinen Aufgaben
Kommuniongruppenleiter:	– kümmert sich um Auftritte des Kirchenchores – hält regelmäßige Proben ab – gestaltet große Festtage in der Kirche mit
Altenkreisleiterin:	– läutet die Glocken – zündet die Kerzen in der Kirche an – schmückt die Kirche aus
Leiterin eines kirchlichen Kunstvereins:	– begleitet musikalisch den Kirchenchor – spielt die Orgel – unterstützt Kinder bei Auftritten
Chorleiter:	– kümmert sich um ältere Menschen – organisiert Ausflüge für Senioren – leitet Seniorentreffs
Mitarbeiter „Meditation und Naturerfahrung"	– organisiert Führungen in der Kirche – hält Vorträge zu bestimmten Themen – betreut das Heimatmuseum
Leiter „Dritte-Welt-Gruppe"	– bereitet Meditationsräume vor – führt eine Feuermeditation durch – organisiert Wanderungen
Mitarbeiter in der Pfarrbücherei	– plant eine Lesenacht für Kinder – führt durch die Pfarrbibliothek – hält Kontakt zur Gemeindebücherei

Probleme in der Arbeitswelt

Welche Probleme der modernen Arbeitswelt sind hier angesprochen? Kennst du Personen, die mit solchen Problemen zu kämpfen haben?

„Frauen gelten oft als Risiko"

Frauen haben zwar die besseren Abschlüsse, aber sie verdienen weniger als Männer. Durch den Flaschenhals der Wirtschaft aber kommen sie nicht.

Immer mehr Schüler suchen eine Lehrstelle

Die Zahl der Ausbildungsplatzbewerber in Deutschland wird in den kommenden Jahren weiter ansteigen. Der Höhepunkt dieser Entwicklung wird einer Prognose des Instituts der deutschen Wirtschaft (IW) in Köln zufolge im Jahr 2007 mit 592 200 Bewerbern erreicht sein. Derzeit sind es 584 200 Bewerber im Jahr. Von 2007 an werde die Zahl der Schulabgänger, die eine Lehre machen wollen, allerdings wieder stetig sinken, erwartet das IW. Im Jahr 2015 sollen dann nur noch 528 900 Schulabgänger um Lehrstellen konkurrieren. Allein in Ostdeutschland sei mit einem Rückgang der Bewerber von derzeit 125 200 auf 70 100 im Jahr 2015 zu rechnen.

Baufirma droht das Aus

100 Arbeitsplätze gefährdet

Ohne Job fehlt mehr als das Gehalt

Arbeitslose hat ihre Erfahrungen in einem Buch verarbeitet

Marnie Hilchenbach hat es übel erwischt. Ihr Job als Online-Redakteurin hatte ihr Leben bestimmt. Wann sie aufstand, wann sie essen ging, wann sie einschlief – meistens spät, schon weil sie so lange arbeitete. Aber all das ist jetzt vorbei: „Gesundschrumpfen" nennt es der Vorstandsvorsitzende, „betriebsbedingte Kündigung" heißt das für Marnie. Sie wird arbeitslos. Eine Vorstellung, die ihr bisher so unrealistisch erschien wie Drillinge zu bekommen, und die Angst, Wut, Scham und ein fieses Gefühl von Hilflosigkeit auslöst.

Marnie Hilchenbach ist eine Romanfigur, eine Erfindung von Tine Wittler, aber ziemlich realistisch: „In Marnie steckt ganz viel von mir", sagt die Autorin aus Hamburg. „Die Beschreibung, wie sie arbeitslos wird, ist autobiografisch und extrem authentisch." So ging es Tine Wittler selbst: „Man definiert sich über Arbeit. Wenn man auf Partys gefragt wird, ,und was machst du so?', erwartet jeder Informationen zum Beruf, nicht zu den Hobbys." Wenn dann die Kündigung kommt, wird nicht nur der Smalltalk komplizierter.

„Es gibt durchaus die Gefahr, zu entgleisen und in die Depression abzurutschen", erläutert Anna Konstantina Tsaroucha, Psychologin aus Friedberg (Hessen), die in Coaching-Seminaren rund 2000 Arbeitslose beraten hat. „Die Gefühle bewegen sich zwischen Wut, Aggression, Hoffnung und Verzweiflung. Am Schluss steht die Lethargie", so die Expertin. „Das ist das Schlimmste."

„Es gab bei mir auch Deprie-Phasen. Ich hab manchmal nachmittags noch im Bademantel vor dem Fernseher gesessen und Gerichtsshows geguckt", erzählt Tine Wittler. „Es hat vier Wochen gedauert, bis ich in meinem Leben wie-

Weit mehr als vier Millionen Menschen in Deutschland sind ohne Job. Eine Besserung scheint nicht in Sicht. Neben finanziellen Schwierigkeiten gilt es für Betroffene oftmals eine psychologische Talfahrt zu überstehen. Mit dem Beruf können nämlich auch Selbstwertgefühl und soziale Kontakte verschwinden.
Bild: dpa

der Grund hatte." Die Probleme waren damit allerdings noch nicht verschwunden: Die Gängelung durch die Arbeitsagentur sei eine unheimliche Beschneidung, kritisiert die Autorin. „Wie die einen da antanzen lassen nach dem Motto, ,Wer Dienstagmorgen nicht auftaucht, bekommt keine Kohle'."

Arbeitslosigkeit ändert oft den gesamten Alltag: „Durch den Beruf hat man auch soziale Kontakte. Mit dem Job sind die häufig weg", sagt Heinrich Funke von der Arbeitslosenselbsthilfe in Osnabrück. „Ganz abgesehen davon muss man sich auch finanziell deutlich einschränken", so der Diplom-Sozialwirt. „Man hat schlicht nur noch die Hälfte des Einkommens und kann sich vieles nicht mehr leisten."

„Fehlt das Geld, wird es aber auch schwieriger, seine Freizeit zu genießen", erläutert Psychologin Tsaroucha. „Auch Urlaub ist oft nicht mehr drin." Dabei fällt das Sparen doppelt schwer: „Man glaubt ja gar nicht, wie einem das Geld durch die Finger rinnen kann, wenn man viel Zeit hat", erinnert sich Tine Wittler. „Auf den Standard, den man erreicht hat, will man ja auch nicht verzichten. Und man bekommt Panik, dass man das nicht schafft."

Von solchen materiellen Einschränkungen abgesehen, fehlt die Arbeit aber auch in anderer Hinsicht: „Sich am Arbeitsplatz zu bewähren und kompetent zu erleben, ist dann nicht mehr möglich", sagt Tsaroucha. Kontakte zu anderen, die nicht arbeitslos sind und vielleicht sogar über Überstunden klagen, sind schnell eine unangenehme Erfahrung. Viele Arbeitslose versuchten, ihr Schicksal zu verheimlichen und kapseln sich ab.

Marnie Hilchenbach geht das zunächst auch so: Sie hat Angst, ihren Eltern von der Kündigung zu erzählen, und traut sich nicht, der Nachbarin zu sagen, warum sie jetzt tagsüber immer zu Hause ist. „Das ist ganz normal", erläutert Heinrich Funke. „Arbeitslosigkeit wird oft als persönliches Scheitern erlebt, schon wegen solcher blöden Sprüche wie ‚Wer keine Arbeit findet, ist selber schuld'." Der Effekt habe sich verstärkt: „Vor 20 Jahren galt Arbeitslosigkeit noch als gesellschaftliches Problem", so der Diplom-Sozialwirt. „Heute wird der Einzelne dafür verantwortlich gemacht."

Für Tine Wittler hatte die Arbeitslosigkeit auch etwas Positives – schon weil diese das Ende eines „Lebens im Hamsterrad" bedeutete: „Ich weiß jetzt, was ich mir an Arbeit nicht mehr zumuten will." Allerdings hatte sie auch doppeltes Glück: Einmal hat die Erfahrung arbeitslos zu werden sie zu ihrem Roman „Parallelwelt" inspiriert, zum anderen hat die Arbeitslosigkeit nur ein Vierteljahr gedauert.

Die Kirchen beziehen Position für die Menschen

Viele verschiedene Verbände und Gruppierungen versuchen, die Arbeitswelt zum Wohl der Menschen zu verbessern. CAJ, KAB, KDA und Kolpingwerk sind Beispiele dafür, wie sich christliche Gruppierungen für eine menschliche Arbeitswelt und Kultur einsetzen.

Kirchlicher Dienst in der Arbeitswelt (KDA)

Brücken zwischen Kirche und Arbeitswelt

Der Kirchliche Dienst in der Arbeitswelt (KDA) ist ein originärer Arbeitszweig der Kirche. Er will im Bereich der Arbeitswelt das Evangelium von Jesus Christus in Wort und Tat bezeugen.

Der KDA ist gleichsam „Auge, Ohr und Mund der Kirche" in der Arbeitswelt. Die ökumenischen Begriffe „Gerechtigkeit, Frieden und Bewahrung der Schöpfung" sind für die Arbeit der Mitarbeiter dieses Dienstes von grundlegender Bedeutung.

Was wir wollen

Mit regionalen Multiplikatoren, Arbeitnehmern, Arbeitgebern, Betriebsräten, Gewerkschaften, Institutionen der Arbeitswelt Beziehungen aufbauen und pflegen

Erfahrungen aus der Arbeitswelt den Gemeinden, Konventen, Kreissynoden, der Kirchenkreissozialarbeit und der „Kammer für Arbeit und Wirtschaft" vermitteln

Mit den „Augen und Ohren Jesu Christi" wahrnehmen, was Menschen in der Arbeitswelt erleben und erleiden und in seinem Sinn dazu Stellung nehmen

Kirche „zum Anfassen" sein, nicht nur zum Kommen aufrufen, sondern Menschen dort aufsuchen, wo sie ihren Alltag erleben und gestalten

Was wir tun

Mitwirkung bei Gemeindeabenden bzw. Veranstaltungen

Hausbesuche im Betrieb

Betriebsbesuche für Pfarrer/Pastorinnen, kirchliche Mitarbeiter

Mithilfe bei Vorbereitungen thematischer Gottesdienste

Vermittlung bei Streitigkeiten von Gemeindegliedern über Arbeitsrecht

Beratung in Problemfällen

Seminarangebote im Rahmen der Evangelischen Erwachsenenbildung

Unterstützung von Gemeindeprojekten

Mitarbeit in der „Kammer für Arbeit und Wirtschaft"

Betriebsratsarbeit – Bereicherung oder Belastung für meine Familie und mich
Wochenende für Betriebs- und Personalräte mit Familien

Wie du mir – so ich dir! Umgang mit Aggressionen in Familie, Beruf und Alltag

„Den schießen wir ab!"
Mobbing als Herausforderung an den Betriebsrat

Kinder, Küche, Job – Schaffe ich diesen Spagat oder schafft er mich?

Unterwegs mit einem Betriebsseelsorger

Es gibt viele Orte, um Betriebsseelsorger Erwin Helmer bei seiner Arbeit zu begleiten. Man kann mit ihm in Penzing in eine Transall-Maschine der Bundeswehr steigen. Der 52-Jährige mit kurzem Vollbart und einer Halbglatze wird sich auf den Pilotensitz setzen, herzlich lachen und den Bundeswehr-Offizier fragen, wie man so ein Ding fliegt. Man kann auch zur Messe gehen in die Pöltner Kirche in Weilhelm, an einem Abend kurz vor Weihnachten. Diakon Erwin Helmer wird dort predigen, die Gruppe Sacambaya aus Bolivien, die gerade durch Europa tourt, spielt Musik aus den Anden dazu und Erwin Helmer wird den Abend nachher als berufliches Highlight bezeichnen. Man kann einiges mit ihm erleben, draußen in den Landkreisen Weilheim, Starnberg und Landsberg in Bayern, die zu seinem Gebiet zählen. Aber um ihn und seine Arbelt zu verstehen, muss man bei ihm im Büro anfangen.

Im ersten Stock eines Gebäudes in Weilheim, dessen Außenfarbe der Besucher schon im Treppenhaus vergessen hat, wartet die Büro gewordene Bescheidenheit. 20 Quadratmeter, Teppichboden, hellgelbe Wände, weiße Decke mit zwei Leuchtröhren, Schreibtisch und Bücherregale aus furnierter Spanplatte. Mit dem Rücken zum kleinen Fenster sitzt Erwin Helmer da, ruhig, abwartend. Aber die Gegenstände hier, in seinem Reich, geben dem Kirchenmann Erwin Helmer Profil. Details, die die Seele seiner Arbeit ausmachen. „Das Kapital" von Karl Marx zum Beispiel, das neben der Bibel im Regal steht. Oder die zwei Bilder von Jesus an der Wand. Auf dem einen hängt Jesus am Kreuz, und oberhalb seines gesenkten Kopfes steht der Text „arbeitslos". Auf dem anderen sitzt er am Tisch, beim letzten Abendmahl, umgeben von Jüngern, die Bier aus Steinkrügen trinken und Zigaretten rauchen. Und daneben eine Zeichnung mit einer Katze am Rande eines Abgrunds. Vor ihr, in der Luft flatternd, zirpt ein kleiner Vogel: „Arschloch, Arschloch, Arschloch ..." „Das ist die Macht des Schwächeren", sagt Erwin Helmer. „Die Kleinen können nicht viel tun, aber sie können die Großen wenigstens ärgern. Es ist wie bei David mit Goliat. Er hatte keine Chance, aber er hat sie genutzt." Bei solchen Sätzen schimmert der Kämpfer in dem scheinbar so harmlosen Seelsorger durch. Wenn Erwin Helmer irgendwo Ungerechtigkeit sieht, regt er Widerstand an, hilft bei der Gründung von Betriebsräten, kritisiert öffentlich die unsozialen Reformen der Regierung und die drohende Abschaffung des Ladenschlussgesetzes. Und er poltert gelegentlich so heftig, dass der eine oder andere Arbeitgeber sich später beim Bischof beschwert.

Zum Glück hat der Bischof sich noch nie beschwert. Erwin Helmer nämlich wird vom Bistum Augsburg bezahlt als Seelsorger für die 150 000 Beschäftigten in den Betrieben des Kirchengebietes. Und die katholische Kirche steht zu ihrem Engagement. „Ich muss zwar ab und zu dem Bischof erklären, was los war, aber einen Rüffel habe ich noch nie gekriegt", sagt Erwin Helmer. „Man hält mich für einen Exoten, aber ich arbeite auf der Basis der Soziallehre der Kirche. Papst Johannes Paul II. hat ja gesagt, dass die Arbeit immer Vorrang vor Kapital hat. Aber ich muss die Rechtfertigung für meine Arbeit immer wieder neu einfordern. Auch innerhalb der Kirche."

Es irritiert eben viele, dass Erwin Helmer so etwas wie Don Camillo und Peppone in einer Person ist. Geistlicher und Kämpfer. Dies zeichnete sich schon während seiner Schulzeit in Dießen ab. Er empfand das Gymnasium als elitär und engagierte sich deswegen bei der Christlichen Arbeiter-Jugend. Aber so richtig hat er die Realität in den Betrieben erst kennen gelernt, als er vor 24 Jahren als Betriebsseelsorger in Weilheim anfing. Zuerst musste er Vertrauen schaffen bei Gewerkschaftern, die die Kirche als reaktionär empfunden haben. „Solchen Menschen versuche ich zu erklären, dass es im Sinne des Evangeliums ist, sich für die Schwachen und Benachteiligten einzusetzen", erzählt Erwin Helmer. Für andere ist er gerade deswegen ein willkommener Gesprächspartner, weil er nicht von der Gewerkschaft ist. Solche Situationen bedeuten meistens auch Arbeit für den Peppone in ihm. Wie neulich im Fall des Krankenhauses Peißenberg.

Am 3. August brach die heile Welt der 136 Beschäftigten im Krankenhaus Peißenberg zusammen. An diesem Tag gab es eine außerordentliche Betriebsversammlung, bei der Worte wie „entbehrlich" fielen. Es war allen klar, dass dem Krankenhaus die Schließung drohte. Der Betriebsrat, der zwar existierte, aber bislang kaum Arbeit hatte, war ratlos. „Wir waren völlig überfordert", erzählt Krankenschwester Leni Schwaller, die Vorsitzende des Betriebsrates. „Wir wollten etwas dagegen unternehmen, dachten an Mahnwachen, wussten aber nicht, ob wir so etwas überhaupt dürfen."

Da fiel ihr Erwin Helmer ein, den sie auf einer Tagung kennen gelernt hatte.

„Sie riefen mich in großer Unsicherheit an", erinnert sich Erwin Helmer. Da hat Peppone dann zugepackt, hat den Betriebsrat über juristische Fragen aufgeklärt und einen gemeinsamen Strategieplan zur Gegenwehr entworfen. „Dann waren alle so weit, dass sie richtig vor Ideen gesprudelt haben", sagt Erwin Helmer. Es folgten Mahnwachen, Lichterketten, Demonstrationen, Kundgebungen, Unterschriften-Aktionen, Treffen mit Politikern. Und der Betriebsseelsorger schrieb Flugblätter, verfasste Leserbriefe, sprach bei Kundgebungen und war den Beschäftigten, die ihren ersten Widerstand übten, eine Art Vater-Figur.

Ein offenes Ohr für die Sorgen der Betriebsräte

„Als Krankenschwester hat man das getan, was von einem erwartet wird. Nun waren wir plötzlich Organisatoren von Gegenwehr", beschreibt Leni Schwaller den Prozess, zu dem Erwin Helmer sie angeschubst hat. „Ich habe mich selber nicht mehr erkannt. Ich hatte noch nie über Lautsprecher vor Hunderten von Menschen gesprochen. Und bei einer Diskussion habe ich es als Moderatorin sogar geschafft, dass ich dazwischen gefahren bin und einen Politiker unterbrochen habe." Diese öffentliche Rolle hat Leni Schwaller einige Überwindung abverlangt. „Ich wurde oft von der Bevölkerung angesprochen. Da fühlte ich, dass wir einiges bewegt hatten", sagt sie. „Aber ohne Herrn Helmer hätten wir es nie so weit gebracht."

Es gibt aber auch andere Fälle. Den Fliegerhorst in Penzing bei Landsberg zum Beispiel, der vor der Schließung steht, wenn die Bundeswehr in den nächsten Jahren ihre Transportflugzeugflotte erneuert und die alten Transall-Maschinen gegen moderne Airbus-Jets umtauscht. Bis 2010 sollen 2300 Arbeitsplätze wegfallen, darunter rund 500 zivile in der Verwaltung.

An einem dunklen November-Abend besucht Erwin Helmer den Betriebsrat, und die Stimmung dort ist nicht viel besser als das Wetter. „Ich war wie von den Socken, als ich das erfahren habe", sagt Rudi Wolf, Betriebsrat für die zivilen Arbeitskräfte. „Die Leute bei uns sind sehr verunsichert. Die Jungen machen sich ja noch Hoffnungen, woanders unterzukommen. Aber wer über 30 ist und ein Häuschen hat, weiß nicht mehr weiter. Und dann habe ich auch noch in der Zeitung gelesen, Landsberg sei bei der Bundeswehr-Reform gut weggekommen. So ein Schwachsinn!"

„Ist die Schließung denn Fakt? Können wir nicht nach Berlin fahren und beim Verteidigungsministerium protestieren", fragt Erwin Helmer. „Wir müssen es als Fakt nehmen, Hoffnung macht ja keinen Sinn", antwortet der stellvertretende Kommodore Kübler. Dieser Meinung ist auch Wolf. „Dass abgebaut wird, ist beschlossene Sache", sagt er. „Wenn wir es nicht sind, wird woanders zugemacht." Erwin Helmer bleibt nichts anderes übrig, als Trost zu spenden. „Ich wünsche euch ein dickes Fell", sagt er in einer Art Besinnung, die den Besuch abschließt.

„Es ist typisch Bundeswehr, dass das, was von oben kommt, wie ein Gesetz ist", sagt Erwin Helmer, als er in seinem Kombi nach Hause fährt. Es wäre gelogen zu sagen, der Peppone in ihm wäre zufrieden mit der Passivität der Soldaten. Doch Penzing scheint eher ein Fall für den Don Camillo. „Wenn der Gewerkschaftssekretär zu den Betrieben kommt, fragt er, was wir machen können. Der Betriebsseelsorger fragt, wie geht es dir", sagt Erwin Helmer. „Ich bin vor allem für die Betriebsräte da, die sich wie Fußabstreifer fühlen, an denen die Führungsebene genau so wie die Mitarbeiter ihren Dreck los werden. Sie haben oft einen Erzählnotstand und sprudeln richtig los, wenn ich mit ihnen rede. Da ist es meine Aufgabe, ein riesengroßes Ohr zu haben und ein weites Herz."

Aufpassen, dass die Familie nicht zu kurz kommt

Die Betriebsräte sind für Seelsorger Erwin Helmer eine Art Brücke – persönlich könnte er die 150 000 Beschäftigten seines Gebietes nie erreichen. Und sie brauchen selbst Hilfe. „Sie sind das soziale Gewissen der Betriebe", sagt Erwin Helmer, „sie helfen zum Beispiel bei der Wohnungssuche und machen sich auch Sorgen um die Familien der Beschäftigten." Manchmal muss Erwin Helmer die Betriebsräte sogar bremsen, damit ihre Familie und Freizeit nicht zu kurz kommen. Dies gilt wohl auch für ihn selber. „Wenn Sie meine Frau fragen, dann wird sie der Meinung sein, dass es hin und wieder nicht passt", sagt der Betriebsseelsorger und lacht.

Franz Obermaier, der Betriebsrat bei Telekom in Weilheim ist und Erwin Helmer seit Jahrzehnten kennt, sagt über seinen Betriebsseelsorger: „Er ist so ausgeglichen, dass ihn nichts aus der Ruhe bringen kann. Er steht zwar nicht so direkt an der Front wie wir, aber er gibt uns den richtigen Hintergrund. Er hat immer für uns die richtigen Worte, so dass wir nicht auf dem Irrweg sind." Erwin Helmer steht daneben und wirkt berührt. Don Camillo, ausnahmsweise einmal sprachlos.

Juha Päätalo
Aus: verdi publik, März 2005

Verlautbarungen der Kirche zu Problemen der Arbeitswelt

In verschiedenen Verlautbarungen nimmt die Kirche Stellung zu aktuellen Problemen der Arbeitswelt. In zahlreichen Erklärungen der Deutschen Bischofskonferenz stellt die Kirche ihre Position in der Diskussion über die Arbeitswelt und der darin enthaltenen Probleme dar.
Die folgenden beiden Erklärungen beschäftigen sich mit den Diskussionspunkten „Arbeitslosigkeit" und „Sonntagsarbeit".

Arbeite die zentralen Aussagen der beiden Texte heraus und trage sie in einem kurzen Referat vor! Nimm zu den einzelnen Meinungen Stellung!

Erklärung des Vorsitzenden der Deutschen Bischofskonferenz, Kardinal Karl Lehmann, zum Bericht der Bundesregierung „Lebenslagen in Deutschland"

Durch den von der Bundesregierung vorgelegten Bericht stehen Daten zur Verfügung, die vieles in den bisherigen Einschätzungen bestätigen. Wir hoffen, dass dieser Bericht eine breite Diskussion auslöst, da Themen behandelt werden, die über konkrete Einzelmaßnahmen hinausgehen und Veränderungen in den Grundhaltungen von Menschen betreffen. Die Kirche stellt die Option für die Armen und Benachteiligten in den Mittelpunkt. Das wird nicht nur für die Kirche ein wichtiger Prüfstein sein.

Alle Menschen müssen ausreichend teilhaben können am gesellschaftlichen Leben. Es entspricht der Würde des Menschen, dass er in die Lage versetzt wird, selbst sein Leben zu gestalten. Wo der Einzelne dies nicht aus eigener Kraft vermag, ist er auf Hilfen angewiesen. Ziel muss es sein, den Ausschluss von Menschen aus dem gesellschaftlichen Leben aufzubrechen. Eine häufige Form des Ausschlusses, die auch mit Formen der Armut einhergeht, ist die Arbeitslosigkeit und ein Mangel an Bildung und Ausbildung. An diesen grundlegenden Übeln muss angesetzt werden. Prävention ist besser als nachträgliche soziale Korrekturen. Dazu gehört auch eine gerechte Vermögensverteilung, für die sich die Kirche schon immer eingesetzt hat und die wirkungsvoll gefördert werden muss. Dabei hat der Abbau des Ost-West-Gefälles eine besondere Priorität.

Menschen brauchen den Sonntag

Gemeinsame Erklärung des Rates der Evangelischen Kirche in Deutschland und der Deutschen Bischofskonferenz

Der Sonntag wird geschätzt

(1.) Der Sonntag gehört zu den wichtigen Beiträgen des Christentums zur Kultur unserer Gesellschaft. Vielen ist bewusst, dass er maßgeblich zur Qualität menschlichen Zusammenlebens beiträgt. Weithin wird der Sonntag als gemeinsamer Ruhetag, als Schutz der Arbeitenden, als Symbol der Freiheit und als Tag des christlichen Gottesdienstes anerkannt und geachtet. Das Grundgesetz schützt den Sonntag als Tag der Arbeitsruhe und der seelischen Erhebung. Sonntagsarbeit ist deshalb nur in ausdrücklich festgelegten und begründeten Ausnahmefällen möglich.

(2.) …

(3.) Es gehört zu den besonderen Aufgaben der Kirchen, sich für die Kultur des Sonntags zu engagieren. Die Wahrung des gemeinsamen Ruhetags ist in den Zehn Geboten fest verankert. Der Sonntag hat für Christen seine herausragende Bedeutung als Tag der Auferstehung Christi gewonnen. Beides zusammen prägt das Verhältnis der Christen zu diesem Tag. Die bewusste Gestaltung des Sonntags durch den Gottesdienst, in den Gemeinden, im persönlichen Leben, in den Familien ist deshalb das Erste, was sie zur Sonntagskultur beizutragen haben. Die Christen und die Kirchen tragen zugleich Mitverantwortung für das gesellschaftliche Zusammenleben. Es dient der Gesellschaft im ganzen, wenn die Kirchen nachdrücklich für den Schutz des Sonntags eintreten.

Der Sonntag ist gefährdet

(4.) Übergreifende wirtschaftliche und gesellschaftliche Veränderungen haben Auswirkungen auf den Sonntag. Der Wandel von der Industriegesellschaft zur Dienstleistungs- und Informationsgesellschaft verändert die Gestalt und die Organisationsform der Arbeit. Das Angebot an personenbezogenen Dienstleistungen wächst. Hiermit unmittelbar verbunden ist eine Veränderung im Nachfrageverhalten, und mit dem Nachfrageverhalten ändern sich auch Lebensstile, das Freizeitverhalten und damit das Zueinander von Arbeit und Freizeit. Diese übergreifenden wirtschaftlichen und gesellschaftlichen Veränderungen sind durch ein Mehr an Mobilität und Flexibilität gekennzeichnet. Sie bewirken eine „Beschleunigung des Lebens". Die Auflösung der Zeitstrukturen wird auch erlebbar auf der gesellschaftlichen Ebene – durch die Auflösung der tradierten Regel, einen Tag als Ruhetag herauszuheben. Es ist ein Weg in Richtung auf die Rund-um-die-Uhr-Gesellschaft mit dem Prinzip „alles zu jeder Zeit".

(5.) Problematisch ist diese Entwicklung, wenn das ökonomische Kalkül alle Lebensbereiche bestimmt, soziale Beziehungen belastet und persönliche Zeitgestaltung immer mehr einengt. Dann geraten auch die persönliche Zeit und das Miteinander in Familie und Freundschaft in den Sog der Wirkungen, die von Angebot und Nachfrage ausgehen. Auch die Einstellungen in der Bevölkerung ändern sich. Die Unterschiede zwischen Sonntag und Werktag werden zunehmend verwischt. All dies gefährdet den Sonntag und seine humanisierende Funktion. Ohne Sonntag gibt es nur Werktage. Ein verantwortlicher Umgang mit diesen Entwicklungen ist nur dann gewährleistet, wenn die Frage gestellt und beantwortet wird, wo die Grenzen liegen und welche Freiräume bewahrt werden sollen. Dabei muss bewusst sein: Der Sonntag ist nicht ein Überbleibsel einer vergangenen Epoche, sondern eine Chance für eine Gesellschaft im Wandel.

(6.) Seit längerer Zeit ist eine schleichende Aushöhlung des Sonntagsschutzes in Deutschland zu beobachten. Immer wieder wurden Einschnitte in den Schutzbereich dieses Tages vorgenommen. Für sich genommen waren sie jeweils so bemessen, dass sie von vielen Bürgerinnen und Bürgern als „geringfügig" oder „hinnehmbar" eingeschätzt wurden. Tatsächlich aber führen das Ausmaß und die Qualität der Eingriffe zu einer substantiellen Beeinträchtigung des Charakters des Sonntages und seiner in Familie und Gesellschaft ausgeprägten Kultur.

(7.) ...

(8.) Durch die ausgiebige Inanspruchnahme von Ausnahmegenehmigungen ist in den Bereichen von Handel und Dienstleistungen die Sonntagsarbeit innerhalb von nur sieben Jahren um die Hälfte angestiegen. Forderungen nach weiteren Ausnahmen verbunden mit Gesetzesübertretungen lassen einen „Flächenbrand" befürchten, der zu Lasten der Menschen und der Gesellschaft geht. Die Auswirkungen auf die betroffenen Arbeitnehmerinnen und Arbeitnehmer sowie ihre Familien werden dabei in unvertretbarer Weise verharmlost. Die Arbeit anderer wird zur Verschönerung des eigenen Sonntags bereitwillig in Anspruch genommen, ohne dass die Nutznießer sich eingestehen, welcher soziale Preis dafür zu zahlen ist. Sonntagsarbeit zählt zu den unbeliebtesten Arbeitsformen. Wenn den beschriebenen Tendenzen nicht Einhalt geboten wird, droht eine Teilung der Gesellschaft in Sonntagsverlierer und Sonntagsgewinner.

(9.) Der gesellschaftliche Wandel, den wir erleben, hat Auswirkungen auf den Umgang mit dem Sonntag. Die Individualisierung der Lebensformen verändert den Stellenwert der gemeinsamen freien Zeit. Das zeigt sich auch im Umgang vieler Christen mit dem Sonntag. Auch unter ihnen ist bisweilen das Interesse an der religiösen und kulturellen Bedeutung dieses Tages zu schwach ausgeprägt. Es gibt bei vielen eine Verlegenheit, wie sie den Sonntag feiern und gestalten sollen. Wenn Christen dem Sonntag eine hohe Bedeutung für die Gesellschaft zusprechen wollen, ist es wichtig, dass sie auch selbst diesen Tag auf neue Weise heiligen. Die gottesdienstliche Feier des Sonntags und seine gemeinsame Gestaltung in der Gemeinde, in der Familie oder im Freundeskreis muss mit neuem Leben erfüllt werden.

Menschen brauchen den Sonntag

(10.) Menschen brauchen den Sonntag. Der Wechsel von Arbeit und Ruhe gehört zum Leben und Dasein des Menschen. Der Sonntag unterbricht den Kreislauf von Arbeit und Konsum. Auch der Umgang mit der Freizeit soll nicht nur von Markt und Geschäft bestimmt sein. Der Grundsatz „Zeit ist Geld" soll nicht alle Tage beherrschen. Menschen müssen Zeit haben für das, was sich ökonomisch nicht rechnet. Dafür steht der Sonntag. Die Christen, die ihn als ersten Tag der Woche feiern, berufen sich für ihn zugleich auf die Tradition des Sabbats im Alten Testament: „Sechs Tage darfst du schaffen und jede Arbeit tun", heißt es dort. „Der siebte Tag ist ein Ruhetag, dem Herrn, deinem Gott, geweiht" (5. Mose/Deuteronomium 5,13, 14).

(11.) Der Sonntag gibt dem Zeitempfinden einen wiederkehrenden Rhythmus und gewährt einen regelmäßigen Freiraum. Er verhilft zu dem notwendigen Abstand von dem sich beschleunigenden Wandel, von dem Anpassungsdruck des Erwerbslebens wie des Freizeitverhaltens. In der Leistungsgesellschaft bietet er eine Zone der Freiheit vom Leistungsdruck. Zum verantwortlichen Umgang mit der Zeit gehört die regelmäßige Unterbrechung. „Zeitbrachen", also unbewirtschaftete Zeit, sind für die Wahrnehmung menschlicher Freiheit unentbehrlich. Wer seine Zeit bis zum Äußersten auskaufen will und den Rhythmus der Zeit missachtet, untergräbt die natürlichen Lebensbedingungen ebenso wie die Bedingungen der Freiheit.

(12.) Menschen leben in Beziehungen: der Familie, der Gemeinschaft von Freunden, der Nachbarschaft, dem sozialen Umfeld. Diese Beziehungen können nur gelingen, wenn gemeinsame freie Zeit für sie eingesetzt werden kann. Der Sonntag ist ein Tag der Arbeitsruhe, an dem möglichst viele Menschen zur gleichen Zeit „frei" haben sollen. Der Zusammenhalt in überschaubaren Gemeinschaften wie in der Gesellschaft im ganzen wird nicht allein durch wirtschaftliche Güter gewährleistet; dazu gehört auch die gemeinsame Teilhabe an kulturellen Gütern, das gemeinsame Erleben, Wahrnehmen und Gestalten der Zeit. Gerade in einer mobilen Gesellschaft, in der viele durch ihre Arbeit angespannt sind oder ohne gesicherte Erwerbsarbeit sich um ihr Leben sorgen müssen, ist der Sonntag für die Erneuerung des gemeinsamen Lebens unersetzlich. Wo diese Quelle der Erneuerung fehlt, verstärken sich die Zerreißproben. Wenn der Vater seinen „Sonntag" am Montag hat, die Mutter am Mittwoch und die Kinder am Sonntag, belastet dies die Familie und trägt zur Entstehung von Konflikten bei.

(13.) ...

(14.) ...

(15.) ...

Eintreten für den Sonntag

(16.) Der Sonntag als Tag der Arbeitsruhe und der Besinnung ist gerade in einer Zeit des gesellschaftlichen Wandels für die humane Qualität menschlichen Lebens und Zusammenlebens unentbehrlich. Deshalb setzen die Kirchen sich für den Schutz des Sonntags und die Pflege der Sonntagskultur ein. Es ist wichtig, dass die lebensdienliche Bedeutung und die künftige Gestaltung des Sonntags in allen Bereichen der Gesellschaft neu diskutiert werden.

(17.) Zu den Aufgaben der *gesetzgebenden Organe* gehört es, den Schutz des Sonntags im Sinne der Verfassung entschieden zu sichern. Dies gilt für die Kommunen und Länder, aber auch für den Bund und zunehmend auch für die europäische Ebene. Nur großflächige Regelungen zum Sonntagsschutz werden der kulturprägenden Bedeutung des Sonntags gerecht. Die Ladenöffnungszeiten sind so zu gestalten, dass der Schutz des Sonntags durch das Grundgesetz gewährleistet bleibt. Der Missachtung der rechtlichen Regelungen zum Schutz des Sonntags muss energisch entgegengetreten werden. Wer die geltenden Regelungen zu umgehen versucht oder offen zu ihrem Bruch aufruft, untergräbt die Grundlagen der gesamten Rechtsordnung.

(18.) Wir rufen die *politisch Verantwortlichen* auf, einer weiteren Ausweitung der Sonntagsarbeit und einer schleichenden Aushöhlung des Sonntagsschutzes Einhalt zu gebieten. Die Ausnahmen vom Verbot der Sonntagsarbeit müssen sich auf das beschränken, was an Diensten und Angeboten im Interesse des Allgemeinwohls, zugunsten hilfsbedürftiger Menschen und im Blick auf eine sinnvolle Gestaltung der freien Zeit wirklich nötig ist. Zu den notwendigen Ausnahmen vom Verbot der Sonntagsarbeit zählen nicht diejenigen Dienstleistungen, die aufschiebbar sind und damit auch an Werktagen erbracht werden können. In Kommunen und Städten muss dem Vordringen kommerzieller Veranstaltungen und Verkaufsschauen Grenzen gesetzt werden. Der Weg in die Dienstleistungsgesellschaft mit seinen Folgen für die Sonntagsarbeit muss verantwortlich gestaltet werden. Gerade wegen der unabweisbaren Veränderungen in einer Dienstleistungs- und Informationsgesellschaft muss die Politik den Beitrag, den der Sonntag für die humane Gestaltung der Gesellschaft leistet, erkennen und bewahren.

(19.) Die *Wirtschaft* trägt im Blick auf die Erhaltung des Sonntags eine große Verantwortung. Ein Teil der Wirtschaft erkennt diese Verantwortung an und leistet den notwendigen Beitrag zum Schutz des Sonntags. Ein anderer Teil will die Sonntagsarbeit insbesondere im Handel und in den Dienstleistungen ermöglichen und beruft sich dafür auf die veränderten Sonntagsgewohnheiten in der Bevölkerung. Wer das fordert, sollte die Folgen für die Arbeitenden und ihre Familien bedenken. Aber ebenso müssen die Auswirkungen auf kleinere Unternehmen im Blick sein, die bei einer solchen Entwicklung nicht mithalten können. Die regelmäßige Unterbrechung der Arbeitswoche darf nicht einfach als wirtschaftlicher Nachteil gesehen werden. Wenn den Erwerbstätigen eine zeitlich uneingeschränkte Flexibilität abverlangt wird, dann geraten Gesundheit, persönliche Stabilität und Sicherheit in Gefahr; am Ende wird dadurch gerade die Leistungsfähigkeit untergraben, auf welche die Wirtschaft angewiesen ist. Die Verantwortung der Wirtschaft darf sich nicht auf ein kurzfristiges betriebswirtschaftliches Kalkül beschränken. Auch die Wirtschaft trägt Mitverantwortung für Mensch, Gesellschaft und Kultur.

(20.) Wir laden die *Partner in anderen gesellschaftlichen Bereichen* ein, sich am konstruktiven Gespräch über den Sonntag und seine Bedeutung für die Menschen zu beteiligen. Es ist eine gemeinsame Aufgabe in der Zivilgesellschaft, den grundsätzlichen Konsens über den Schutz des Sonntags zu wahren. Auch beim Eintreten für den Sonntag ist der Kirche das Zusammenwirken mit anderen gesellschaftlichen Kräften wichtig. Es geht nicht nur um den Schutz, sondern auch um die Gestaltung eines besonderen Tages für den Menschen, für die Familie, für die Gemeinschaft und für Gott. Die Gesellschaft insgesamt hat hier eine wichtige Gestaltungsaufgabe.

(21.) Der Sonntag ist für *alle Menschen* – gleich welcher religiösen oder weltanschaulichen Überzeugung – ein Angebot zur Besinnung und zum Innehalten. Er bietet einen Raum, sich die wichtigen und entscheidenden Fragen bewusst zu machen: Wer bin ich? Wohin gehe ich? Aus welcher Quelle lebe ich? Wofür lohnt es sich zu leben? Er bietet ebenso Raum für herausgehobene, festlich gestaltete Begegnungen mit anderen. Durch ihr eigenes Tun und Lassen entscheiden die Menschen darüber, welchen Wert und welche Qualität der Sonntag für sie hat.

(22.) Wir bitten die *Christen*, öffentlich für den Wert des Sonntags einzutreten und durch ihr Verhalten die Bedeutung von gewährter Zeit, von gemeinsamer Freizeit, von Besinnung und Ruhe bewusst zu machen. Kirchen und Christen stehen vor der Aufgabe, den christlichen und humanen Sinn des Sonntags verständlich zu machen und ihm neue Anziehungskraft zu verleihen. Sie können sich nicht damit begnügen, den Schutz des Sonntags politisch zu fordern; entscheidend ist, wie sie selbst mit ihm umgehen. Für Christen gehört zu den Begegnungen, die der Sonntag ermöglicht, auch die Versammlung vor Gott. Damit weist der Sonntag über sich hinaus. Er zeigt, dass alle Zeit in der Hand Gottes liegt. Menschen dürfen nicht unbegrenzt durch die von ihnen selbst geschaffenen Zwänge beansprucht werden. Die Bewahrung und zukunftsorientierte Gestaltung des Sonntags ist möglich, wenn sich die Christen gemeinsam mit anderen mutig zu ihm bekennen, ihn als eine bereichernde Gabe Gottes annehmen und mit ihm für ein menschlicheres Gemeinwesen eintreten. Der Sonntag muss von jeder Generation lebendig gehalten und erneuert werden.

Nicht auf Kosten anderer leben

Wenn derzeit verstärkt von Globalisierung die Rede ist, meinen wir damit meist die weltweite Verknüpfung von Märkten, Firmen und wirtschaftlichen Beziehungen. Diese Globalisierung hat aber – wenn überhaupt – meist nur einen Sieger: die Menschen in Europa, in den USA, in den Industriestaaten – kurz: in der „Ersten Welt". Dabei interessiert das Schicksal von Menschen aus der „Dritten Welt" wenig, gilt es doch, die wirtschaftlichen Vorteile zu nutzen, die uns aus mitunter sehr zweifelhaften Wirtschaftsbeziehungen erwachsen.

Tatsache ist, dass wir in den Industrieländern weitgehend auf Kosten der armen Länder leben. Und um dies deutlich zu machen im Klartext: Häufig zahlen wir für eine Ware, die wir aus den sog. Entwicklungsländern beziehen nur den geringsten, nicht jedoch einen gerechten Preis. Dies wirkt sich ganz massiv auf die Lebensverhältnisse vieler Menschen in der Dritten Welt aus. Was keiner gerne wahrhaben will: wir sind für viele Probleme dieser Menschen verantwortlich. An dem folgenden Themenbereich wird unsere unmittelbare Verantwortung deutlich:

Aktion fair – für faire Regeln in der Spielzeugproduktion

Die Spielzeugindustrie produziert weltweit für die Bedürfnisse des deutschen Marktes. Produziert wird hauptsächlich in Länder der Dritten Welt, da hier die Produktionskosten am geringsten sind (vor allem die Löhne) und deshalb die Verdienstspannen der Firmen am größten ausfallen.

Natürlich ist das Bestreben, Gewinne zu erzielen, völlig legitim (keine Firma kann ohne Gewinne bestehen und Arbeitsplätze anbieten), jedoch sollte die Beschäftigten faire Löhne erhalten – und hier liegt das Problem.

In vielen asiatischen Spielzeugfabriken werden in diesem Produktionsprozess die bei uns geltenden Rechte der Arbeitnehmer systematisch verletzt. Betroffen sind vor allem Frauen im Alter von 18 bis 30 Jahren, die den größten Teil der Belegschaften stellen. Vor allem wenn für das Weihnachtsgeschäft auf Hochtouren produziert wird, sind die Arbeitszeiten extrem lang – 12 oder 13 Stunden am Tag, sieben Arbeitstage in der Woche sind normal. Meist fehlt ein Kündigungsschutz, gesetzliche Mindestlöhne werden nicht in voller Höhe ausbezahlt, Arbeitsschutzbestimmungen werden in grober Weise verletzt, Mutterschutz gibt es nicht.

Einen besonders krassen Fall schildert die „Washington Post" im Mai 2002:
In der Nacht, als die Arbeiterin Li Chunmei starb, muss sie sehr erschöpft gewesen sein. Kolleginnen berichteten, sie sei an ihrem Arbeitsplatz in einer Spielzeugfabrik fast 16 Stunden auf den Beinen gewesen. Es war Hochsaison. Die Aufträge für Stofftiere, die für den Weihnachtsmarkt in westlichen Staaten produziert wurden, erreichten einen Höchststand. Überstunden waren Pflicht und zwei Monate lang hatten Li und ihre Kolleginnen nicht einen einzigen Tag frei.

Lis Arbeitstag begann um 8.00 Uhr. Um 12.00 Uhr begann die Mittagspause.
Ab 13.00 Uhr arbeitete sie weiter. Um 17.30 Uhr bekam sie eine Pause von einer halben Stunde. Um 18.00 Uhr begannen dann die Überstunden, die jeweils bis 24.00 Uhr dauerten. In der Hochsaison kam es häufig vor, dass sie auch bis nachts um 2.00 Uhr oder bis 3.00 Uhr arbeiten musste.

Ihr Lohn war gering, ca. 12 US-Cent pro Stunde. Während der Hochsaison konnte sie einschließlich der Bezahlung für Überstunden umgerechnet ungefähr 60 € im Monat verdienen – bei einer wöchentlichen Arbeitszeit von mindestens 80 Stunden. All dies verstößt gegen nationale Gesetze und internationale Abkommen.

Ihre Kolleginnen sagten aus, dass die 19-Jährige an ihrem letzten Abend über Erschöpfung und Unwohlsein geklagt hatte. Sie massierte ihre schmerzenden Beine und hustete, sie war hungrig, konnte jedoch nichts essen.

Als ihre Zimmerkameradinnen sie auf dem Badezimmerboden fanden, wimmerte sie leise in der Dunkelheit und blutete aus Mund und Nase. Sie starb, noch ehe der Krankenwagen kam.

Die genaue Ursache für Lis Tod ist nicht bekannt. Doch nach Auskunft von Freunden ist ihr Schicksal ein Beispiel für „guolaosi", dem sog. „Überarbeitungstod". Das Wort wird üblicherweise für junge Arbeiterinnen verwendet, die zusammenbrechen und sterben, nachdem sie wochenlang permanent Überstunden machen mussten.

Konkrete Ziele

Gemeinsam mit Partnerorganisationen in Europa und Asien setzt sich die Aktion „fair spielt" für die Beachtung der Menschenrechte und die Durchsetzung grundlegender Arbeitsschutzbestimmungen für die Arbeiterinnen ein.
Die Träger, zu denen das bischöfliche Hilfswerk Misereor, die katholische Arbeitnehmerbewegung, die katholische Frauengemeinschaft Deutschlands und das Nürnberger Bündnis „fair toys" gehören, wollen die Spielzeughersteller in Deutschland veranlassen, mit entschiedenen Maßnahmen zur Verbesserung der Arbeitsbedingungen vor allem bei ihren asiatischen Lieferanten beizutragen. Die Aktion „fair spielt" fordert von den deutschen Unternehmen, dass sie den Verhaltenskodex der Spielwarenindustrie ICTI zuverlässig durchsetzen.

Dieser Verhaltenskodex ICTI umfasst folgende Anforderungen:

1. Arbeit:
   - Einhaltung der gesetzlich vorgeschriebenen Arbeitszeiten und Überstundenbezahlung
   - Verbot der Kinder- und Zwangsarbeit
   - Gesetzliche Sozialleistungen bei Krankheit und Schwangerschaft
   - Recht auf Arbeitnehmervertretung im Rahmen lokaler Gesetze

2. Arbeitsplatz:
   - Maßnahmen zur Sicherheit am Arbeitsplatz
   - Arbeits- und Gesundheitsschutz
   - Medizinische Versorgung der Beschäftigten
   - Sanitäranlagen und Einhaltung der Hygiene-Standards
   - Angemessene Unterbringung
   - Verbot unwürdiger Disziplinierung

Ein positives Beispiel

Als positives Beispiel für die Umsetzung dieser Forderungen gilt das Unternehmen „Zapf Creation AG". Die Firma beschäftigt in Deutschland rund 400 Mitarbeiter und lässt den Großteil der Ware (Puppen) im asiatischen Raum produzieren. Die „Zapf Creation AG" (www.zapf-creation.com) steht seit Anfang des neuen Jahrtausends in einem konstruktiven Dialog mit dem Bischöflichen Hilfswerk Misereor und arbeitet mit Nichtregierungsorganisationen in Hongkong zusammen.
Die Zapf Creation AG war der erste deutsche Spielwarenhersteller, der mit der Umsetzung des ICTI-Kodexes (eingeschlossen der Überwachung der Umsetzung) aktiv begonnen hat.

1. *Was versteht man unter „Globalisierung"?*
2. *Warum sind Menschen in den Industriestaaten oft indirekt für Probleme der Menschen in der Dritten Welt verantwortlich?*
3. *Welches Hauptziele verfolgt die „Aktion fair"?*
4. *Berichte über den Tod der Arbeiterin – inwieweit hat dieser tragische Fall mit uns zu tun?*
5. *Was besagt der Verhaltenskodex „ICTI"?*
6. *An wen richtet sich dieser Kodex?*
7. *Welche Inhalte weist dieser Kodex auf?*
8. *Was soll mit diesem Kodex erreicht werden?*
9. *Auf welche Weise können wir diese Forderungen unterstützen?*
10. *Welche Firma hat als erste diesen Kodex umgesetzt?*

3. Miteinander gehen – Freundschaft und Liebe

Lernziele

- Die eigene Einstellung zu dem Thema Freundschaft und Liebe reflektieren
- Gesellschaftliche Vorstellungen hinterfragen
- Sexualität als Gabe verstehen, die der Achtung und Wertschätzung bedarf
- Erkennen, dass Zuneigung, Zärtlichkeit und Sexualität als Formen personaler Beziehung und Liebe lebenslange Prozesse sind
- Sensibilität für liebende Menschen gewinnen

3. Miteinander gehen – Freundschaft und Liebe

Auf der Wunschliste ganz oben – einen Freund oder eine Freundin finden

Was erwarten Jungen von ihrer Freundin, was erwarten Mädchen von ihrem Freund?
Wenn zwei sich lieben, dann ...
Deine Meinung zählt

Sich selbst annehmen – auf dem Weg zum Frau-/Mannsein

Selbsteinschätzung und Fremdeinschätzung – Anmerkungen für Lehrer/innen
Selbsteinschätzung – Fremdeinschätzung
Mein Steckbrief
Das bin ich!
Mein Verhältnis zu anderen
Einschätzungsbogen für ...
Wer passt zu mir?
Unterschiede zwischen Jungen und Mädchen – gibt es das?
Meine Körperhaltung lässt Rückschlüsse über mein Empfinden zu
Auf dem Weg zum Frau- bzw. Mannsein – Informationen für Lehrer/innen
Ich werde erwachsen: Ich werde ein Mann – Ich werde eine Frau
Sexualität – ein Grundbedürfnis des Menschen
Sexualität – ein Grundbedürfnis des Menschen (Arbeitsblatt)
Als Mann und Frau leben
Achtung: sexueller Missbrauch!

Liebe verändert – mit anderen Augen sehen

Mit Flirten einen Partner finden?
Tipps und Tricks für das erste Date
Nur fliegen ist schöner! – Vom Verliebtsein zur körperlichen Liebe
Beratungsdienste helfen bei Problemen früher Sexualität
Liebe – eine lebenslange Aufgabe
Liebe ohne „Happy-End"
Wer mit wem und warum?
Die Spielregeln der (beständigen) Liebe

Medien
46 00017   „Bitte nicht stören"
46 00107   „Love Line – Eine multimediale Aufklärung"

Was erwarten Jungen von ihrer Freundin, was erwarten Mädchen von ihrem Freund?

So soll mein Freund/meine Freundin sein!

F _____
R
E
U
N
D
–
I
N

Welche Eigenschaften soll dein Freund/deine Freundin haben? Bringe sie der Bedeutung nach in eine Reihenfolge!

_____ F _____
R
E
U
N
D
–
I
N

Wenn zwei sich lieben, dann ...

Kreuze an, was deiner Meinung nach zutrifft:

- ☐ sollten beide möglichst viel Zeit zusammen verbringen
- ☐ sollte der Junge mit seinen Freunden weniger zusammen sein
- ☐ sollte das Mädchen mit ihren Freundinnen weniger zusammen sein
- ☐ sollten beide mit ihren Freunden/Freundinnen weniger zusammen sein
- ☐ sollte sich an den bisherigen Freundschaften nichts ändern
- ☐ kann jeder machen was er will, wenn es der andere weiß
- ☐ muss jeder alles vom anderen wissen
- ☐ sollten sie nicht so viel gemeinsam unternehmen um sich nicht auf die Nerven zu gehen
- ☐ sollten sie sich beide Vorschriften machen dürfen
- ☐ sollte man möglichst immer einer Meinung sein
- ☐ sollte man die gleichen Hobbys haben
- ☐ dürfen sie keine Geheimnisse voreinander haben
- ☐ spielt das Aussehen keine Rolle
- ☐ gehört Eifersucht dazu
- ☐ sollten sie trotzdem nicht allzu viele Gefühle einbringen
- ☐ soll der Junge der aktivere Teil sein
- ☐ sind bei einem Streit immer beide schuld
- ☐ sollten sie bald möglichst Geschlechtsverkehr haben
- ☐ sollten sie eine ungewollte Schwangerschaft vermeiden
- ☐ sollten sie an das Aids-Risiko denken
- ☐ sollten sie sich nie mehr trennen
- ☐ ist Treue ganz wichtig
- ☐ sollte man das als interessante Abwechslung sehen
- ☐ sollte man das nicht zu ernst nehmen
- ☐ sollte man die Eltern und Geschwister kennen lernen
- ☐ sollte man Konflikten aus dem Weg gehen
- ☐ sollte man füreinander Zeit haben
- ☐ sollte man nichts mehr allein unternehmen

Deine Meinung zählt

Treffen diese Aussagen deiner Meinung nach zu? Ist das Verhalten in Ordnung? Begründe deine Meinung!

+ −

- ☐ ☐ Wer mit 15 noch keine Freundin/keinen Freund hat, ist in seiner Clique nicht anerkannt.
- ☐ ☐ Flirten ist nichts weiter als ein unverbindliches Spiel.
- ☐ ☐ Ein Kuss verpflichtet zu nichts.
- ☐ ☐ Vor der Heirat sollte man ein paar Beziehungen hinter sich haben.
- ☐ ☐ Vor dem Unterricht darf man miteinander schmusen, auch wenn es andere sehen.
- ☐ ☐ Markus hat jeden Monat eine neue Freundin.
- ☐ ☐ Sabrina hat jeden Monat einen neuen Freund.
- ☐ ☐ Daniel meint, dass Gabi doch mit ihm schlafen könne, wenn sie ihn doch liebt.
- ☐ ☐ Susanne meint, dass Peter doch mit ihr schlafen könne, wenn er sie doch liebt.
- ☐ ☐ Werner geht nicht mehr zum Fußball-Training, weil Monika das nicht möchte.
- ☐ ☐ Walter verlangt absolute Treue und wird furchtbar eifersüchtig, wenn seine Freunde Tina zu nahe kommen.
- ☐ ☐ Doris möchte, dass Manuel von seinen früheren Freundinnen erzählt.
- ☐ ☐ Manuel möchte, dass Doris von ihren früheren Freunden erzählt.
- ☐ ☐ Die Angst vor Aids wird übertrieben.
- ☐ ☐ Mädchen sollten hübsch aussehen.
- ☐ ☐ Jungen denken eher an Sex als Mädchen.
- ☐ ☐ Man sollte erst miteinander schlafen, wenn beide es auch wirklich wollen.
- ☐ ☐ Über Empfängnisverhütung muss sich das Mädchen Gedanken machen.
- ☐ ☐ Die Freundeskreise, die jeder vor einer Beziehung gehabt hat, sollten bestehen bleiben.

Selbsteinschätzung und Fremdeinschätzung – Anmerkungen für Lehrer/innen

Die folgenden Arbeitsblätter geben der Lehrerin/dem Lehrer Material zum Thema „Selbst- und Fremdeinschätzung" zur Hand. Einige ergänzende Anmerkungen:

Arbeitsblatt „Selbsteinschätzung – Fremdeinschätzung"

Zunächst sollte das Arbeitsblatt der Selbsteinschätzung des Schülers/der Schülerin dienen. Anschließend wird das Blatt so gefaltet, dass nacheinander drei Schüler eine Fremdeinschätzung abgeben können, ohne die vorherigen Ergebnisse sehen zu können. Nach dem Aufklappen können Divergenzen zwischen Selbst- und Fremdeinschätzung festgestellt werden. Diese sollte zu einem Gespräch bzw. zum Nachdenken genutzt werden.

Arbeitsblatt „Mein Steckbrief"

Die Schüler/innen füllen den Steckbrief aus und machen sich einzelne Aspekte ihrer Persönlichkeit bewusst. Der Steckbrief kann später auch zur Fremdeinschätzung eingesetzt werden: Wer könnte diesen Steckbrief ausgefüllt haben? (natürlich nur mit Einverständnis des Schülers/der Schülerin)

Arbeitsblatt „Das bin ich"

Hier geht es um eine Hilfe zur Selbsterkenntnis als Voraussetzung einer Partnerschaft. Die konzentrischen Kreise können verschiedenartig ausgemalt werden. Natürlich kann das Arbeitsblatt auch im weiteren Verlauf zur Fremdeinschätzung genutzt werden.

Arbeitsblatt „Mein Verhältnis zu anderen"

Neben dem feststehenden Personenkreis können auch weitere Personen eingesetzt werden, die den Schüler/die Schülerin in seiner/ihrer aktuellen Situation zu einer Stellungnahme veranlassen.

Arbeitsblatt „Einschätzungsbogen für ..."

Zwei Schüler/innen füllen zunächst den Bogen für ihre Person aus und geben dann mit einem zweiten Einschätzungsbogen ein Urteil über ihren Partner ab. Im Anschluss daran erfolgt der Vergleich, der Anlass zur Reflexion bieten kann.

Spiel: „Welches Tier möchte ich sein?"

Dieses Spiel bereitet den Schülern üblicherweise viel Freude, bringt aber gleichzeitig auch wichtige Erkenntnisse zur Selbst- und Fremdeinschätzung.
Die Schüler sitzen in einem Gesprächskreis zusammen. Sie schreiben auf ein Blatt Papier, mit welchem Tier sie sich vergleichen würden und legen es in die Mitte auf den Boden. Der Lehrer greift nun die einzelnen Beispiele auf und die Schüler sollen herausfinden, um welchen ihrer Klassenkameraden es sich handelt. Dabei weichen mitunter die Selbst- und die Fremdeinschätzung deutlich voneinander ab.

Selbsteinschätzung – Fremdeinschätzung

So sehe ich mich:	0	1	2	3	4	So sieht mich:	0	1	2	3	4	So sieht mich:	0	1	2	3	4	So sieht mich:	0	1	2	3	4
sachlich, nüchtern						sachlich, nüchtern						sachlich, nüchtern						sachlich, nüchtern					
selbstbewusst						selbstbewusst						selbstbewusst						selbstbewusst					
tatkräftig, aktiv						tatkräftig, aktiv						tatkräftig, aktiv						tatkräftig, aktiv					
entschlossen						entschlossen						entschlossen						entschlossen					
temperamentvoll						temperamentvoll						temperamentvoll						temperamentvoll					
anpassungsfähig						anpassungsfähig						anpassungsfähig						anpassungsfähig					
selbstbeherrscht						selbstbeherrscht						selbstbeherrscht						selbstbeherrscht					
zuverlässig						zuverlässig						zuverlässig						zuverlässig					
aufgeschlossen						aufgeschlossen						aufgeschlossen						aufgeschlossen					
schlagfertig						schlagfertig						schlagfertig						schlagfertig					
kreativ						kreativ						kreativ						kreativ					
ehrgeizig						ehrgeizig						ehrgeizig						ehrgeizig					
egoistisch						egoistisch						egoistisch						egoistisch					
geltungsbedürftig						geltungsbedürftig						geltungsbedürftig						geltungsbedürftig					
spontan						spontan						spontan						spontan					
kontaktfreudig						kontaktfreudig						kontaktfreudig						kontaktfreudig					
tolerant						tolerant						tolerant						tolerant					
einfühlend						einfühlend						einfühlend						einfühlend					
kompromissbereit						kompromissbereit						kompromissbereit						kompromissbereit					
optimistisch						optimistisch						optimistisch						optimistisch					
freundlich						freundlich						freundlich						freundlich					
ungeduldig						ungeduldig						ungeduldig						ungeduldig					
hilfsbereit						hilfsbereit						hilfsbereit						hilfsbereit					
fähig, andere zu beeinflussen						fähig, andere zu beeinflussen						fähig, andere zu beeinflussen						fähig, andere zu beeinflussen					
autoritär						autoritär						autoritär						autoritär					
dominant (beherrschend)						dominant (beherrschend)						dominant (beherrschend)						dominant (beherrschend)					
unsicher						unsicher						unsicher						unsicher					

sehr gering	gering	mittel	hoch	sehr hoch
0	1	2	3	4

Mein Steckbrief

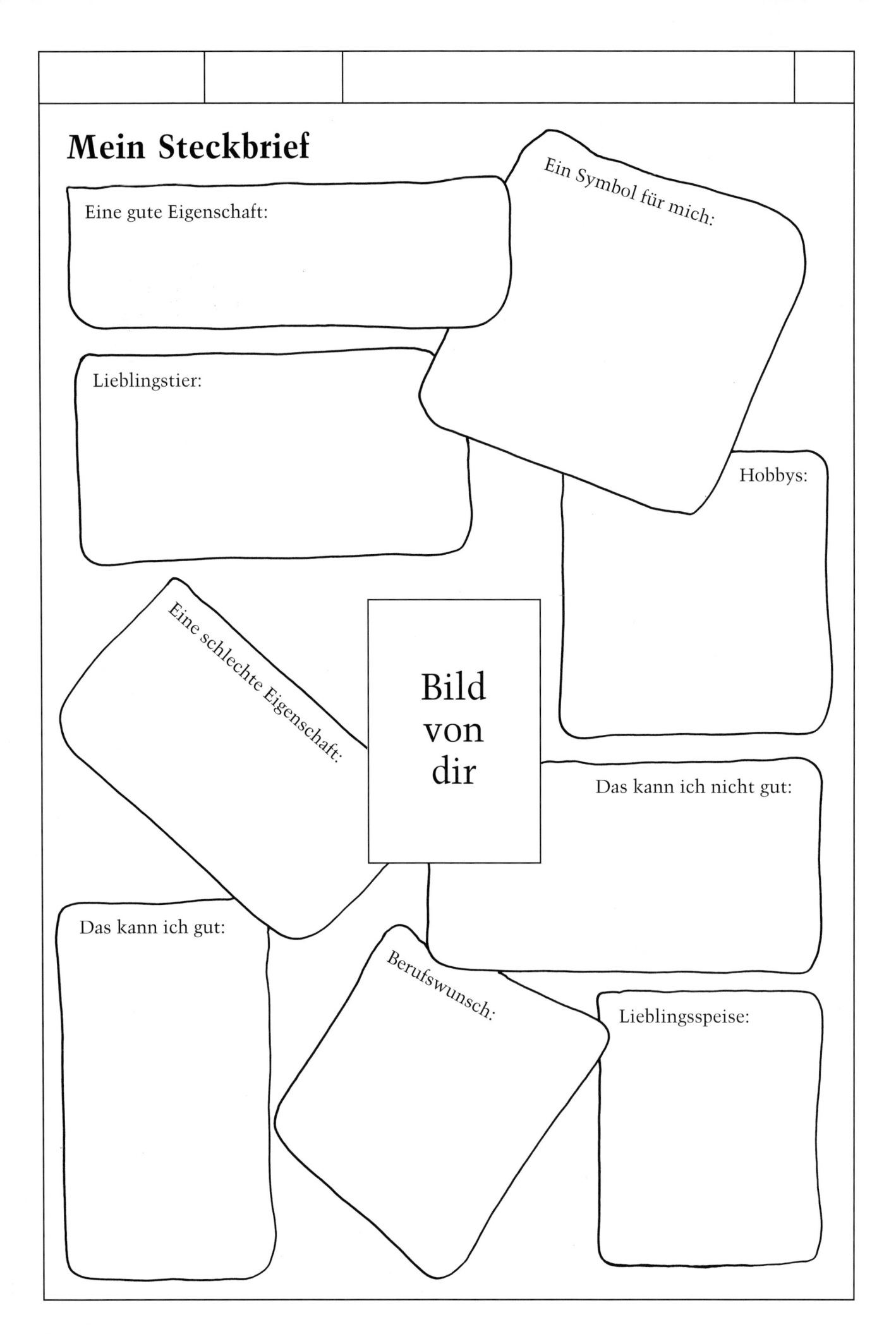

Eine gute Eigenschaft:

Ein Symbol für mich:

Lieblingstier:

Hobbys:

Eine schlechte Eigenschaft:

Bild von dir

Das kann ich nicht gut:

Das kann ich gut:

Berufswunsch:

Lieblingsspeise:

Das bin ich!

(Radardiagramm mit folgenden Achsen, von oben im Uhrzeigersinn:)

- auf Fernsehen verzichten
- ein Geheimnis für mich behalten
- trotz Abneigung auf jemanden zugehen
- jemandem eine Beleidigung verzeihen
- auf das Rauchen verzichten
- längere Zeit bei einer Arbeit bleiben
- meine Meinung auch in größeren Gruppen darlegen
- etwas herschenken, das mir lieb ist
- alleine sein
- zugeben, dass ich im Unrecht bin
- mit Überzeugung jemandem widersprechen
- mich über ein kleines Geschenk freuen
- Freizeit selbst gestalten
- anderen einen Erfolg gönnen
- um Entschuldigung bitten
- mich freuen, wenn andere Erfolg haben

(Skala: 0, 25, 50, 75, 100)

   0 = kann ich überhaupt nicht
 25 = fällt mir sehr schwer
 50 = bringe ich einigermaßen fertig
 75 = kann ich fast spielend
100 = kann ich spielend

Mein Verhältnis zu anderen

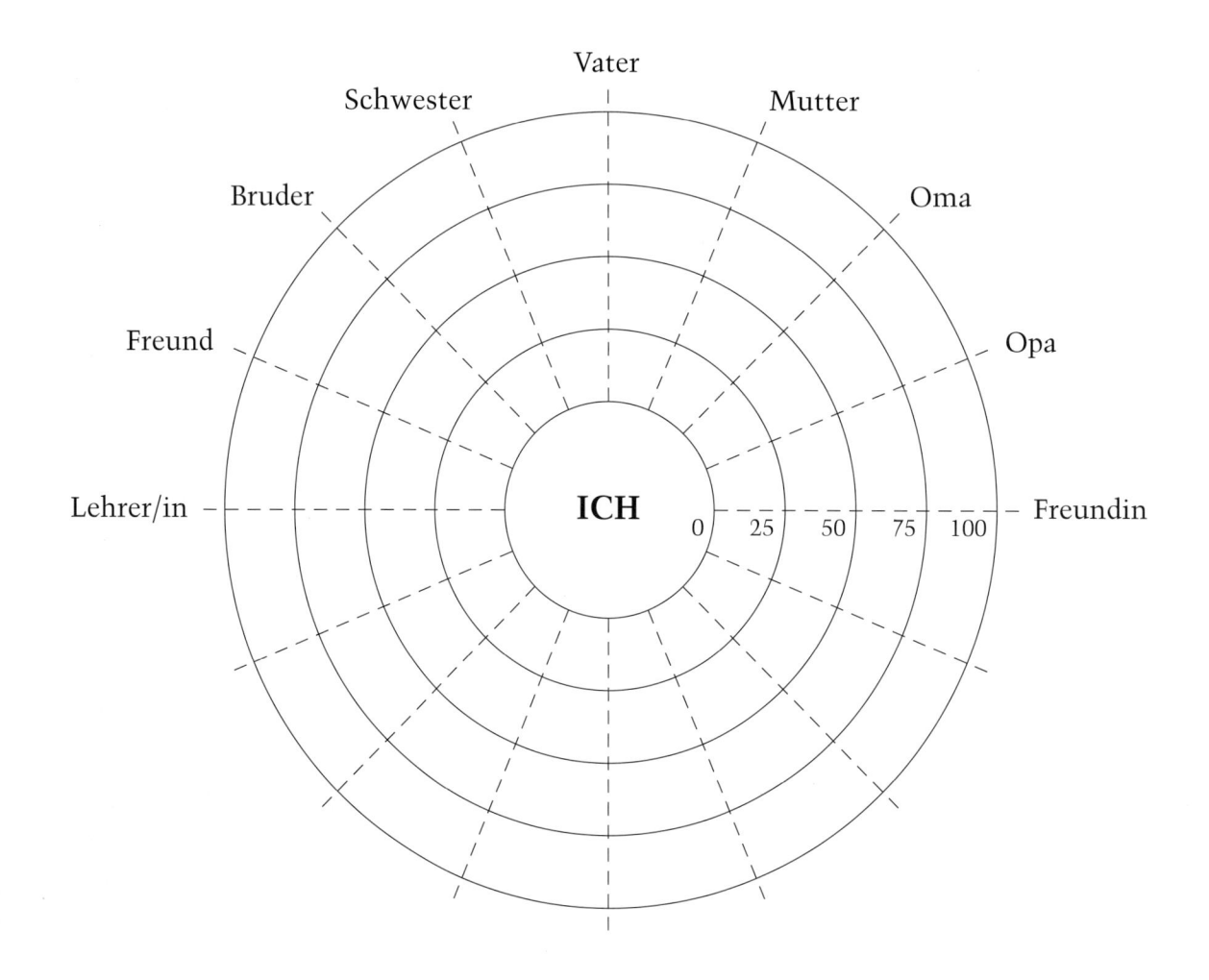

 0 = Mein Verhältnis zu ihm (ihr, ihnen) ist miserabel.
 25 = Mein Verhältnis zu ihm (ihr, ihnen) ist schlecht.
 50 = Mein Verhältnis zu ihm (ihr, ihnen) ist einigermaßen.
 75 = Mein Verhältnis zu ihm (ihr, ihnen) ist gut.
100 = Mein Verhältnis zu ihm (ihr, ihnen) ist ausgezeichnet.

Einschätzungsbogen für _____

Die Eigenschaft ist ausgeprägt:

	sehr gering	gering	mittel	stark	sehr stark
1 humorvoll, lustig					
2 sachlich, nüchtern					
3 selbstbewusst					
4 tatkräftig					
5 entscheidungsfreudig					
6 temperamentvoll					
7 anpassungsfähig					
8 zuverlässig					
9 aufgeschlossen					
10 schlagfertig					
11 begeisterungsfähig					
12 steht gern im Mittelpunkt					
13 kontaktfreudig					
14 einfühlsam					
15 ausgeglichen					
16 freundlich					
17 religiös					
18 neugierig					
19 ungeduldig					
20 hilfsbereit					
21 ruhig					
22 unsicher					
23 ängstlich					
24 angriffslustig					
25 interessiert am anderen					
26 kann zuhören					
27 ausdauernd, belastbar					
28					
29					
30					

Wer passt zu mir?

Persönlichkeit:

Wie würde ich mich selber beschreiben?

Freizeit:

Was mache ich in meiner freien Zeit?

Berufswunsch:

Wenn ich an die Zukunft denke:

Was macht mir Sorgen?
Was gibt mir Hoffnung?

Lebenseinstellung:

Wofür bin ich dankbar?
Was regt mich ganz arg auf?

Welche Eigenschaften soll mein Partner/meine Partnerin besitzen?

_____

_____

_____

_____

_____

Unterschiede zwischen Jungen und Mädchen – gibt es die?

Natürlich gibt es Unterschiede zwischen Jungen und Mädchen – auf jeden Fall biologische. So ist die Frage aber nicht gemeint. Wir wollen wissen: Gibt es Unterschiede zwischen den Geschlechtern im Verhalten, in der Art zu denken, in der Art zu handeln usw.?

Allan und Barbara Pease landeten einen Volltreffer mit ihrem Buch „Warum Männer nicht zuhören und Frauen schlecht einparken". Wie siehst du diese Frage? Gibt es wirklich Unterschiede zwischen Jungen und Mädchen?

Der kleine, feine Unterschied

Was Sie schon immer über das Verhältnis zwischen Männern und Frauen wissen wollten ... Allan und Barbara Paese gehen in ihrem Bestseller dem ganzen Sammelsurium von Vorurteilen und Klischees auf den Grund.

Folgende Satzanfänge können dir helfen, deine Meinung zu diesem Thema zu formulieren. Treffe einige Aussagen zu den Unterschieden zwischen Jungen und Mädchen. Folgende Formulierungen können dir eine Hilfe sein:

„Jungen/Mädchen sind geschickter im Umgang mit... als..."
„Jungen/Mädchen können besser... als..."
„Bei Jungen/Mädchen muss man eher auf... achten als bei..."
„Der Beruf eines... ist eher etwas für... als für..."
„Jungen/Mädchen sind viel schneller... als..."

Meine Körperhaltung lässt Rückschlüsse über mein Empfinden zu

Wenn ein Mensch niedergeschlagen ist, wenn er zornig ist, wenn er sich unsicher fühlt, wenn er ein Spiel gewonnen hat, so kann man diese Gefühlslagen häufig aus der Körperhaltung ablesen. Jeder drückt seine Gefühle und Empfindungen auch mit dem Körper aus.

Entscheide einfach nach deinem Empfinden! Wie würdest du das Innenleben dieser Menschen beschreiben? Wie fühlen sie sich in diesem Moment?

Auf dem Weg zum Frau- bzw. Mannsein – Informationen für Lehrer/innen

Internetadressen:

www.prokids-online.de – www.firstlove.at – www.herzensdinge.de – www.ratgeber-sexualität.de – www.bessereweltlinks.de – www.bzga.de

Filme:

- AIDS geht uns alle an
- Sturmfreie Bude – die Party
- AIDS – Sei klug, sei wählerisch, sei vorsichtig!
- Achterbahn der Gefühle
- Wo komm' ich eigentlich her?
- Vom Mädchen zur Frau
- Vom Jungen zum Mann
- Sechs mal Sex und mehr (1)
- Sechs mal Sex und mehr (2)
- Starke Mädchen
  Dr. Mag Love
- Junge, Junge
  Dr. Mag Love
- Schlanke Taille, breite Schultern?
  Dr. Mag Love
- Ich trau' mich
  Dr. Mag Love
- Schritt für Schritt
  Dr. Mag Love
- Pille, Kondom – und sonst noch was?
  Dr. Mag Love
- Liebe und Co.
  Dr. Mag Love
- Ein bisschen schwanger gibt es nicht
  Dr. Mag Love
- Das erste Mal
  1. Ich kann mich gut leiden
     Der Liebe auf der Spur. Jugendserie zum Thema Liebe und Sexualität
  2. Hingeflogen – Herz verbogen
     Der Liebe auf der Spur. Jugendserie zum Thema Liebe und Sexualität
  3. Lass uns reden – hör mir zu
     Der Liebe auf der Spur. Jugendserie zum Thema Liebe und Sexualität
  4. Was mein Herz bewegt
     Der Liebe auf der Spur. Jugendserie zum Thema Liebe und Sexualität
  5. Meinst du mich?
     Der Liebe auf der Spur. Jugendserie zum Thema Liebe und Sexualität
  6. Ich dachte, wir sind alt genug
     Der Liebe auf der Spur. Jugendserie zum Thema Liebe und Sexualität
  7. Und wir fangen neu an
     Der Liebe auf der Spur. Jugendserie zum Thema Liebe und Sexualität

Fragestunde Sexualität:

Die Schüler/innen schreiben auf vorbereitete Kärtchen (wenn gewünscht) anonym ihre Fragen zum Thema Sexualität nieder. Der Lehrer mischt die Kärtchen und bespricht sie mit den Schülern.

Zugang zum Begriff „Zärtlichkeit":

1. *Bilder beschreiben: Sitzkreis: Der Lehrer breitet Bilder, die Zärtlichkeit ausdrücken (lange Sammelarbeit!) auf dem Boden aus. Die Schüler nehmen jeweils ein Bild auf und beschreiben, was für sie in diesem Bild Zärtlichkeit ausdrückt. (Sehr geeignet im Rahmen von Einkehrtagen!)*
2. *Bedeutungen zuordnen: Ein Plakat mit dem Begriff „Zärtlichkeit" in der Mitte liegt am Boden. Die Schüler ergänzen jeweils mit Beschreibungen, Analogiebildung, Symbolen, Umschreibungen…, was damit alles gemeint sein kann.*
3. *Collage „Zärtlichkeit": Die Schüler fertigen eine Collage mit Redewendungen, die Zärtlichkeiten beinhalten (Ich hab dich lieb), Liedertexten, Gedichten, Bildern, Symbolen, Filmausschnitten, Fotostorys…*
4. *Eigenschaften ergänzen:
   Zuhören können…*

Rechtsgrundlage:

Richtlinien für die Familien- und Sexualerziehung in den bayerischen Schulen – Bekanntmachung des Bayerischen Staatsministeriums für Unterricht und Kultus vom 12. August 2002 – Nr. VI/8-S 44002/41 – 6/71325

Ich werde erwachsen: Ich werde ein Mann – ich werde eine Frau

Erwachsen werden ist ein langwieriger Prozess, der sich aus vielen verschiedenen Bausteinen zusammensetzt. Kein Kind mehr sein wollen, selbst entscheiden, sich eigene Ziele suchen, für sich verantwortlich sein – alles Kennzeichen des Erwachsenwerdens. Dazu gehört aber auch die eigene Geschlechtlichkeit bewusst anzunehmen: der Junge wird zum Mann, das Mädchen reift zur Frau. Es ist sicher nötig, auf einige wichtige Vorgänge, die mit der Sexualität des Menschen zusammenhängen, hinzuweisen:

1. Das Interesse am anderen Geschlecht ist natürlich und notwendig:

    Mit dem Erwachen der Sexualität beginnt selbstverständlich auch das andere Geschlecht interessant zu werden. Es kommt zu Schwärmereien, Freundschaften, ersten Annäherungsversuchen und Zärtlichkeiten. Das ist natürlich. Es ist wichtig, das andere Geschlecht kennen zu lernen und sich mit der anderen Gefühlswelt auseinander zu setzen. Jede einseitige Abkapselung von Jungen und Mädchen behindert die Entwicklung der Persönlichkeit.

2. Die eigene äußere Erscheinung gewinnt an Bedeutung:

    Die Betrachtung des eigenen Gesichts, des eigenen Körpers im Spiegel ist für Jungs und Mädchen gleichermaßen von Bedeutung. Jede/r möchte sehen, welchen Eindruck er/sie auf sich selbst und andere macht. Kleidung, Schmuck, Outfit, Frisur, Haltung und Gesichtsausdruck werden vor dem Spiegel ausprobiert. Wie wirke ich auf andere? Komme ich beim anderen Geschlecht an? Die Neugier auf den eigenen Körper, der sich sehr verändert und die Absicht, „körperlich" zu wirken, gehören mit zur Entdeckung des eigenen Ich und zur eigenen Geschlechtlichkeit.

3. Jungen und Mädchen müssen sich mit der eigenen Geschlechtlichkeit auseinander setzen:

    Zur Annahme unserer Geschlechtlichkeit gehört ein fundiertes Wissen über die körperlichen Vorgänge. Dieses Wissen sollten Eltern und Erziehungsberechtigte vermitteln. Natürlich spielen in diesem Zusammenhang auch ältere Geschwister, Freunde und die Clique eine wichtige Rolle. Jugendzeitschriften übernehmen gern die Rolle des Informanten, allerdings aus wirtschaftlichen Überlegungen heraus.

Sexuelle Aufklärung: Wem vertrauen Jugendliche?
Die wichtigsten Personen für Aufklärungsfragen (in Prozent)

Mädchen*	%		%	Jungen*
Mutter	69		43	Mutter
beste Freundin	38		36	Lehrer, Lehrerin
Lehrer, Lehrerin	31		32	Vater
andere Mädchen	19		29	bester Freund
Vater	18		24	andere Jungen
fester Freund	18		19	feste Freundin
Geschwister	13		14	Geschwister
Arzt, Ärztin	11		7	niemand
andere Jungen	7		6	andere Mädchen
niemand	4		3	Arzt, Ärztin
sonstige	11		10	sonstige

*im Alter von 14 bis 17 Jahren

Wenn's um Verhütung und andere sexuelle Themen geht, ist bei den meisten Jugendlichen die Mutter gefragt. Ein Drittel der Mädchen baut auf den Erfahrungsschatz der besten Freundin – Jungs trauen Lehrern in Aufklärungsfragen offenbar mehr Kompetenz zu als den Vätern. Zum Vergleich: In Amerika holen sich 70 % aller Mädchen Antworten auf die wichtigsten Fragen aus Modemagazinen. (Talkshow „Arabella Kiesbauer": Sex ist gefährlich, Mo., 13.10., 14 Uhr, Pro 7)

Grafik: Globus, Quelle: Bundeszentrale für gesundheitliche Aufklärung

Sexualität – ein Grundbedürfnis des Menschen

Nico hat das Abitur hinter sich, Anja ist Einzelhandelskauffrau. Ihre Liebe ist seit fünf Jahren ungetrübt ...

„Wie und wo hat denn eure Freundschaft begonnen?"
Nico: „Ich war damals auf dem Gymnasium, Anja auf der Realschule. Anjas beste Freundin, die bei mir im Haus wohnt, war in meiner Klasse. Wir haben öfter Hausaufgaben zusammen gemacht, und so habe ich Anja kennen gelernt."
„War es Liebe auf den ersten Blick?"
Nico: „Von meiner Seite aus nicht. Ich fand Anja am Anfang nur sympathisch. Gefunkt hat es erst auf einer Party, die wir alle besucht haben."
Anja: „Ich muss gestehen, dass ich mich sofort in Nico verliebt habe. Aber ich wollte das nicht so offen zeigen."
„Ist eure Beziehung seitdem krisenfrei stabil geblieben?"
Nico: „Es verblüfft uns selbst, aber es läuft seitdem sehr gut. Gewisse Reibereien bleiben natürlich nicht aus, aber wir verstehen uns gut. Treue und Verständnis sind angesagt."
Anja: „Wir sind noch immer verliebt. Daran hat sich in fünf Jahren nichts geändert."
„Gibt es denn auch Probleme zwischen euch beiden?"
Nico: „Probleme würde ich es nicht nennen. Unterschiedliche Interessen, die Zeit kosten. Ich spiele viel Fußball, treibe überhaupt leidenschaftlich gern Sport. Anja macht überhaupt nichts in dieser Richtung."
„Wie rasch seid ihr miteinander ins Bett gegangen?"
Nico: „Nicht sofort. Das hat einige Zeit gedauert. Dabei möchte ich betonen, dass ich keinen Druck auf Anja ausgeübt habe. Sie hatte alle Zeit, sich das gründlich zu überlegen."
Anja: „Ich hatte vor Nico schon mal einen Freund, mit dem aber noch nichts gelaufen ist. Bei Nico war ich lange Zeit nicht sicher, ob er mit mir nur schlafen will oder ob mehr dahintersteckt. Ich wollte einfach erst mal abwarten."
„Wie hat er dich dann von der Echtheit seiner Gefühle überzeugt?"
Anja: „Heute würde ich sagen: Durch seine Präsenz. Er war immer da, ich konnte mich auf ihn verlassen, er war aufmerksam und liebevoll und hat mir so die Angst genommen, dass er mich nur benutzen will. Irgendwann war ich überzeugt, dass es sich wirklich um Liebe handelt."
„Wie und wo fand das erste Mal statt?"
Nico: „Geplant war es dann doch nicht. Anjas Eltern waren nicht zu Hause. An jenem Abend waren wir einfach froh, allein zu sein. Wir köpften eine Flasche Sekt, zündeten Kerzen an und dann geschah es. Wir hatten es gar nicht im Sinn."
Anja: „Es war gar nicht so gut. Die große tolle Sache war es nicht und hat auch nicht gleich funktioniert. Das kam erst später."
„War die Verhütung vorher abgesprochen?"
Anja: „Darum hat Nico sich beim ersten Mal gekümmert. Ich bin dann später zum Arzt gegangen und habe mir die Pille verschreiben lassen."

Sexualität – ein Grundbedürfnis des Menschen

Die Sexualität ist ein _____ des Menschen. Sie gehört zu seinem Wesen. Die eigene Geschlechtlichkeit annehmen heißt aber nicht, sich von ihr treiben zu lassen, sondern:
Über die Sexualität _____ und sich mit ihr _____.

Formuliere in diesem Zusammenhang einen Wunsch an deine Eltern (deinen Vater, deine Mutter)!

_____
_____
_____

Sexualität – ein Grundbedürfnis des Menschen

Schüler suchen Beispiele

Die Sexualität ist ein **Grundbedürfnis** des Menschen. Sie gehört zu seinem Wesen.

Die eigene Geschlechtlichkeit annehmen heißt aber nicht, sich von ihr treiben zu lassen, sondern:

Über die Sexualität **Bescheid wissen** und sich mit ihr **auseinander setzen**.

Formuliere in diesem Zusammenhang einen Wunsch an deine Eltern (deinen Vater, deine Mutter)!

_____

_____

_____

Als Mann und Frau leben

Im Alten Testament finden wir im Buch Genesis folgende Stelle, die in besonderem Maß auf die Verbindung zwischen Mann und Frau hinweist:

> *Dann sprach Gott: Lasst uns Menschen machen als unser Abbild, uns ähnlich. Sie sollen herrschen über die Fische des Meeres, über die Vögel des Himmels, über das Vieh, über die ganze Erde und über alle Kriechtiere auf dem Land.*
> *Gott schuf also den Menschen als sein Abbild, als Abbild Gottes schuf er ihn. Als Mann und Frau schuf er sie.*
> *Gott segnete sie, und Gott sprach zu ihnen: „Seid fruchtbar und vermehrt euch, bevölkert die Erde …*
>
> Gen 1,26–28

Auf welche Weise könnte man diese Aussage der Bibel mit Bildern, Symbolen, Schaubildern in Verbindung bringen?

Achtung: sexueller Missbrauch!

„Mich hat mal ein Junge immer angerufen und am Telefon blöde Bemerkungen über meine Figur gemacht. Da habe ich einmal kräftig mit einer Trillerpfeife in den Hörer gepfiffen, das hat ihm gelangt." (Jasmin, 15 Jahre)

Nicht immer ist es so relativ einfach, blöde Anmache zu beenden. Häufig sind vor allem Mädchen Opfer solcher übler Praktiken. Und nicht immer sind Mädchen in der Lage, in einer solchen Situation das Richtige zu tun – oft schämen sie sich, Widerstand zu leisten, manchmal geben sie sich selbst die Schuld, dass es zu solchen Übergriffen kommt:
– Ein Erwachsener macht Anspielungen auf die Figur.
– Ein Onkel verlangt zur Begrüßung einen Kuss auf den Mund.
– Im Gedränge im Bus drückt einer ganz „zufällig" die Brust des Mädchens
– Ein Bekannter tätschelt den Po und sagt, wie erwachsen das Mädchen geworden ist …

Power gegen blöde Anmache

Solch blöde Anmache ist in keinem Fall in Ordnung und niemand muss sich so etwas gefallen lassen. Nach Möglichkeit sollte man direkt klar sagen, dass man das nicht will. Auch für dumme Anmache auf der Straße gibt es verschiedene Reaktionsmöglichkeiten: laut schimpfen, fluchen, freche Sprüche oder den Typ ganz einfach ignorieren. Je nach der eigenen Persönlichkeit und Situation kann man sich für verschiedene Reaktionen entscheiden. Wenn man jedoch das Gefühl hat, bedroht zu werden, sollte man sich wehren, weglaufen und laut um Hilfe rufen.

Grenzen setzen

Besonders schwer fällt es, Grenzen deutlich zu machen und „Nein" zu sagen, wenn einen Menschen unter Druck setzen, die man eigentlich gern hat. Ein Beispiel, das manche Mädchen

kennen: Ihr Freund geht beim Schmusen immer einen Schritt weiter, als sie es selber wollen. Hier sollte das Mädchen klare Grenzen setzen: Deutliche Worte können Wunder wirken:
- Ich mag nicht, wenn mich jemand zu etwas zwingt!
- Eine sichere Verhütung ist mir wichtig!
- Ich will auf keinen Fall Aids bekommen!
- Ich möchte nicht schwanger werden!

Sexuelle Gewalt, Missbrauch

Der Übergang von nervender Anmache über Bedrängung und Druck durch nahe stehende oder fremde Personen hin zu körperlicher und sexueller Gewalt ist fließend. Während wohl jede Frau irgendwann einmal in ihrem Leben Belästigungen erlebt, sind sexuelle Gewalttaten wie Missbrauch und Vergewaltigung weniger häufig, aber desto schlimmer.
Die meisten sexuellen Straftaten passieren im Rahmen der eigenen Familie oder im Bekannten- und Verwandtenkreis. Für die betroffenen Mädchen und Jungen ist es oft sehr schwer, sich zu wehren. Wenn der Täter droht „Wenn du unser Geheimnis verrätst, tue ich deiner Schwester etwas an", steht das Kind oder der Jugendliche unter einem ungeheuren Druck und traut sich oft nicht, darüber zu reden.
Manches Mädchen meint auch, es sei mit Schuld daran, wenn es sexuell belästigt oder vergewaltigt wird, weil es sich nicht gewehrt hat. Das stimmt in keinem Fall. Schuld trägt allein der Täter, der das Mädchen bedrängt, ihm Gewalt antut oder durch Drohungen seelischen Druck ausübt.
Ein Mädchen, das in eine solche Notlage gerät, sollte sich auf jeden Fall Verbündete suchen. Eltern, Freundinnen und Lehrerinnen können Ansprechpartner sein. Auch wenn dem Mädchen zunächst nicht geglaubt wird, sollte es sich auf keinen Fall entmutigen lassen und es bei einer anderen Vertrauensperson versuchen.
Auch die Kirche kann und will in einem solchen Fall eine Anlaufstation sein.

1. Was würdest du tun, wenn dich jemand sexuell belästigt?
2. Wie kann man jemandem helfen, der sexuell belästigt wird?
3. Überlege ganz für dich allein: Wem könntest du dich in einem solchen Fall anvertrauen? Würde er/sie dir helfen?
4. Fertige ein Plakat mit dem Titel: „Gegen blöde Anmache!" und gib wichtige Tipps!

Mit Flirten einen Partner finden?

Der folgende Text ist in wesentlichen Teilen einer Jugendzeitschrift entnommen. Wie siehst du den Inhalt des Textes. In einzelne Bereiche zerlegt bietet er Stoff zum Nachdenken, Diskutieren und zur persönlichen Stellungnahme!

Fit for Flirt

Plötzlich steht er vor dir. Er sieht dich an – und auf einmal bist du hellwach. Dein Herz schlägt schneller, dein Bauch fängt an zu kribbeln. Er lächelt, du lächelst zurück. Und nun? Wer spricht wen an und was könntest du bloß sagen?

Formuliere den Text um, so dass er für die gegenteilige Situation passt!
Gibt es in dieser Situation grundsätzliche Unterschiede oder sind die Mädchen den Jungen gegenüber im Vorteil? Was meinst du?

Im Supermarkt, auf der Straße, beim Einkaufen, beim Sport oder in der Disco – überall und jederzeit kann sich so eine Situation ergeben. Vielleicht bleibt es bei einem Blick in die Augen, vielleicht entsteht ein kleiner Flirt darauf, vielleicht entsteht aus dem Flirt eine Freundschaft, vielleicht …?

Ist die Situation deiner Meinung nach richtig beschrieben? Kann man dieses erste Kennenlernen als Flirt bezeichnen oder nicht? Nimm Stellung!

Regel Nr. 1: Gehe die Sache nicht mit zu großen Erwartungen an oder ganz davon aus, diesmal ganz bestimmt die Liebe deines Lebens zu treffen. Du bist viel lockerer, wenn du dir denkst, dass du einfach einen netten Menschen kennen lernen wirst. Denn auch ein Fünf-Minuten-Flirt kann den Tag versüßen!
Spiel das Spiel, tausche Blicke, Gesten, Lächeln oder freche Sprüche mit deinem Gegenüber. Und noch etwas: Flirts müssen nicht unbedingt etwas mit Verliebtsein zu tun haben. Flirte auch mit Jungen, die eigentlich gar nicht dein Fall sind, oder mit dem Eismann oder mit dem Fitnesstrainer. Das ist eine gute Übung für Mr. Right. (Dasselbe gilt umgekehrt natürlich auch für Jungen!)

Ist die ursprüngliche Situation deiner Meinung nach eine Möglichkeit, ein Flirt-Training abzuhalten oder passen die Ratschläge nicht zur Situation? Nimm Stellung!

Der folgende Text spricht immer die Mädchen an, umgekehrt gilt er aber auch für die Jungen. Bitte beachten!

Blickkontakt

Wenn dir ein Junge gefällt, dann machst du wahrscheinlich ganz automatisch zunächst einen Blitz-Check. Aus Körperhaltung, Gesichtsausdruck und daraus, wie er sich seinen Mitmenschen gegenüber verhält, kannst du einiges über ihn erfahren. Dein erster Blick signalisiert trotzdem nur: „Ich habe dich wahrgenommen" und sollte – noch ohne Lächeln – nicht länger als vier Sekunden dauern. Alles, was darüber hinaus geht, wird von dem anderen als Starren und unangenehm empfunden.

Stimmt das? Wie würdest du dich persönlich verhalten?

Mit dem zweiten Blick lächelst du. Werden dein Blick oder dein Lächeln erwidert, dann versuche möglichst unauffällig, den Blickkontakt öfter wieder herzustellen. Ein nettes und natürliches Lächeln ist das beste Flirtsignal und eine offene, lebhafte Körpersprache macht dich sympathisch.

Der erste Schritt

Er hat dich angelächelt. Und plötzlich bist du wie gelähmt. Verfällst du in Panik weil du nicht weißt, was du jetzt tun und sagen sollst? Ihn direkt ansprechen, nach seiner Nummer fragen – oder erst mal abwarten, ob er auf dich zukommt? Wage den Sprung ins kalte Wasser! Denn eines ist sicher: Er ist genauso aufgeregt wie du, hat genau wie du Angst, abgelehnt zu werden oder sich zu blamieren.

Sprich ihn am besten dann an, wenn er allein unterwegs ist oder du eine oder mehrere Freundinnen dabei hast. Hat er dagegen seine Freunde dabei und du trittst alleine auf, ist die Flirt-Situation eher ungünstig. Auch wenn er es eilig hat oder mit etwas anderem beschäftigt ist, solltest du ihn lieber nicht stören. Warte nicht, bis dir etwas besonders Witziges oder Geistreiches einfällt, sag einfach irgendetwas – am besten das, was dir gerade in den Sinn kommt. Es ist überhaupt nicht wichtig, was du sagst, denn der erste Small Talk signalisiert einfach nur Interesse. Aber: Vermeide Fragen, auf die er nur mit Ja oder Nein antworten kann und frage zum Beispiel nicht: „Bist du zum ersten Mal in dieser Disco?", sondern besser. „Wie gefällt es dir denn in dieser Disco?" Stelle ihm offene Fragen, am besten sind Fragen, die er mit positiven Gefühlen verbindet, zum Beispiel, wo er in den Ferien war, welche Musik er mag usw. Schenke ihm deine volle Aufmerksamkeit und zeige ehrliches Interesse, so erfährst du eine Menge über ihn.

Sind diese Ratschläge nützlich? Kann man in einer solchen Situation überhaupt daran denken? Ist eine solche Situation für Jungen und Mädchen gleichermaßen schwierig oder ist es für Mädchen leichter?

Falls du zu den ganz Mutigen gehörst, kannst du mit einem frechen Spruch auf dich aufmerksam machen. Bei Sätzen wie „Hast du mich angesprochen? Nein? Dann mach ich das jetzt!", ist er wahrscheinlich zunächst einmal platt. Diese freche Anmache liegt aber nicht jedem. Wie du ihn eroberst ist letztendlich auch egal. Wichtig ist nur, locker zu bleiben. Zeig ihm, wer du wirklich bist und was du wirklich fühlst – also kein aufgesetztes Lächeln oder gespielte gute Laune, denn das wirkt schnell oberflächlich und aufdringlich.

Du wirst sehen, trotz Herzklopfen und Flattern im Bauch ist die anfängliche Schüchternheit schnell überwunden und es entwickelt sich schon bald ein nettes Gespräch. Jetzt zählt nur noch der Augenblick – dieser wunderbare und unbeschreibliche Flirtzustand, der den Adrenalinspiegel hebt und massenhaft Endorphine (Glückshormone) produziert.

Wie würdest du dich in einer solchen Situation verhalten? Oft ist es nicht einfach, jemanden anzusprechen. Warum?

Das erste Date

Flirt mit Happy End – es hat gefunkt! Aber wie kommt ihr jetzt zu eurem ersten Date? Auch wenn ihr euch bis vor wenigen Augenblicken noch ohne Probleme über Gott und die Welt unterhalten habt und euch eindeutig sympathisch findet: Jetzt traut sich keiner, das Wiedersehen anzusprechen; immerhin besteht ja noch das (minimale) Risiko einer Abfuhr. Könnte ja durchaus sein, dass er noch nicht so Feuer und Flamme ist, wie du es dir wünschst.

Trau dich! Schließlich kannst du nur gewinnen! Klappt es mit dem Date, triffst du dich mit einem supersüßen Typen. Wenn nicht, dann machst du eben (nur) eine weitere Flirt-Erfahrung.

Noch etwas: Der erste Flirt sollte nicht abendfüllend werden. Mach es kurz, das erhöht die Spannung – und die Neugier! Verabschiede dich ziemlich bald und häng die Frage nach einem Wiedersehen einfach ganz beiläufig an: „Schade, aber ich muss jetzt leider los. Hat mich gefreut dich kennen zu lernen! Wir können ja nächste Woche wieder 'ne Cola hier zusammen trinken. Was hältst du davon?"

Oder ihr tauscht Telefonnummern. Das ist unverbindlich(er), lässt die Sache offen. Andererseits kann es auch Ungewissheit bedeuten. Geht der Zettel mit der Nummer vielleicht verloren? Wann ruft er an? Ruft er überhaupt an? Jungen können sich schon mal einige Wochen Zeit lassen ... Wenn du vorhast, ihn anzurufen: Der richtige Zeitpunkt dafür ist drei bis fünf Tage nach eurem Flirt. Verabrede dich nicht gleich für den nächsten Tag, sonst glaubt er, du hast sonst nichts zu tun: Halte es also mit Omas alter Rendezvous-Regel: „Willst du gelten, mach dich selten!"

Lass ihn also ruhig ein wenig schmoren und dich nicht auf spontane Dates ein.

Klüger ist es auch, ab Mittwoch keine Einladung mehr fürs Wochenende anzunehmen. Meldet er sich nicht rechtzeitig, hat er eben Pech gehabt. Und was, falls er sich gar nicht meldet? Sicher hast du beim nächsten Flirt mehr Glück!

Kannst du diesen Ansichten zustimmen? Würdest du dich genau so verhalten, wie hier beschrieben, manchmal so verhalten oder ganz anders verhalten? Begründe deine Meinung!

Tipps und Tricks für das erste Date

1. Mach dich hübsch!

Aber übertreib es nicht; schließlich hast du ihm so gefallen, wie er dich kennen gelernt hat. Vermeide Experimente mit Sachen, die du sonst auch nie trägst, und zu viel Make-up. Richtig ist ein Outfit, in dem du dich wohl fühlst, das cool ist, aber trotzdem so wirkt, als hättest du es zufällig angezogen. Frisch gewaschene Haare und ein angenehmes Parfum sind Pflicht!

2. Überleg dir ein Programm!

Falls er fragt: „Was machen wir jetzt?". Euer Treffpunkt sollte nicht zu ruhig (Musik hilft bei Gesprächspausen), aber auch nicht zu laut sein. Geht lieber nicht in dein oder sein Stammlokal, wo die ganze Clique abhängt – oder möchtest du gerne beäugt werden?

3. Sei selbstbewusst und du selbst!

Du musst nicht Madonna heißen oder Supermodel sein; wichtig ist nur, dass du von dir selbst überzeugt bist! Bleib lässig – auch er ist nervös!

4. Wähle interessante Gesprächsthemen!

Persönliche Probleme und die eigene Geschichte in epischer Breite sind nicht gerade der Hit. Ebenso Beziehungsdramen oder gar Lästereien über deinen Ex. Erzähle nichts, was du bereuen müsstest; du bist schließlich nicht mit einem potentiellen Freund unterwegs. Wenn du dich geheimnisvoll und zurückhaltend gibst, dann schürt das seinen „Jagdinstinkt"! Und: Sei informiert über das, was läuft, das mögen Männer.

5. Zeig, dass du ihn magst!

Lächle, mach ihm persönlich Komplimente, das schmeichelt ihm. Sage zum Beispiel nicht: „Tolles Hemd", sondern besser: „Das Hemd steht dir gut!"
Du kannst auch ganz locker den Spruch einwerfen: „Also, du bist wirklich ein unglaublicher Typ!" Das wird ihn schwer beeindrucken.

6. Bleib locker!

Du musst nicht besonders witzig sein. Ganz banale Sätze, selbstsicher vorgetragen, sind für den Anfang ideal! Wenn du eine unbedachte oder dumme Antwort gegeben hast: Sprich nahtlos mit oder lache mit, wenn er deshalb lacht. Erwidere Komplimente mit einem selbstbewussten „Danke!" und auf keinen Fall mit einem „Ja? Findest du wirklich?"

7. Sieh das Date als Spiel!

Noch gelten die Regeln des Flirts! Klar ist zwar, dass ihr euch mögt, aber immer noch läuft das Spiel. Bleibe also auf Distanz: aber nicht zu cool. Frage ihn auf keinen Fall, wie du ihm gefällst. Ob du vielleicht zu dick bist oder zu groß; denn wenn du ihm nicht gefallen würdest, hätte er sich bestimmt nicht mit dir getroffen! Analysiere nicht eure Gemeinsamkeiten oder euer Treffen und erwähne erst recht nicht das Wort „Beziehung". Jungs befällt schon bei harmlosen Plaudereien Panik, wenn sie es hören.

Wie ist deine Meinung zu diesen „Flirt-Regeln"? Was meinen die Jungs dazu?

Nur Fliegen ist schöner! – Vom Verliebtsein zur (körperlichen) Liebe

Jedes zweite Mädchen im Alter von siebzehn hat schon mal – und drei Viertel aller Jungen, sagen die Statistiken. Mythen, Ängste, Tabus, Freuden, Leistungsstress – das alles verbindet sich mit dem „ersten Mal".

„Ich wollte es wissen", erzählt Judith (15 Jahre). „Viele meiner Freundinnen hatten eben schon mit einem Typen geschlafen. Ja, und dann war ich mit einer Freundin auf einem Konzert, wo wir eine Clique kennen gelernt haben. Einer von denen, Peter, sah ziemlich gut aus. Er war Anfang 20, wirkte männlich und erfahren und hat mir gleich gefallen.

Nach dem Konzert sind wir mit Peter und seinen Leuten noch auf den Campingplatz gefahren, die kamen nämlich nicht aus Limburg. Ich dachte ja nicht, dass er mich beachten würde, aber am Lagerfeuer kam er auf mich zu, streichelte mir lieb über die Haare und ich lehnte mich an ihn. Da war eine ganz schöne Spannung zwischen uns.

Irgendwann schlug er mir vor ‚Wollen wir nicht einfach schlafen gehen?'. Da bin ich mit ihm in seinen Campingbus gestiegen – mit ziemlich gemischten Gefühlen. Ich wollte ihn nicht merken lassen, dass es für mich das erste Mal war. Überrascht war ich, dass er mir gar nicht weh tat: davon hatte ich doch schon so viel gehört. Na ja, aber es war auch kein Höhenflug."

Soll ich oder soll ich nicht?

„Aus Neugier, häufig auch aus starkem gesellschaftlichem Gruppendruck schlafen junge Leute miteinander", nennt Dr. Susanne Wenzel, wissenschaftliche Mitarbeiterin im Fachbereich Sexualpädagogik an der Universität Koblenz, Landau, als Gründe für das erste Mal. „Jugendliche orientieren sich an Zeitschriften, denn Eltern oder Verantwortliche schweigen. Und die Medien setzen neue vermeintliche Normen wie: ‚Mit 16 muss man Sex haben'", meint die Ärztin, Sexual- und Partnertherapeutin Dr. Ursel Bucher aus Stuttgart.

Vielen Jungs und Mädchen geht es aber um etwas anderes, wenn sie miteinander schlafen: „Nähe, Akzeptanz und Zärtlichkeit sind eigentlich häufig gemeint", weiß die Sexualtherapeutin. Dabei dreht es sich um die Frage: „Bin ich der oder die Auserwählte?" Und: „Was kann ich dem anderen bieten?"

„Wann ist der richtige Zeitpunkt?", wollen Jugendliche häufig wissen. „In dem Moment, wo beide voll verantwortlich miteinander Sexualität haben", antwortet Ursel Bucher, „und sie sich vorher gemeinsam über Verhütungsmittel informiert haben." Allein aber, um Erfahrungen zu sammeln, mit jemandem zu schlafen oder weil man meint, jetzt ist man schon 17 oder 18 und noch immer Jungfrau, das sollte nicht den Ausschlag geben.

Für jeden Einzelnen ist so wichtig, zu wissen, wie man möchte und was man nicht möchte – und darüber ganz ehrlich mit dem Partner zu sprechen. Dabei muss der andere verstehen, dass ein Haltmachen nichts mit Abneigung oder Geringschätzung zu tun hat.

Das erste Mal – ein Höhenflug?

„Also, wir waren ein halbes Jahr zusammen", erzählt Claudia (20 Jahre) „und wussten beide, dass wir miteinander schlafen wollten. Wir haben das alles vorher genau besprochen und geplant. Durch die Vorbereitungen fanden wir es beide ziemlich lustig. Wir benutzten Schaumzäpfchen und Kondome, die Michael in der Schublade seines Bruders gefunden hatte. Michaels Eltern waren im Urlaub, dadurch waren wir ungestört. Erst haben wir miteinander Petting gemacht, das war sehr schön. Eigentlich wusste jeder von uns nicht, was passieren würde, es war für uns beide das erste Mal. So ging's dann auch bei ihm erst mal nicht, und dann hat's mir weh getan. Also, die Sache an sich fand ich nicht so toll, aber das Drumherum war sehr schön. Danach haben wir uns beide gefreut: das war so richtig erhebend."

Hohe Erwartungen knüpfen sich an das erste Mal. „Das erste Mal muss gut sein, sonst ist es mit dem Sex für immer verpfuscht. Außerdem muss es mit dem oder der ‚Richtigen' sein. Kurz – das erste Mal gilt als Schiene für alle weiteren Erlebnisse", benennt Ursel Bucher einige Vorstellungen, die so in den Köpfen herumgeistern. „Klar, Massenmedien produzieren solche Ansprüche: In Filmen ist Sex natürlich immer toll. Da kommt es jedes Mal zum Orgasmus – und der ist dann bei ihm und bei ihr auch noch gleichzeitig…

Solche Darstellungen wecken erhöhte Erwartungen, die jedoch oft mit der Realität nichts zu tun haben. Es muss immer wie Weihnachten sein, wenn man Sexualität erlebt. Aber ein Jahr hat 365 Tage mit Sonn- und Werktagen. Und dazu gehört auch der Alltag", sagt die Stuttgarter Ärztin. Mit dem Leistungsdruck entstehen Ängste und die können häufig zur Qual werden.

Wie macht man's?

„Da haben Jungen häufig Angst, zu versagen. So heißt es, dass ein junger Mann potent sein und immer Lust haben muss", kritisiert Ursel Bucher solche gesellschaftlichen Normen. Und so sind auch die Fragen, die junge Männer an Redaktionen von Aufklärungsseiten einschlägiger Zeitschriften richten, immer die gleichen: Ist mein Penis groß genug, um eine Frau zu befriedigen? Wird er im richtigen Moment steif, wird er lange genug steif, kommt der Samenerguss zu früh?

Wen solche Ängste quälen, der muss erst einmal verstehen, dass Sex nichts mit Leistung zu tun hat: Es gibt kein „zu früh", es gibt kein „zu kurz". Wichtig ist doch das Gefühl dabei! Wer zärtlich mit sich selbst und oder seinem Partner umgehen kann, wird auch keine Enttäuschungen erleben. Aber auch Rollenerwartungen machen jungen Männern Angst, weiß Susanne Wenzel. Er muss wissen, was ihr gut tut, ist dafür verantwortlich, dass sie zum „Höhepunkt" kommt, während sie sich ihm hingibt.

„Also, ich als Mann wollte ihr nicht weh tun", erzählt Sven (18 Jahre) vom ersten Mal mit seiner Freundin. „Das ging dann aber doch in die Hose. Wir haben dann vorher und nachher ziemlich viel geredet, deshalb war es dann doch ganz schön."

Und Angst vor dem Moment, in dem der Penis eindringt, haben tatsächlich viele Mädchen. Schmerzen entstehen, wenn die Scheidenöffnung noch nicht weit genug gedehnt ist oder wenn das Mädchen noch nicht erregt genug ist, um das Scheidensekret abzusondern. Das kann allerdings auch ein inneres Zeichen sein und bedeuten: „Ich will eigentlich noch gar nicht." Ein sensibler Partner wird darauf eingehen und nicht einfach seine Wünsche durchsetzen wollen.

Es muss außerdem nicht unbedingt zum Miteinanderschlafen kommen – das „Drumherum", wie Claudia meint, kann manchmal schöner sein. Und die Frage „Wie macht man's" erübrigt sich ohnehin, genauso wie eine Anleitung mit verschiedenen Stellungen überflüssig ist. Sexualität ist Gefühlssache – und Gefühle empfindet ja auch jeder anders. Außerdem kann es sehr viel Spaß machen, sich auf Entdeckungsreise zu begeben: den Körper des anderen zu ertasten, erforschen ... herauszufinden, was ihm gut tut, wo und wie fest er gestreichelt, geküsst oder massiert werden möchte. Feste Regeln gibt es dafür nicht. Man muss sich halt gegenseitig beibringen, was schön ist, und dem Partner mitteilen, was einem selbst gefällt und was nicht.

„Sexualität muss erst gelernt werden", sagt dazu Ursel Bucher. Sie rät Jugendlichen, sich aufs erste Mal vorzubereiten, und – ganz wichtig – die Verhütungsfrage abzuklären. Denn gerade Mädchen leiden oft unter der berechtigten Angst, schwanger zu werden. Schön wäre es freilich, wenn sie zu Hause einen Raum haben, in dem sie nicht gestört werden. „Da kann ich nur an alle Eltern appellieren, damit das erste Mal nicht im Auto oder unter einem Torbogen passiert."

121

Beratungsdienste helfen bei Problemen früher Sexualität

Bei Problemen früher Sexualität und Beziehungsproblemen gibt es für Jugendliche nahezu in allen Gemeinden zwei Anlaufstellen, die immer für die Jugendlichen da sind. Zum einen sind dies die katholische und die evangelische Kirche, an die man sich immer wenden kann, wenn dies nötig erscheint.
Zum anderen besteht auch eine staatliche Hilfe, die für diesen Bereich kompetente Hilfe anbietet. Dieses Hilfsangebot übernimmt das Gesundheitsamt, das üblicherweise dem Landratsamt des jeweiligen Landkreises zugeordnet ist.

Beratungsstelle für Jugend, Familie und Senioren

Die Beratungsstelle ist ein sozialpädagogischer Fachdienst des Landratsamtes. Sie hat die Aufgabe, entsprechende Hilfestellungen zur Bewältigung der unterschiedlichsten Lebenslagen zu geben.

Für die **Jugendhilfe** gilt der Grundsatz, dass jeder junge Mensch ein Recht auf Förderung seiner Entwicklung und auf Erziehung zu einer eigenverantwortlichen und gemeinschaftsfähigen Persönlichkeit hat. Die Leistungen ergeben sich speziell aus dem Kinder- und Jugendhilfegesetz. Solche Leistungen sind z. B.

- Beratung zur Sorgerechts- und Umgangsregelung bei Trennung oder Scheidung der Eltern
- Anlaufstelle bei Erziehungsproblemen und Konfliktregelung
- Kinder- und Jugendschutz
- sozialpädagogische Familienhilfe
- Jugendgerichtshilfe
- Pflegekinder- und Adoptionswesen
- ambulante und stationäre Hilfen zur Erziehung

Dem Bereich der **Familien-/Gesundheitshilfe** wurden u. a. folgende Aufgaben übertragen:

- Beratung zur Familienplanung
- Allgemeine Schwangerenberatung (z. B. Information über familienfördernde Leistungen, soziale und wirtschaftliche Hilfen)
- Schwangerenkonfliktberatung
- Beihilfen der Landesstiftung „Hilfe für Mutter und Kind"
- Beratung zur Sexual- und Gesundheitserziehung,
- Hilfen für Behinderte, psychisch Kranke und Suchtgefährdete bzw. -kranke

Nach einem Klick auf den Button „Familie, Jugend und Soziales" erhält man den gesuchten Hinweis.

Erkundige dich nach den Hilfsangeboten der beiden Kirchen (Adresse, Ansprechpartner, Pfarrer) und nach dem örtlichen Gesundheitsamt!
Bringe auch in Erfahrung, ob es noch andere Kontaktstellen gibt!

Liebe – eine lebenslange Aufgabe

Liebe ist ein lebenslanger Prozess. Der Weg vom ersten Liebespartner bis zur Partnerschaft fürs ganze Leben führt oft über mehrere Partnerbeziehungen.

Jugendliche lernen sich und ihren Partner verstehen; Trennungen sind unvermeidlich und die eigene Persönlichkeit entwickelt sich weiter. Auch die Vorstellungen, wie der Partner sein soll, entwickeln sich, verändern sich.

Viele Faktoren spielen bei der Partnerwahl eine Rolle, die Bereitschaft, seinen Partner als Person in seiner ganzen Vielfalt zu akzeptieren, macht eine dauerhafte Liebesbeziehung möglich – eine Garantie gibt es aber nicht!

Über die folgenden Ratschläge eines Eheberaters kann diskutiert werden:

„Zum Glück weiß ich, was meinem Schatz wichtig ist"
Fünf Fragen, die jedes Paar klären sollte

Womöglich geht es Ihnen selbst so: Sie essen jeden Sonntagmorgen Rührei, obwohl Sie es nicht mögen. Und das nur, weil Sie die Rühreier, die Ihnen Ihr Freund nach der ersten gemeinsamen Nacht gemacht hat, in den Himmel lobten. Seither traut sich keiner zuzugeben, dass er eigentlich nur Marmeladebrötchen mag.

So kann's kommen, wenn man zu viele Dinge einfach voraussetzt. Wenn man meint: Darüber brauchen wir nicht zu diskutieren, wir verstehen uns auch ohne viele Worte.

Dabei sind falsche Erwartungen, unklare Vermutungen und unterschiedliche Vorstellungen die Hauptursache für Beziehungskrisen.

Lassen Sie es nicht so weit kommen. Manche Themen bespricht man besser, bevor es zu Problemen kommt. Ist die Krise nämlich erst mal da, kann man Grundlegendes nur noch schwer abklären. Wir haben die wichtigsten Fragen ermittelt, die Sie sich gegenseitig beantworten sollten.

1. Was bedeutet Treue?

Die meisten Paare sind sich im Prinzip wohl einig, dass Treue wichtig ist. Interessant wird es allerdings, wenn man sich überlegt, was der andere als Vertrauensbruch werten würde. Wie lange gilt etwas als harmloser Flirt? Und wann fängt der Betrug an?

Ist ein Kuss gerade noch in Ordnung? Ist es schlimm, wenn man sich mit einem fremden Mann auf der Tanzfläche vergnügt? Reden Sie darüber, ehe es zu schlimmen Eifersuchtsszenen kommt!

2. Gibt es Altlasten?

Frisch verliebt glaubt man, dass nur das Heute zählt. Doch die Vergangenheit hat mehr Einfluss, als man annehmen möchte. Uneheliche Kinder, Schulden, eine finanzielle Verpflichtung dem Expartner gegenüber – das alles sind Dinge, die der Lebensgefährte wissen muss. Auch besonders negative Erlebnisse, wie etwa einen Überfall oder einen Selbstmord in der Familie, sollten Sie nicht verheimlichen. Nur so kann der Partner vermeintlich übertriebene Reaktionen Ihrerseits überhaupt einordnen.

3. Kind – ja oder nein?

Irgendwann wird diese Frage mit großer Sicherheit in jeder Beziehung sehr zentral. Oft sprechen Paare so lange nicht über dieses Thema, bis einer von beiden unbedingt ein Kind möchte. Erfährt er erst dann, dass für den anderen eine Familie niemals in Frage kommt, ist er natürlich furchtbar enttäuscht. Darum: Sprechen Sie frühzeitig darüber!

4. Wer macht wie viel?

Sie sind den ganzen Tag im Stress – und am Abend wartet die Bügelwäsche. Und was tut er? Ja, was tut er eigentlich? Gut möglich, dass er in dem Moment auf dem Sofa liegt und Sie genervt sind. Oder andersherum: Sie sitzen auf dem Balkon, während er das Garagentor streicht – und sich über Sie ärgert.

Egal wie, wenn bei Ihnen – oder ihm – der Eindruck entsteht, der eigene Arbeitsaufwand sei viel zu hoch, führt das zu Gereiztheit. Um es gar nicht erst dazu kommen zu lassen, sollte man sich regelmäßig fragen, ob die Verteilung der Aufgaben okay ist. **Manchmal sieht man nämlich gar nicht, was der andere so alles erledigt.** Papierkram, Getränkekauf, sich um das Auto kümmern... Es gibt genug zu tun, verteilen Sie es gerecht!

5. Was stört?
Kritik üben ist eine knifflige Sache, vor der man sich gern drücken würde. Das ist in Ordnung, wenn es sich um Sachen handelt, an denen der Partner sowieso nichts ändern kann. Aber wenn man zum Beispiel im Bett unzufrieden ist oder sich nach mehr Zärtlichkeit sehnt, **ist Schweigen gefährlich**. Es kommt dann meist zu so genannten Stellvertreter-Konflikten: Der Frust entlädt sich im Streit um die herumliegenden Socken, den Fahrstil oder sonst etwas. Lösungen sind dabei allerdings nicht zu finden. Wie denn auch, wenn der andere nicht weiß, worum es geht.

Generell gilt: Offene Gespräche machen ein Paar erst wirklich stark! Denn schließlich kann keiner Gedanken lesen...

Liebe ohne „Happy-End"

Nicht jede große Liebe hat ein Happy-End. Eine Trennung sorgt meist für ein Wechselbad der Gefühle. Trauer, Hass, Wehmut, Vorwürfe an den ehemaligen Partner, Selbstvorwürfe, Tränen und Lügen sind mögliche Folgen der Trennung. Was kann man tun, wie sollte man sich selbst helfen? Welche Hilfe können Freunde/Freundinnen leisten? Welche Hilfe sollte man annehmen?

Einige Aussagen zur Diskussion:

Wir haben uns so geliebt – und nun kann ich ihn nicht mehr ertragen

Mein Freund Mark und ich haben uns getrennt. Bis Ende Juni müssen wir aber noch unter einem Dach leben, weil wir nicht eher aus dem Mietvertrag herauskommen. Doch ich kann Marks Gegenwart kaum noch ertragen. Er scheint gar nicht realisiert zu haben, dass es aus ist. Er tut, als wäre nichts. Seine Freundlichkeit macht mich wütend, seine Hilfsbereitschaft aggressiv. Kurz, alles an ihm stört mich inzwischen – obwohl es mal die große Liebe war. Ich versuche schon, mich möglichst oft abends mit Freunden zu treffen, um nicht nach Hause zu müssen. Doch ich weiß nicht, wie ich diesen Zustand noch monatelang aushalten soll. Was raten Sie?
Larissa, 28 Jahre

N. L.: Verständlich, dass die Situation für Sie unerträglich ist. Tun Sie sich selbst einen Gefallen und suchen Sie schon mal nach einer neuen Wohnung. Je eher Sie räumlich getrennt sind, desto besser, denn Ihre Wut auf Ihren Ex-Partner zeigt, dass Sie sich emotional noch nicht abgenabelt haben. Suchen Sie sich auch eine Ablenkung, die Ihnen mehr Gelassenheit gibt – Sport oder ein anderes Hobby. Das macht Sie emotional unangreifbarer.

Geheimnis Seele

Single? Na, prima – genießen Sie die Solo-Zeiten!

„Ewig will ich nicht ohne Mann sein", erklärt Jana (28). „Aber im Moment genieße ich es in vollen Zügen!" Ja, es gibt am Solo-Lifestyle ein paar Punkte, die sind einfach Klasse. Auf die sollte man übrigens auch dann nicht ganz verzichten, wenn ein neuer Stern am Liebeshimmel auftaucht.

Frauen-Power. Pflegen Sie Ihre „Mädels-Clique". Es gibt keine bessere Gelegenheit, um ungestört über Liebe, Sex und Lust, über Männer, Klamotten und Gott und die Welt zu quatschen.

Sport-Programm. Bewegung macht schön, schlank und ausgeglichen. Das wissen wir. Trotzdem kommt man oft nicht dazu, regelmäßig ins Studio zu gehen oder gar neue Sportarten auszuprobieren. Außer man ist Single und kann tun und lassen, was man will…

Schönheits-Trip. Sich den ganzen Tag im Schlabber-Look mit Gurkenmaske, Haarkur und Bodylotions vergnügen – herrlich! Und keiner spottet!

Lern-Zeit. Italienisch? Zeichnen? Töpfern? Für alles, was Sie schon immer interessiert hat, haben Sie jetzt endlich die Zeit und Energie.

Freya

ist geschockt – der Junge, mit dem sie drei Monate lang so glücklich zusammen war, hat sie fies betrogen…

Wie bist du zur Zeit drauf?

Freya (ernst): Nicht besonders gut – ich habe mich gerade von einem Jungen getrennt. Er hat mich betrogen.

Wie lange wart ihr zusammen?

Freya (seufzt): Gestern wären es drei Monate gewesen…

Wie hast du es rausgekriegt?

Freya: Einer aus der Clique hat es mir erzählt.

Das muss ja total schlimm für dich gewesen sein…

Freya: Klar – denn damit hätte ich nie und nimmer gerechnet. Er war immer total lieb zu mir, gab mir das Gefühl, etwas ganz Besonderes für ihn zu sein. Ich habe ihn sofort angerufen und zur Rede gestellt. „Ja, es stimmt!" – das war alles, was er dazu gesagt hat. Dann hat er einfach eiskalt aufgelegt.

Gemeiner geht es ja kaum noch!

Freya (seufzt): Allerdings – und deshalb habe ich jetzt auch von Jungs die Nase gestrichen voll. Ich kann mir gar nicht vorstellen, dass es noch einen gibt, der es ernst mit mir meint…

Wer mit wem und warum?

Warum gerade er! Oder sie? Was ist es, was ein Paar zusammenbringt – und -hält? Fragen, über die jeder wohl schon nachgedacht hat. Kann man die großen Gefühle erklären? Die Wissenschaft versucht es seit Jahren und hat interessante Antworten gefunden. Für die einen spielen die Gene die Hauptrolle bei der Partnerwahl. Die anderen glauben, dass es hauptsächlich soziale Einflüsse sind, die zwei Menschen zusammenführen.

Die Chemie zwischen zwei Menschen muss stimmen

Die Sehnsucht nach Nähe und Geborgenheit, das Herzklopfen, das Begehren – das Wunder der Liebe kann man theoretisch wohl nie ganz erklären. Natürlich, die „Chemie" muss stimmen. Aber was es genau ist, was einen bestimmten Menschen so einzigartig macht, wird wohl immer ein kleines Geheimnis bleiben! Und das ist eigentlich ganz gut so, oder?

Silke
Alter: 23 Jahre.
Sternzeichen: Widder. **Beruf:** Optikerin. **Das fiel ihr an ihm auf:** sein Umgang mit Freunden.
Wie sie wirkt: etwas geheimnisvoll und zurückhaltend, hat aber jede Menge Power

Katrin
Alter: 24 Jahre.
Sternzeichen: Zwillinge. **Beruf:** Studentin. **Das fiel ihr an ihm auf:** sein unwiderstehlicher Charme. **Wie sie wirkt:** eine Frau, die echte Lebenslust ausstrahlt, mit viel Sinn für Humor

Melanie
Alter: 29 Jahre.
Sternzeichen: Löwe. **Beruf:** Redakteurin.
Das fiel ihr an ihm auf: seine witzige Art.
Wie sie wirkt: Was besonders beeindruckt, ist ihre Offenheit und ihre Fähigkeit, auf Leute zuzugehen

Diana
Alter: 23 Jahre.
Sternzeichen: Widder. **Beruf:** Angestellte. **Das fiel ihr an ihm auf:** sein Aussehen. **Wie sie wirkt:** eine durch und durch nette, angenehme Frau, sehr einfühlsam

Conny
Alter: 31 Jahre.
Sternzeichen: Widder. **Beruf:** Kaufmännische Angestellte. **Das fiel ihr an ihm auf:** sein Aussehen. **Wie sie wirkt:** ein Energiebündel mit erfrischend frechem Humor und viel Charme

Christian
Alter: 32 Jahre.
Sternzeichen: Jungfrau. **Beruf:** Kaufmann. **Das fiel ihm an ihr auf:** ihr Lächeln.
Wie er wirkt: offen, einfühlsam und temperamentvoll

Michael
Alter: 26 Jahre.
Sternzeichen: Widder. **Beruf:** Medienberater.
Das fiel ihm an ihr auf: ihre Eigenwilligkeit.
Wie er wirkt: So schnell bringt ihn nichts auf die Palme

Markus
Alter: 24 Jahre.
Sternzeichen: Stier. **Beruf:** Logistikmanager.
Das fiel ihm an ihr auf: ihre Haare. **Wie er wirkt:** ein sensibler Typ, strahlt Ruhe aus

Ralf
Alter: 28 Jahre.
Sternzeichen: Steinbock. **Beruf:** Student. **Das fiel ihm an ihr auf:** ihr Lachen. **Wie er wirkt:** genießt das Leben und die Liebe

Thomas
Alter: 33 Jahre.
Sternzeichen: Widder. **Beruf:** Kaufmann. **Das fiel ihm an ihr auf:** ihre Offenheit. **Wie er wirkt:** unkompliziert, witzig, charmant und offen

Die Geheimnisse der Partnerwahl

Die Liebe ist eine Himmelsmacht – oder? Ja, große Gefühle sind wie ein Wunder. Warum wir uns in eine bestimmte Person verlieben, dafür gibt es allerdings ganz handfeste Erklärungen

Liebe auf den ersten Blick?

Von wegen! Medizinisch betrachtet müsste es eher heißen: **Liebe nach dem ersten Schnuppern.** Das wichtigste Organ bei den großen Gefühlen ist nämlich die Nase. Egal, wie sehr wir uns parfümieren, unseren „Urgeruch" können wir nicht verändern. **Riechtests** ergaben, dass wir denjenigen am attraktivsten finden, dessen Duft auf Immun-Gene schließen lässt, die von unseren möglichst verschieden sind. So ist gewährleistet, dass die Kinder tiptop **vor Infektionen geschützt sind.** Der Spruch, dass man einen andern gut riechen kann, macht also wirklich Sinn!

Die „Steinzeit-Faktoren"

Biologen sind sich sicher: Die Partnerwahl läuft auch beim modernen Menschen nach einem **Programm** ab, das sich schon vor Jahrmillionen bei unseren Vorfahren bewährt hat.
Denen war vor allem eines wichtig: dass es dem Nachwuchs gut geht.

- Das heißt, ein **Mann** sucht nach einer Frau, die **gesund und treu ist**. Dann kann er sicher sein, dass sie gesunde Kinder zur Welt bringt – die garantiert von ihm sind.

- Uns **Frauen** treiben die Gene angeblich in die Arme eines Mannes, der als **Ernährer unserer Kinder** in Frage kommt. Wirtschaftlich abgesichert soll er sein. Daran sehen wir, dass er etwas drauf hat. Und um strammen Nachwuchs zeugen zu dürfen, muss er natürlich gesund und kräftig sein. Auch die Vorliebe für **ältere Männer** lässt sich erklären: Die haben gezeigt, dass sie „überlebensfähig" sind.

Die modernen Faktoren

Sicher, die Gene haben Einfluss, aber so ganz mag man nicht glauben, dass das alles sein soll. Und auch die Wissenschaft denkt weiter. Psychologen und Soziologen haben ein zusätzliches, ganz wichtiges Kriterium für die Partnerwahl entdeckt: **die Ähnlichkeit.**
Männer und Frauen bevorzugen Partner, die ungefähr genauso **attraktiv** sind wie sie. Die einen ähnlichen **Bildungsstand** haben, die aus ähnlichen **Schichten** kommen und die ihre **Vorlieben** teilen. All das gewährleistet nämlich, dass sich beide in ihrer Beziehung sicher und wohl fühlen.

Gelegenheit macht Liebe!

Hört man sich die ganzen theoretischen Erklärungen an, könnte man meinen, es gebe den **idealen Partner**, und Mann oder Frau müsse ihn nur an Land ziehen. Als könne man die freie Wahl treffen. In Wirklichkeit kommt es aber ganz stark auf den **Zeitpunkt und die Gelegenheit** an. So viele Menschen, die durchaus zu uns passen könnten, treffen wir einfach nie. Andere lernen wir in einem **ungünstigen Moment** kennen. Aus einer Begegnung wird nichts, weil:

- man im **Stress** steckt und gerade keine Zeit für einen Flirt hat,
- man zwar Telefonnummern ausgetauscht, aber den Zettel **verloren** hat,
- man auf einen anderen Mann **fixiert** ist, mit dem es aber nicht klappt,
- der andere gerade **Liebeskummer** hat,
- man gar nicht nahe genug beieinander wohnt, um sich problemlos **wieder zu sehen.**

Die Spielregeln der (beständigen) Liebe

Experten-Tipps – Zeit nehmen, zuhören und verzeihen sind wichtig

Die Sehnsucht nach einer glücklichen und stabilen Beziehung ist groß. Aber immer weniger Paaren gelingt es, auf Dauer zusammen zu bleiben. Denn heute bindet nur noch selten ein fest gesteckter Rahmen von Verpflichtungen und Absicherung.

Damit die Liebe lebendig bleibt, sollten die Partner vor allem Zeit für einander haben sowie einander zuhören und verzeihen können. Früher gab es gesetzte Normen und Sanktionen, die eine Trennung fast unmöglich machten. In Zeiten der zunehmenden Individualisierung sowie Emanzipation der Frauen sind diese Zwänge weitgehend verschwunden. Nach dem Rekordwert von mehr als 204 000 Scheidungen 2002 ist dem Statistischen Bundesamt in Wiesbaden zufolge damit zu rechnen, dass in Zukunft mehr als jede dritte Ehe geschieden wird. Keine Statistik erfasst das Scheitern nicht-ehelicher Beziehungen. Und niemand kennt die Zahl der Paare, die sich trotz ihres Zusammenlebens innerlich voneinander verabschiedet haben.

Anspruchsvoller

Heute seien Frauen und Männer in einer Partnerschaft anspruchsvoller als früher, so die Paartherapeutin Gisela Dreyer aus Bonn. „Gleichzeitig hat sich zu wenig Beziehungskultur entwickelt." Partnerliebe ist mehr als die anfängliche sexuelle Anziehung. „Die Verliebtheit ist eine Vision von dem, was zwischen Mann und Frau sein könnte. Doch es ist ein Irrtum zu meinen, damit wäre es schon getan", so Hans Jellouschek aus Ammerbuch (Baden-Württemberg).
Um die Liebe lebendig zu halten, sollte das Positive in der Partnerschaft betont werden. „In einer dauerhaften Beziehung ist die Gefahr sehr groß, dass das Positive an Realität verliert und das Negative im Vordergrund steht", so Jellouschek. „Eine Partnerschaft ist dauerhaft, wenn das Paar eine wirksame Kultur des täglichen Miteinanders entwickelt hat", sagt der Psychologe Gunter König aus Schwäbisch Hall (Baden-Württemberg). Für das Gelingen zu zweit sei es unerlässlich, Zeit für den anderen zu haben. Trotz beruflicher und familiärer Verpflichtungen sollte darauf geachtet werden, als Paar nicht unterzugehen, empfiehlt Jellouschek.

Zeit lassen

Bei vielen Paaren kommt die Liebe abhanden, weil sie nicht mehr miteinander reden. Gemeinsame Gespräche über sich selbst und wie man die Welt gemeinsam und unterschiedlich sieht, ist für König aber ein wesentlicher Garant für eine stabile Zweisamkeit.
Gelöst werden müsse aber nicht jeder Konflikt, gibt König zu bedenken. Probleme zu zerreden, mache die Sache meist nur schlimmer. Damit eine Beziehung von Dauer ist, muss es laut Jellouschek fair zugehen. Wenn etwa der Mann Karriere macht, aber nicht mithilft, dass auch die Frau berufliche Ambitionen verwirklichen kann, schleicht sich Unzufriedenheit ein und erstickt mit der Zeit die Zuneigung.

Gerecht sein

„In zentralen Lebensbereichen muss Wechselseitigkeit bestehen. Voraussetzung für die Liebe ist Gerechtigkeit", so der Experte. Eine breite Basis von gemeinsamen Anliegen, Ansichten und Werten ist Jellouschek zufolge eine gute Voraussetzung für Dauerhaftigkeit. Wer Freundeskreis und Interessen miteinander teile, erlebe seine Gemeinsamkeit als Paar.

4. „Höre, Israel, Jahwe, unser Gott, ist einzig" – die Religion der Juden

Lernziele

- Aufmerksam werden auf die Spuren des Judentums in unserer Kultur
- Grundzüge des Judentums kennen lernen
- Ein Gespür für die Glaubenskraft der jüdischen Religion bekommen
- Erkennen, wie stark der jüdische Glaube das Christentum prägt
- Die oft leidvolle Geschichte der Juden in Europa und die Schuldgeschichte der Christen gegenüber den Juden kennen lernen
- Die Bereitschaft wecken, jeglicher Form von Judenfeindlichkeit entgegenzutreten
- Die Bereitschaft wecken, sich für die Würde jedes Menschen und für Verständigung und Versöhnung einzusetzen.

Internetadressen

www.oppisworld.de
www.synagogen.info
www.cad.architektur.de
www.zentralrat-der-juden.de

Medien

43 00028	„Auf Wiedersehen Kinder" (100 min) – Januar 1994 in Frankreich: Gestapo verhaftet Leiter eines Internats
42 40486	„Fest und Feier im Judentum" (28 min)
42 40203	„Geblieben sind die Namen" (30 min) – Leben der Juden in einer unterfränkischen Gemeinde in der Geschichte
46 00091	„Gegen das Vergessen" – Holocaust
42 40216	„Goldene Stadt Jerusalem" (10 min)
42 40742	„Hier wollen wir leben" (28 min)
42 40476	„Jesus, der Jude" (45 min)
15 02042	„Das Judentum" (45 Folien)
42 40210	„Eine jüdische Hochzeit" (10 min)
42 40962	„Der KZ-Kommandant" (30 min) – Zivilcourage
42 41641	„Moskito: Shalom" (44 min)
42 01149	„Reichskristallnacht" (21 min)
43 00248	„Schindlers Liste" (187 min)
42 01618	„Sukkot – jüdisches Laubhüttenfest" (16 min)
43 00191	„Das Tagebuch der Anne Frank" (153 min)
42 41806	„Der Todesmarsch der Juden aus dem KZ Flossenbürg" (42 min)
46 00142	„Widerstand und Verfolgung im III. Reich"
42 40200	„Sukkot" (8 min)
42 40808	„Jom Kippur" (10 min)
42 40209	„Rosh Hashana" (9 min)
42 40784	„Yad Vashem" (10 min)

4. „Höre, Israel, Jahwe, unser Gott, ist einzig" – die Religion der Juden

Jüdisches Glaubensleben

Spuren des Judentums in unserer Heimat
Synagogen in Deutschland
Stunde der Zeitgeschichte: Schüler besuchen Synagoge
Tauchbad als Kern des jüdischen Ritus
Auf anderem Weg
Persönlichkeiten des Judentums
Der Mann, der den USA die Blue Jeans brachte
Grundzüge jüdischen Glaubens
Grundzüge jüdischen Glaubens (Arbeitsblatt)
Jüdische Feste im Jahreskreis
Jüdische Feste im Jahreskreis (Arbeitsblatt)

Miteinander verbunden – jüdischer und christlicher Glaube

Welche Bedeutung hatte die Tora im Leben Jesu?
Was Juden und Christen verbindet
Judentum und Christentum – ein Vergleich
Jüdisches Erbe im Christentum

Entfremdung und Verfolgung – Verständigung und Versöhnung

Juden und Christen – eine tragische Geschichte
Ein neuer Anfang

Spuren des Judentums in unserer Heimat

Wenn wir nach Spuren des Judentums in unserer Umgebung suchen, machen wir sehr schnell die Erfahrung, dass viele Zeugnisse jüdischer Kultur zu finden sind. Synagogen, Museen, jüdische Friedhöfe, Gedenktafeln, Straßennamen und Gebäude erzählen über die jüdische Vergangenheit und Gegenwart. Jüdische Gemeinden und Vereine ermöglichen einen Einblick in das Denken der Juden.
Jüdische Musik, der spezielle jüdische Humor, jüdische Erzählungen lassen uns etwas vom Lebensgefühl der Juden erahnen.

Worauf weisen die folgenden Bilder hin? Gibt es auch in deiner Heimatgemeinde oder in der näheren Umgebung ähnliche Bauten, Einrichtungen, Orte?

✡ *Synagoge, jüdischer Friedhof*

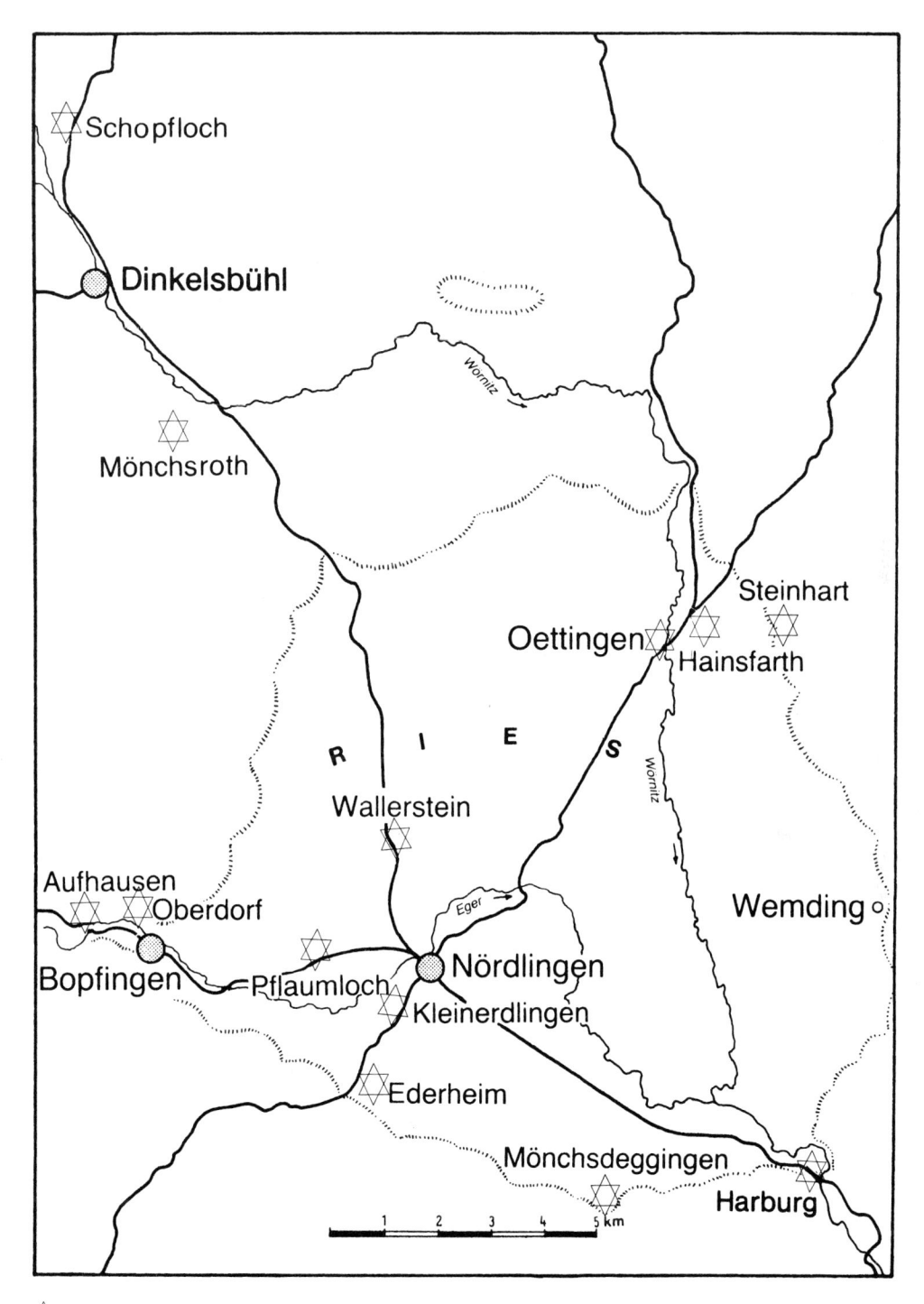

Synagogen in Deutschland

In Deutschland dienen derzeit über 2000 Synagogen der Ausübung des jüdischen Glaubens. Sehr aufschlussreich ist häufig der Einblick in die Geschichte dieser Synagogen, die meist in der NS-Zeit sehr gelitten haben.

Eine Spurensuche könnte so aussehen:

Ort:	86744 Hainsfarth
Straße/Ortsteil:	Jurastraße 12 (früher „Judengasse")
Einweihung der Synagoge:	24. August 1860
„Ende" der Synagoge:	vermutlich 9. November 1938
Zerstörungen in der NS-Zeit:	Synagoge in der Pogromnacht (9. November 1938) geplündert
Erhalten:	Die Bausubstanz ist noch fast vollkommen erhalten, Originalfenster und -türen noch vorhanden, ebenso die Innenbemalung; auch das „Ochsenauge" im Giebel ist noch im Original erhalten
Heutige Nutzung:	Kulturstätte
Gedenken am Standort:	Synagoge restauriert
Kommentar:	die jüdische Kultusgemeinde existierte noch bis 1941

An der TU Darmstadt, Fachgebiet CAD in der Architektur, werden seit 1995 Synagogen, die 1938 von den Nationalsozialisten zerstört wurden, rekonstruiert. Das Projekt wurde von Studenten im Jahr 1994 ins Leben gerufen als sichtbares Zeichen gegen ausländerfeindliche und antisemitische Äußerungen, die in diesem Jahr sichtbar zunahmen. In diesem Jahr wurde auch ein Brandanschlag auf die Synagoge in Lübeck verübt. Anschläge gegen jüdische Einrichtungen sind bis auf den heutigen Tag immer wieder zu verzeichnen.
Mit der Rekonstruktion soll der zahlreichen Synagogen gedacht werden. Gleichzeitig gilt es, die Bedeutung dieser Bauwerke in Erinnerung zu rufen.
Über 60 Studenten haben an diesen Rekonstruktionen gearbeitet. Die Ergebnisse waren bereits in Frankfurt zu sehen und werden in einer Dauerausstellung auch der jüdischen Öffentlichkeit präsentiert. Die Ausstellung wird am 2004 auch im Ausland gezeigt, in … und in New York.
Das Projekt wird ergänzt durch ein interaktives Programm, das bedeutende Grundinformationen zu über 2200 deutschen Synagogen liefert. Benutzer des Internets können über Links und Zeitzeugenberichten sich eigenständig ein Bild der historischen Entwicklung machen.

Stunde der Zeitgeschichte

Schüler besuchen Synagoge

Die 8. Klassen der Leonhart-Fuchs-Volksschule besuchten jüngst die Synagoge in Binswangen (Landkreis Dillingen). Ausgangspunkt war der Religionsunterricht, in dem das Judentum und sein Glaube im Mittelpunkt einer Sequenz steht. Als konkretes Zeitzeugnis wählte man diesmal die Synagoge in Binswangen aus, in den vergangenen Jahren dienten Synagoge und Friedhof der Nachbargemeinde Hainsfarth zur Veranschaulichung.

Sehr interessiert hörten die Schüler Rektor Kapfer zu, der in anschaulicher Weise das Wesentliche aus der Geschichte der Judengemeinde in Binswangen und ihrem Niedergang im Dritten Reich erzählte. Eindrucksvoll stellte er dar, dass es im Zusammenleben zwischen Juden und Einheimischen keine Probleme gab. Es sei getragen gewesen von gegenseitigem Respekt und Verständnis. Immerhin sei fast ein Drittel der Bevölkerung jüdischen Glaubens gewesen.

Die Synagoge ist bereits der zweite Bau an derselben Stelle. Rektor Kapfer ging auf die für katholische oder evangelische Christen ungewöhnliche Ausschmückung der Kirche ein, bei der aus dem Glaubensverständnis heraus keinerlei Bilder von Gott oder von Heiligen Verwendung finden, sondern nur Ornamente mit orientalischem Einschlag. Etwas Bedauern klang bei den Schülern an, weil in der Synagoge keine Kultgegenstände wie die Tora zu besichtigen waren. Kapfer stellte klar, dass die Synagoge heute kulturellen Zwecken diene und nicht mehr für jüdische Gottesdienste verwendet werde. Er erläuterte, dass sich auch im Bau religiöse Aussagen spiegelten. So gehe man über Stufen auf den tiefer liegenden Boden der Synagoge hinunter, um das Schriftwort zu verdeutlichen „Aus der Tiefe rufe ich Herr zu dir". Der Treppengiebel deute mit seinen zehn Stufen auf die Zehn Gebote hin.

Kurz nach der Reichskristallnacht wurde die Synagoge von der SA zerstört, die religiösen Kostbarkeiten wurden abtransportiert, erfuhren die Schüler weiter. „Dass die Synagoge nicht in Brand gesteckt wurde war wohl nur dem Umstand zu verdanken, dass die Wohnhäuser der Binswanger Bürger zu nahe daran angrenzten", so Kapfer. Die ganze Dramatik der Judenverfolgung und der Judenvernichtung wurde für die Schüler deutlich, als sie den vom Förderkreis Synagoge Binswangen initiierten Film gezeigt bekamen. Eingebettet in das lokale Geschehen wurde bedrückend deutlich, was Diktatur und Rassenwahn unter Adolf Hitler verbrochen haben.

Woche der Brüderlichkeit

Mit diesen Eindrücken verließen die Schüler die Synagoge. Sie wurden mit dieser Stunde Zeitgeschichte zugleich in die Woche der Brüderlichkeit eingeführt, deren wichtigster Gedanke das friedliche Miteinander der Menschen ist, das von gegenseitigem Respekt und selbstverständlicher Achtung getragen sein soll.

Das jüdische Tauchbad in Ichenhausen. Foto: Christian Bleier

Tauchbad als Kern des jüdischen Ritus

Entdeckung eines Wasserbeckens zur rituellen Reinigung neben der Synagoge Ichenhausen

Die „Mikwe", jenes Wasserbecken zur rituellen Reinigung, war für das jüdische Leben von zentraler Bedeutung – fast noch wichtiger als das Vorhandensein einer Synagoge. In Ichenhausen, einem Zentrum des Landjudentums, wo um 1830 fast die Hälfte der Einwohner dem jüdischen Glauben anhingen, legten Archäologen kürzlich ein solches Becken im Keller des ehemaligen Rabbinerhauses neben der Synagoge frei – sechs Meter unter der Erde, mit steinerner Sitzbank und einem Fußboden aus Solnhofer Schiefer ausgestattet und von einer starken Quelle unterhalb des Hauses mit Wasser gespeist.

Für die Mikwe ist „lebendiges Wasser" nötig, also fließendes Grund- oder Quellwasser, und das war an dieser Stelle vorhanden. Damit die zweite rituelle Vorschrift der jüdischen Religion erfüllt werden konnte, nach der die Nutzer des Bades vollkommen untertauchen mussten, wurden Bretter aufgesteckt, mit denen man das Becken tiefer machen konnte.

Auch davon fanden die Archäologen Reste, und Laboruntersuchungen belegen, dass sie aus dem Jahr 1826 stammen.

Die Ichenhausener Mikwe ist jedoch viel älter: Laut Peter Schwenk vom Landesamt für Denkmalpflege wurde sie möglicherweise schon um das Jahr 1660 gebaut – noch vor Errichtung von Rabbinerhaus und Synagoge –, und damit handelt es sich um das erste rituelle Tauchbad in Ichenhausen, jene „Mikwe auf der Wiese", die bisher nur archivalisch bekannt war.

Angela Bachmair

Aus: AZ vom 8. 9. 2004

Auf anderem Weg

Warum Straßen nach Juden benannt wurden

Wer aufmerksam durch Ortschaften in unserer Region geht, findet oft über die Flurnamen einen Hinweis auf die Ortsgeschichte. Barbara Rösch, Doktorandin an der Uni Potsdam, ist wochenlang durch ganz Schwaben gefahren und war auf der Suche nach ganz bestimmten Flurnamen: den Judenwegen.

In akribischer Kleinarbeit hatte Barbara Rösch nach Hinweisen über Judenwege in Deutschland im Allgemeinen und Schwaben im Besonderen gesucht. Sie wälzte die bayerische Flurnamensammlung, Kataster- und Steuerbücher und schrieb Briefe an Gemeinden. 90 Hinweise auf Judenwege vom Ries bis nach Lindau hat sie inzwischen ausgewertet. Nachgegangen ist sie dabei der Frage, warum – in der Regel Christen – seit dem 15. Jahrhundert Wege und Plätze nach den Juden benennen.

Darf man ihr glauben, so haben Juden oft parallel zu den vorhandenen Straßen ein anderes Wegenetz benutzt – oder besser benutzen müssen. „Diese Wege können als ein Produkt der Ausgrenzung der Juden gesehen werden", meinte Rösch. Unter anderem das Verbot, bestimmte Berufe nicht ausüben zu dürfen, bestimmte Orte an Sonn- und Feiertagen nicht betreten zu dürfen sowie Sonder- und Leibzölle bewegten die Juden dazu, andere Wege als Christen zu gehen. Anhand der Flurnamen könne man die Stellung der Juden in der Gesellschaft ablesen, so lautet eines der Ergebnisse von Rösch.

Beispiel Nördlingen: Weil jüdische Händler Anfang des 16. Jahrhunderts die Stadt nicht betreten durften, machten sie ihre Geschäfte außerhalb der Stadt. Dieses Gebiet wurde später der „Judenplatz" genannt. Auch der Leibzoll war ein Grund, warum gerade so genannte Betteljuden versuchten, Zollstationen an den vorhandenen Straßen zu umgehen.

Bezeichnungen wie „Judenbaum" deuten darauf hin, dass an einem der oft abgelegenen Wege ein Rastplatz war. Sogar bis ins 20. Jahrhundert hat sich der spöttische Beiname „Judenrutsch" für die Bahnlinie Günzburg–Mindelheim erhalten. Rösch zufolge weist der „Judenanger" in Lindau auf keine harmlose Vergangenheit hin: 1420 wurden dort 15 Juden verbrannt und eine ganze Reihe ihrer Glaubensgenossen aus der Stadt gewiesen.

Die Volkskundlerin fand auch religiöse Gründe für die Benennung von Wegen nach Juden. Manche der abgelegenen Strecken nutzten Juden für den Spaziergang am Sabbat (etwa in Aretsried bei Augsburg). Das Wort „Judenschulsteig" in einer Gemeinde im Ries weist auf den Weg zur Synagoge hin.

Zentralfriedhof Kriegshaber

Eine Besonderheit sind die Wege, die zu Judenfriedhöfen führen. Von staatlicher Seite war den Juden in bestimmten Gebieten auferlegt worden, einen Toten nicht durch Dörfer zu transportieren. Die Juden aus Binswangen (Kreis Dillingen) mussten daher jahrelang ihre Toten auf abgelegenem Weg über Laugna und Neusäß nach Kriegshaber bei Augsburg bringen, um sie dort beerdigen zu können.

Bis 1804 wurden Barbara Rösch zufolge auch zahlreiche Juden aus dem Raum München in Kriegshaber begraben: Denn bis Anfang des 19. Jahrhunderts gab es in der heutigen Landeshauptstadt keinen jüdischen Friedhof.

Thilo Jörg

Aus: AZ vom 22. 11. 2004

Persönlichkeiten des Judentums

Jüdische Künstler, Wissenschaftler und Schriftsteller haben überragende Leistungen erbracht und die Geschichte der Menschheit entscheidend beeinflusst. Das Arbeitsverbot, die Ermordung und die Verfolgung jüdischer Menschen während der Nazidiktatur haben eine unersetzliche Lücke in der deutschen Kultur und Wissenschaft hinterlassen.
Diese kleine Aufstellung zeigt zugleich die bunte Vielfalt internationaler Kultur und Wissenschaft – Bereiche, in denen Menschen jüdischen Glaubens tätig waren und sind.

Eine kleine Auswahl bedeutender Künstler und Wissenschaftler macht deren Bedeutung bewusst. Erstelle ein Porträt einer Person und trage es in einem kurzen Referat vor!

Leonard Bernstein	Dirigent und Komponist („Westside Story")
Elias Canetti	Schriftsteller, Literaturnobelpreis
Marc Chagall	Maler, Graphiker
André Citroen	französischer Industrieller, Gründer der Automobilwerke
Kirk Douglas	amerikanischer Schauspieler, Regisseur
Bob Dylan	amerikanischer Rockmusiker
Albert Einstein	Begründer der Relativitätstheorie, geboren in Ulm
Anne Frank	„Das Tagebuch der Anne Frank"
Sigmund Freud	Begründer der Psychoanalyse

Heinrich Heine   deutscher Schriftsteller

Dustin Hoffmann	amerikanischer Schauspieler
Vladimir Horowitz	amerikanisch-russischer Pianist
Franz Kafka	Schriftsteller
Ephraim Kishon	Schriftsteller (Schwerpunkt: Satire)
Henry Kissinger	ehemaliger amerikanischer Außenminister

Max Liebermann   Maler, Graphiker

Norman Mailer	amerikanischer Schriftsteller
Yehudi Menuhin	Dirigent
Arthur Miller	Schriftsteller
Hans Rosenthal	ehemaliger deutscher Showmaster
Arthur Rubinstein	Pianist von Weltruf
Paul Simon	amerikanischer Rockmusiker (Simon und Garfunkel)
Steven Spielberg	Regisseur (Jurassic Park)

Baruch de Spinoza   Philosoph, Mathematiker

Levi Strauss	„Erfinder" der Levis-Jeans
Barbara Streisand	Filmschauspielerin
Kurt Tucholsky	Schriftsteller
Billy Wilder	Regisseur

Das fränkische Buttenheim und sein berühmtester Sohn: Im Geburtshaus von Levi Strauss ist mittlerweile ein Museum eingerichtet – und natürlich gibt es dort auch seine wegweisende Erfindung zu sehen: die Jeans.

Bild: ap

Der Mann, der den USA die Blue Jeans brachte

Levi Strauss: Eine bayerisch-amerikanische Erfolgsgeschichte

Wenn es um den amerikanischen Traum geht, darf einer nicht fehlen: Löb Strauss, der Erfinder der Blue Jeans, der 1829 im fränkischen Buttenheim geboren wurde. Er hat es geschafft, ist aufgestiegen vom kleinen Landjuden, der daheim in Bayern am Verhungern war, zum richtig reichen, berühmten, wichtigen Mann in Amerika, bei dessen Beerdigung 1902 viele Geschäfte in San Francisco geschlossen hatten, weil die Inhaber an der Zeremonie teilnehmen wollten.

Vater Hirsch Strauss war ein armer Hausierer gewesen. Und als er starb, blieb der Mutter mit den drei jüngsten Kindern nur der Weg über den Atlantik, wo die beiden ältesten Strauss-Buben bereits einen Textilhandel aufgebaut hatten. Löb benennt sich um in Levi, nimmt die amerikanische Staatsbürgerschaft an, arbeitet im Geschäft der Brüder.

Bis ihn der Goldrausch nach Kalifornien zieht. San Francisco und die Nachricht von ersten Goldfunden und damit die Möglichkeit, das Glück zu machen, lockt auch Levi. Zusammen mit seinem Schwager und seinem Bruder Louis gründet er 1853 einen Handel für Kurzwaren und Stoffe. Im Sortiment ist alles, was die Minenarbeiter und Pioniere des damals noch Wilden Westens brauchen: Zahnbürsten, Hosenträger, Knöpfe, Ausgehkleidung. Das Geschäft floriert.

Und dann wendet sich der Schneider Jacob Davis an Levi Strauss, der von ihm regelmäßig Tuchballen bezog. Er will für seine Kunden eine besonders strapazierfähige Hose anfertigen, indem er die beanspruchten Stellen wie die Ecke der Taschen und das untere Ende des Hosenlatzes mit Metallnieten verstärkt. Doch ihm fehlt das Geld für eine Patentierung – was Levi Strauss für ihn übernimmt.

Das war am 20. Mai 1873: Die Jeans war geboren. Und die vernieteten „Waist Overalls" aus robustem Baumwollstoff – als Jeans bezeichnet man die blauen Hosen erst seit den 1960er Jahren – finden reißenden Absatz. Bis Ende 1873 sind bereits 5875 Dutzend Hosen und Mäntel aus Denim verkauft. Zehn Jahre später beschäftigt der Konzern 535 Angestellte. Gegen Ende des 19. Jahrhunderts zieht sich Levi Strauss aus dem Geschäft zurück, übergibt es seinen vier Neffen. Heute ist die Firma Levi's ein internationaler Konzern mit rund 11 000 Angestellten weltweit. Die Levi's Jeans wird in mehr als 100 Ländern verkauft. Und immer noch wird mit der Jeans Freiheit, Individualität und Jugend verbunden. Jeansträger streifen, das sagt zumindest die Levi's-Werbung, mit der blauen Hose ein bisschen vom raubeinigen Cowboy über, der als Pionier einen ganzen Kontinent zivilisierte.

Andrea Kümpfbeck
Aus: AZ vom 3. 11. 2004

Grundzüge jüdischen Glaubens

Die Tora – Herzstück des jüdischen Glaubens

Das heilige Buch der Juden ist die Bibel. Sie besteht aus drei Gruppen von Schriften: die Bücher der Gebote (Tora), die Bücher der Propheten und die Bücher der Schriften. Von den drei Teilen ist die Tora der wichtigste.

Wenn man die Inhalte des Alten Testaments unserer Bibel mit der hebräischen Bibel vergleicht, stellt man fest, dass es zwischen beiden zahlreiche Übereinstimmungen gibt.

In der Tora enthalten ist die Geschichte des Volkes Israel und der Stammväter Abraham, Isaak und Jakob. Dort findet sich auch die Geschichte von Mose, der die Zehn Gebote empfing und sie dem Volk Israel gab.

Die Zehn Gebote, die auch das Christentum übernommen hat, sind der bekannteste Teil. Die Tora ist in hebräischer Sprache abgefasst. In jeder Synagoge wird mindestens eine handgeschriebene Tora aufbewahrt. Im Laufe eines Jahres wird die Tora in Abschnitten einmal ganz vorgelesen. Es ist eine Ehre für jedes Gemeindemitglied, aus der Tora vorzulesen.

Das Studium der Tora war schon immer eine heilige Angelegenheit. Viele Schriftgelehrte legten das Wort Gottes aus. Ihre Erläuterungen zur Tora wurden mündlich weitergegeben. Dadurch entstand die „mündliche Tora" oder die „mündliche Lehre", die Mischna. Diese wurde im 2. und 3. Jahrhundert n. Chr. aufgeschrieben.

Daneben wurden von Schriftgelehrten auch Überlieferungen, die in der Mischna nicht enthalten waren, gesammelt und aufgeschrieben. Diese Sammlung und die Mischna bilden zusammen den Talmud.

Bis heute werden Tora und Talmud von den Rabbinern genauestens studiert. Sie erklären jedem Gläubigen, wie man die Gebote im täglichen Leben umsetzen kann und wie die Geschichten in der Tora zu verstehen sind. Rabbiner sind keine Priester, sondern Schriftgelehrte. Bis vor wenigen Jahrzehnten durften nur Männer Rabbiner werden; mittlerweile ist dies auch Frauen erlaubt.

Die Tora-Rolle (Mosebücher)

Der Lesestab

Toraschmuck: Glöckchen

יהוה

Jahwe
Hebräische Buchstaben, von rechts nach links zu lesen

In der Synagoge wird die Tora in einer Nische, umhüllt von einem kostbaren Vorhang, aufbewahrt.

Das jüdische Glaubensbekenntnis

Das Schma Israel (Höre, Israel) ist das jüdische Glaubensbekenntnis. Es enthält den wichtigsten Glaubensgrundsatz der jüdischen Religion: Es gibt nur einen Gott.
Das Gebet heißt nach seinen hebräischen Anfangsworten Schma Israel:

„Höre, Israel, der Ewige, unser Gott, der Ewige ist einzig!

Wie wichtig diese Worte sind, lehrt die Bibel:

> *„Darum sollst du den Herrn, deinen Gott, lieben mit ganzem Herzen, mit ganzer Seele und mit ganzer Kraft. Diese Worte, auf die ich dich heute verpflichte, sollen auf deinem Herzen geschrieben stehen. Du sollst sie deinen Söhnen wiederholen. Du sollst von ihnen reden, wenn du zu Hause sitzt und wenn du auf der Straße gehst, wenn du dich schlafen legst und wenn du aufstehst. Du sollst sie als Zeichen um das Handgelenk binden. Sie sollen zum Schmuck auf deiner Stirn werden. Du sollst sie auf die Türpfosten deines Hauses und in deine Stadttore schreiben."*
>
> *Deuteronomium 6, 5–9*

Gebetskleidung

Diese Bibelworte sind der Grund, warum sich die Männer beim Beten eine kleine Lederkapsel mit einem Riemen (Gebetsriemen) um den linken Arm zum Herzen hin und eine kleine Lederkapsel auf die Stirn binden (Tefillin). In ihr befinden sich kleine Pergamentrollen, auf denen das Schma Israel steht.
Auch die Mesusa (Kapsel mit dem Schma Israel) am Türstock zeigt, wie wortwörtlich orthodoxe Juden die Bibel befolgen.
Aus Ehrfurcht vor Gott tragen die Männer beim Gebet eine Kopfbedeckung. Dazu kann der Gebetsumhang (Tallit) dienen, aber auch ein ganz gewöhnlicher Hut, eine Mütze oder kleine runde Käppchen (kippas).
In einer Synagoge und auf einem jüdischen Friedhof muss auch jeder nichtjüdische Mann eine Kopfbedeckung tragen.

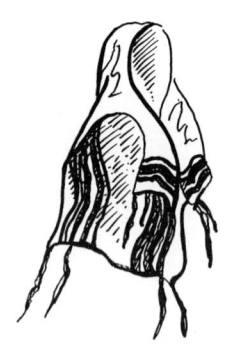

Der Gebetsmantel
(Tallith)

Das Käppchen, das zur
Bedeckung des Kopfes
vorgeschrieben ist

Bar Mizwa

Mit 13 Jahren wird ein jüdischer Junge vollberechtigtes Mitglied der Gemeinde. Dieser Lebensabschnitt wird mit einem Fest begangen. Es heißt Bar Mizwa („Sohn der Pflicht"). Bei dieser Feier darf der Junge erstmals in der Synagoge aus der Tora vorlesen. In modernen jüdischen Gemeinden gibt es eine ähnliche Feier für die Mädchen (Bat Mizwa) im Alter von 12 Jahren.

Speisevorschriften

Der gläubige Jude verfolgt streng die Speisegesetze, die in drei Gruppen gegliedert werden können:

1. Reine und unreine Tiere:
   Koscher („rein") ist das Fleisch von Wiederkäuern, deren Hufe gespalten sind (Schweinefleisch ist also verboten!). Geflügel ist erlaubt, Raubvögel sind verboten. Erlaubt sind Wassertiere, die Flossen und Schuppen haben, verboten sind Aale, Muscheln etc. Tiere, die andere Tiere fressen und Tiere, die von anderen gerissen worden oder von selbst verendet sind, dürfen nicht gegessen werden.

2. Schächtung:
   Rituelle Schlachtung, damit das Fleisch voll ausbluten kann. Genuss von Blut ist streng verboten.

3. Kochvorschriften.
   Fleisch darf nicht mit Milch oder Milchprodukten zusammen gekocht oder gegessen werden. Ein koscherer Haushalt hat deshalb auch getrenntes Geschirr (Fleischgeschirr, Milchgeschirr) und getrennten Abwasch (oder spezielle Geschirrspüler).

Der Sabbat – Höhepunkt der Woche

Der größte Feiertag der Juden ist der wöchentliche Sabbat (vom Freitagabend bis Samstagabend). Gott selbst hat – nach dem Schöpfungsakt der Bibel – am siebenten Tag der Schöpfung geruht, den siebten Tag gesegnet und geheiligt (Genesis 2,3).
Streng gläubige Juden meiden am Sabbat jede Arbeit, sie verreisen nicht, sie telefonieren nicht, sie schreiben keine Briefe, sie rühren kein Geld an.
Der Sabbat beginnt am Freitag bei Sonnenuntergang. Dann versammelt sich die ganze Familie und die Sabbatkerzen werden angezündet. Die Juden verstehen diesen Tag als Tag der Freude, als Tag für die Zusammenkunft der Familie, als Tag der Besinnung.
Nach den Segenssprüchen segnet der Vater den Wein und die Anwesenden trinken ihn; anschließend segnet er das Brot und die Anwesenden essen das Sabbatbrot.
In jüdischen Familien, die in Europa leben, gehen der Vater und seine Söhne vor der Mahlzeit in die Synagoge. Am Samstagvormittag findet der Sabbatgottesdienst statt. Hier wird aus den heiligen Schriften vorgelesen; ein weiterer Gottesdienst folgt am Ende des Abend des Sabbats.
Nach jüdischer Überzeugung ist in dem kleinen Kreis der Feiernden am Sabbat Gottes Reich anwesend.

Gebete

Für fromme Juden und Jüdinnen ist das ganze Leben Gottesdienst. Eine große Rolle spielen die Segenssprüche bei allen möglichen Ereignissen. Die offiziellen Gebete werden in Hebräisch und Aramäisch gesprochen. In einer Synagoge darf nur ein Mann vorbeten, zu Hause haben auch Frauen gottesdienstliche Pflichten (z. B. Entzünden der Sabbatkerzen). Vor dem Gebet ist das Waschen der Hände und für Männer das Bedecken des Kopfes, Anlegen des Gebetsmantels und des Gebetsriemens vorgeschrieben.

Der wichtigste Gebetstext ist bei Gemeindegottesdiensten das so genannte „Achtzehnbittengebet".

Synagoge

Die Synagoge spielt als Ort des Versammelns, des Hörens, des Lernens und des Gebetes eine zentrale Rolle. An der Ostwand steht der Toraschrein mit handgeschriebenen Torarollen. Es gibt auch die Gebetsrichtung (Jerusalem) an.

Vor dem Toraschrein brennt ein ewiges Licht. Männer und Frauen nehmen getrennt Platz. Damit ein Gottesdienst gefeiert werden darf, müssen mindestens zehn religionsmündige Männer versammelt sein.

Sabbat ist der Tag, an dem die Ruhe erschaffen wurde, daher ist er der Ruhetag für das ganze Haus und gleichzeitig das Zentrum des jüdischen Lebens. Alles, was im Verlauf vieler Generationen zur Feier des Sabbats ersonnen und praktiziert wurde, hat zu einer reichen Tradition beigetragen, die sich in den kunstvollen Kultgegenständen wie Sabbatleuchter, Kiddusbecher oder den Challadecken ausdrückt.

Der Sabbat – Höhepunkt der Woche

Diesen Freitagabend darf ich bei einer gläubigen jüdischen Familie verbringen.

„Kommen Sie pünktlich", hat mich Henri Rosenberg gebeten, „vor 18 Uhr. Dann ist Sonnenuntergang und ich möchte Ihnen die Tür noch vorher öffnen."

Anita Rosenberg hat die Kerzen am Kopfende des Esstisches bereits angezündet und ihr Gebet gesprochen. Die Kinder eilen mit ihrem Vater und mir in die Synagoge. Die Jungen in ihren dunklen Anzügen rennen herum wie Kinder überall auf der Welt. Nur der elfjährige David will genau mitbekommen, was sein Vater mir erklärt: Am Sonntag ist Purim, der jüdische Karneval, ein Volksfest. Es erinnert an die glückliche Rettung des jüdischen Volkes durch Ester und wird als Freudenfest gefeiert. Die Juden verkleiden sich, die Kinder veranstalten lautes Geschrei, Getrommel und Musik. Deshalb hat David seine Flöte herausgekramt.

Wir sind in der Synagoge angekommen. Ich gehe mit den Mädchen nach oben. Es brennt kein Licht. Nur ich als Nichtjüdin darf es einschalten. Wir können die Männer unten beobachten. Viele tragen Gebetsmäntel. Wir hören ihren hebräischen Singsang, wir sehen, wie sie betend vor sich hinschaukeln.

Nach dem Gottesdienst wartet zu Hause das Abendmahl. Wie jeden Sabbatabend nimmt Henri Rosenberg die Pflichten des frommen jüdischen Hausvaters wahr. Er singt das Lied „Shalom alechem" („Friede sei mit euch!"). Er segnet die Kinder. Auf dem festlich gedeckten Tisch stehen am Platz des Hausherrn Wein und zwei geflochtene Brote unter einem bestickten Tuch. „Erinnere dich, dass du Knecht warst im Lande Ägyptens, und der Herr, dein Gott, hat dich von dort herausgeführt. Deshalb gebot dir der Herr den Sabbat zu halten."

Henri Rosenberg füllt den silbernen Kelch mit Wein und gibt einen Tropfen Wasser dazu. Der Tropfen soll die Freude mindern und an die Verwüstung des Tempels erinnern. Die großen Kinder und ich bekommen einen Schluck. Bevor Henri Rosenberg das Brot bricht, geht die ganze Familie zum Händewaschen. „Aus Ehrfurcht vor den Früchten der Erde, die Gott uns geschenkt hat. Denn das Brot ist Symbol für alle Früchte." Dann gibt er jedem ein Stück Brot. Anschließend beginnt das Abendessen. Zwischen den Gängen singen alle festliche Lieder.

Am nächsten Tag findet ein feierlicher Gottesdienst in der Synagoge statt. Höhepunkt ist die Lesung aus der Tora.

Rosine de Dijn

Grundzüge jüdischen Glaubens

1. Die Tora – Herzstück des jüdischen Glaubens:

   Das heilige Buch der Juden ist die _____. Die bedeutendsten

   Schriften sind die fünf Bücher Mose, die so genannten _____.

Die Bibel der Juden			Mischna	Talmud	
Fünf Bücher Mose (Tora)	Bücher der Propheten	„Schriften"	= mündliche Lehre	Mischna	Andere Überlieferungen

2. Das jüdische Glaubensbekenntnis:

   Das „Schma Israel" enthält den wichtigsten Glaubensgrundsatz der jüdischen Religion:

   _____

   _____

3. Gebetskleidung:

   Der gläubige Jude trägt auf dem Kopf ein kleines rundes Käppchen

   (_____) und den Gebetsriemen (_____)

   mit einem kleinen Kästchen, in dem Tora-Texte enthalten sind.

   Um den linken Arm wird ein weiterer Gebetsriemen gebunden.

   Zur Gebetshaltung gehört auch der weiße Gebetsmantel (_____).

   Die Gebetsriemen an Arm und Kopf sollen verdeutlichen, dass die Gedanken von den

   _____ bestimmt sein sollen.

4. Bar Mizwa:

   Mit 13 Jahren wird ein jüdischer Junge zum vollberechtigten Mitglied der Gemeinde. Dieses

   Fest heißt Bar Mizwa (_____).

   Bei dieser Feier darf der Junge erstmals in der _____ aus der

   _____ vorlesen.

5. Speisevorschriften:

   Sehr streng sind die Speisegesetze. Es darf nur Fleisch gegessen werden, das

   _____ („rein") ist. Das erfordert eine rituelle Schlachtung, die so

   genannte „_____".

Lösung s. S. 141, 142, 143

Jüdische Feste im Jahreskreis

Der jüdische Kalender unterscheidet zwischen einem religiösen und einem bürgerlichen Jahr.

Das religiöse Jahr beginnt mit dem österlichen *Paschafest*. Es erinnert an den *Auszug aus Ägypten* und wird im März oder April sieben Tage lang gefeiert. In dieser Zeit isst man das ungesäuerte Brot (Mazzot). Beim Paschamal wird gesprochen:
„Sklaven waren wir dem Pharao zu Ägypten, aber der Ewige, unser Gott, führte uns heraus mit starker Hand und ausgestrecktem Arm. Hätte der Heilige, gelobt sei er, unsere Väter nicht aus Ägypten gerettet, sieh, wir und unsere Kinder wären noch immer in Pharaos Fron zu Ägypten. Und wären wir auch alle weise, alle voller Vernunft, alle voller Erfahrung, so bliebe es dennoch unsere Pflicht, vom Auszug aus Ägypten zu erzählen."

Schawuot ist das jüdische Pfingstfest. Es soll an den *Empfang der Zehn Gebote* und den *Bundesschluss am Sinai* erinnern. Das feiern die Juden 50 Tage nach Pascha.
Sie wachen die ganze Nacht, während die Tora vorgelesen wird. An diesem Tag danken sie auch für die erste Ernte des Jahres.

Etwa im Oktober erinnert das *Laubhüttenfest (Sukkot)* an die Zeit, als die Israeliten durch *die Wüste ins verheißene Land unterwegs waren*. Vielfach verbringen die strenggläubigen Juden diese Tage in einer Hütte aus Laubzweigen, die sie zum Beispiel im Vorgarten oder auf dem Balkon errichten. Das Fest dauert acht Tage. Es ist auch das zweite Erntedankfest.

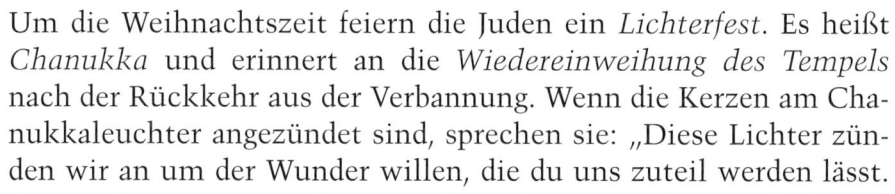

Um die Weihnachtszeit feiern die Juden ein *Lichterfest*. Es heißt *Chanukka* und erinnert an die *Wiedereinweihung des Tempels* nach der Rückkehr aus der Verbannung. Wenn die Kerzen am Chanukkaleuchter angezündet sind, sprechen sie: „Diese Lichter zünden wir an um der Wunder willen, die du uns zuteil werden lässt. Diese acht Festtage sind uns gegeben, damit wir deinen erhabenen Namen loben und rühmen um deiner Wunder, deiner Hilfe, deiner Taten willen."

Das jüdische *Neujahrsfest (Rosch Haschana)* fällt in den September oder Oktober; es erinnert an *Gottes Schöpfertaten*. Nach *einer zehntägigen Bußzeit* folgt der *Versöhnungstag (Jom Kippur)*. Er ist der *große Buß- und Bettag des Judentums* und ein strenger Fasttag. Über alle Handlungen und Unterlassungen des vergangenen Jahres wird sich an diesem Tag der gläubige Jude prüfen und Gottes Erbarmen suchen.

Ein fröhliches Fest im Jahreslauf ist *Purim*, das an die Errettung des jüdischen Volkes durch die Königin Ester erinnert. Purim wird mit Verkleidungen und Umzügen gefeiert wie bei uns der *Karneval*.

Lösung von S. 148
Der Sabbat beginnt am Freitag bei Sonnenuntergang.
Feste (von r. o. an: Rosch Haschana, Sukkot, Chanukka, Purim, Pascha, Schawuot)

Jüdische Feste im Jahreskreis

Der Sabbat durchzieht als immer währender Festtag das jüdische Jahr. Am Gedenktag der Schöpfung ruhen die gläubigen Juden von aller Arbeit.

Der Sabbat beginnt am _____ bei Sonnenuntergang.

Am Samstagvormittag findet der Sabbatgottesdienst mit einer Lesung aus den heiligen Schriften in der Synagoge statt.

Darüber hinaus umfasst das jüdische Jahr sieben große Feste:

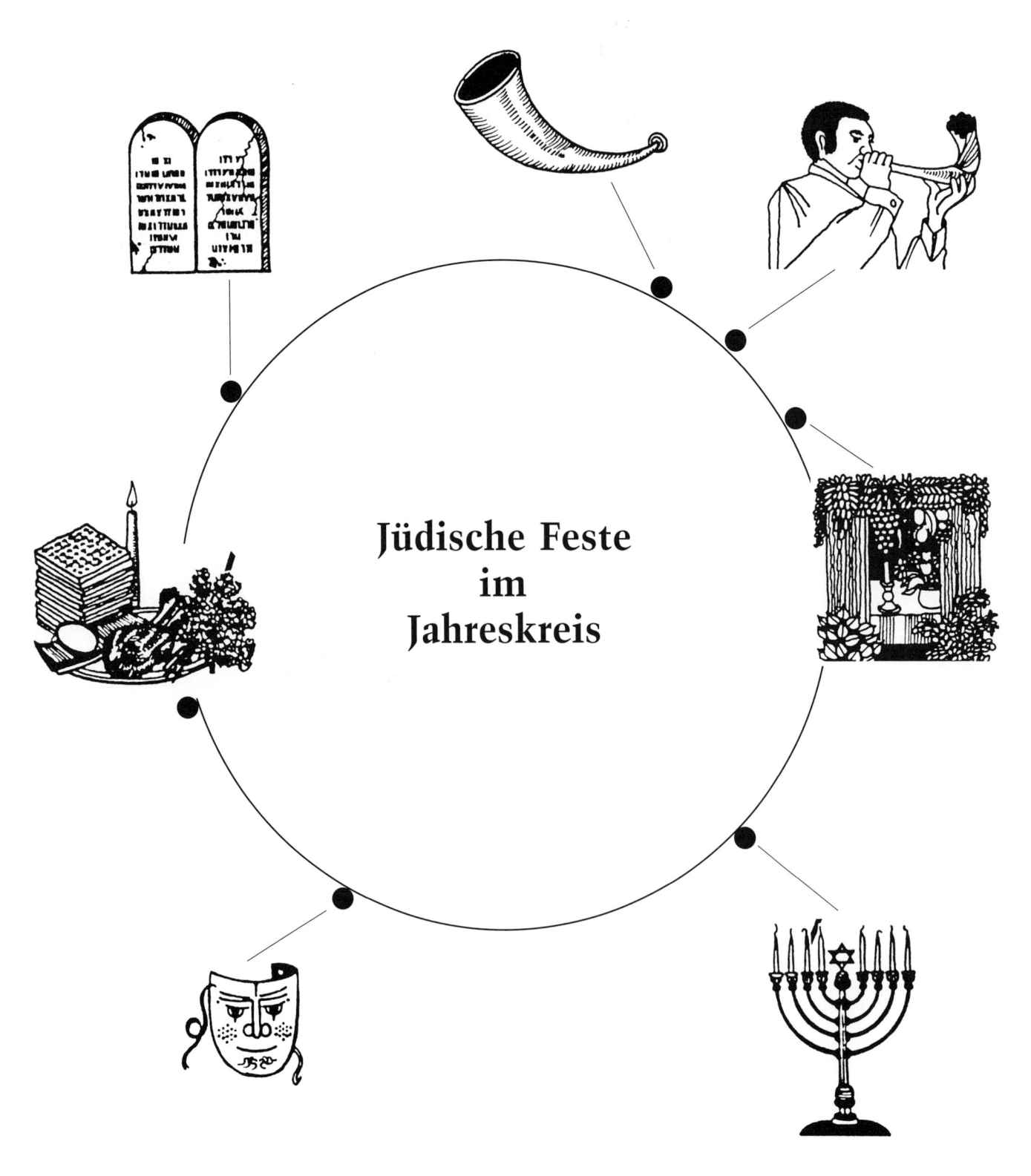

Jüdische Feste im Jahreskreis

Welche Bedeutung hatte die Tora im Leben Jesu?

Im Neuen Testament finden wir viele Hinweise darauf, welche Rolle die Tora, ihre Grundzüge und Glaubensinhalte für Jesus gespielt hat.

Was sagen die folgenden Auszüge über die Bedeutung der Tora für sein Leben aus? Welche Glaubensinhalte sind zu erkennen?

Die Vertreibung der Händler aus dem Tempel

Das Paschafest der Juden war nahe und Jesus zog nach Jerusalem hinauf. Im Tempel fand er die Verkäufer von Rindern, Schafen und Tauben und die Geldwechsler, die dort saßen. Er machte eine Geißel aus Stricken und trieb sie alle aus dem Tempel hinaus, dazu die Schafe und Rinder; das Geld der Wechsler schüttete er aus und ihre Tische stieß er um ...

Joh 2, 13–15

Glaubensinhalt: _____

Verhalten Jesu: _____

Jesus in der Synagoge von Kafarnaum

Sie kamen nach Kafarnaum. Am folgenden Sabbat ging er in die Synagoge und lehrte. Und die Menschen waren sehr betroffen von seiner Lehre; denn er lehrte sie wie einer, der (göttliche) Vollmacht hat, nicht wie die Schriftgelehrten.

Mk 1, 21–22

Glaubensinhalt: _____

Verhalten Jesu: _____

Jesu Fürbitte für alle Glaubenden

... Vater, ich will, dass alle, die du mir gegeben hast, dort bei mir sind, wo ich bin. Sie sollen meine Herrlichkeit sehen, die du mir gegeben hast, weil du mich schon geliebt hast vor der Erschaffung der Welt ...

Joh 17, 24

Glaubensinhalt: _____

Verhalten Jesu: _____

Was Juden und Christen verbindet

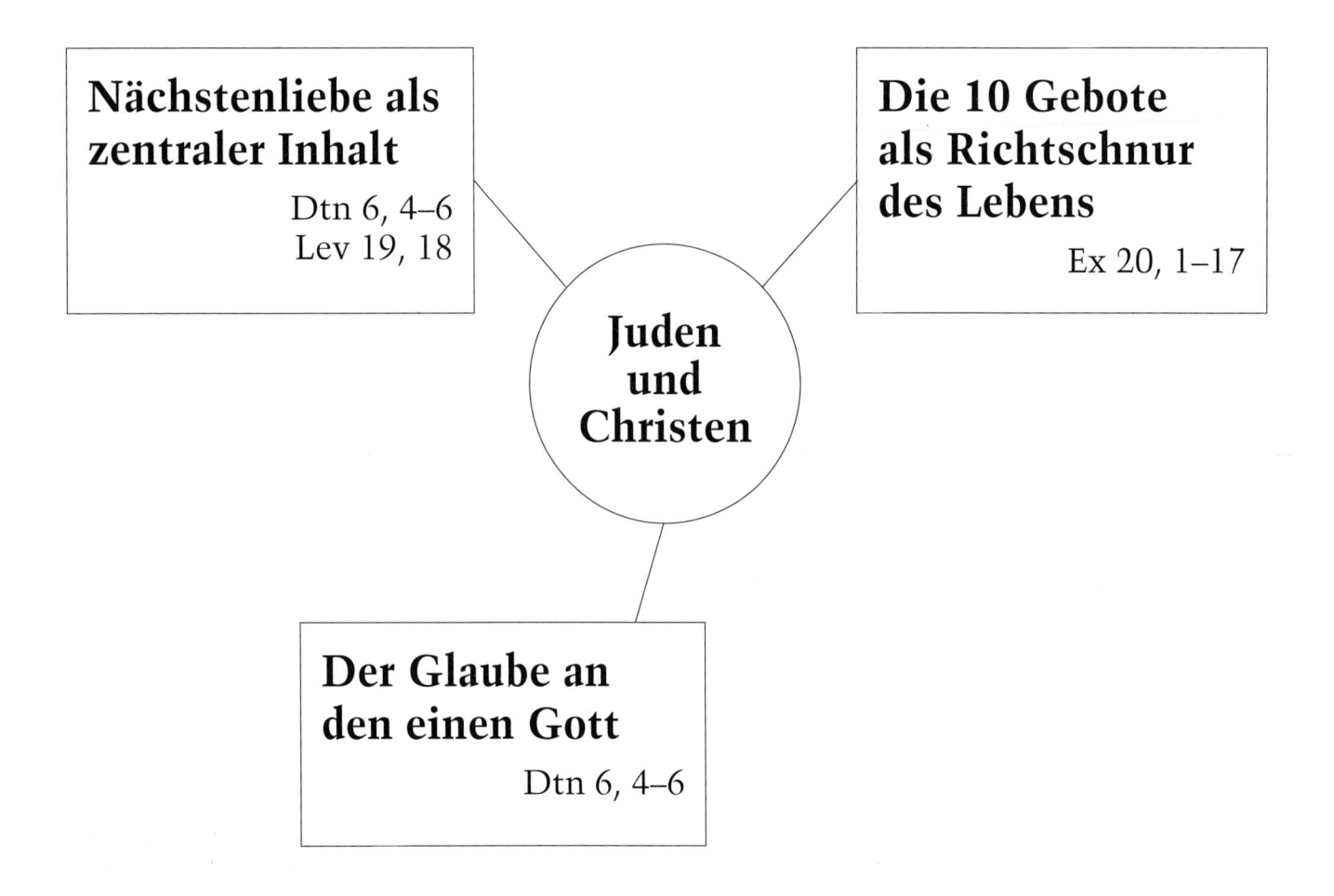

Nächstenliebe als zentraler Inhalt
Dtn 6, 4–6
Lev 19, 18

Die 10 Gebote als Richtschnur des Lebens
Ex 20, 1–17

Juden und Christen

Der Glaube an den einen Gott
Dtn 6, 4–6

Die angegebenen Bibelstellen sind Teil der Tora und gleichzeitig auch Teil der christlichen Bibel (Altes Testament). Sie sind eine gemeinsame Basis christlichen und jüdischen Glaubens.

Die Person Jesu wird zu einer zentralen Figur, wenn wir das Verhältnis zwischen Christentum und Judentum verstehen wollen.
Auf der einen Seite stellt Jesus ein Bindeglied zwischen den beiden Religionen dar, weil sein Glaube an den Gott (Gott Vater) und sein Verhalten in vielen Situationen, seine Haltung, die er vorgelebt hat, Juden und Christen verbinden kann.
Auf der anderen Seite macht Jesus aber auch den grundsätzlichen Unterschied zwischen den beiden Religionen aus: Als Christen sehen wir Jesus als Messias, den Sohn Gottes, während das Judentum Jesus als jüdischen Propheten begreift.

Judentum

Jesus ist ein **jüdischer Prophet**

:

Christentum

Jesus ist der **Messias, Sohn Gottes**

„Der Glaube Jesu eint, aber der Glaube an Jesu trennt." – Was ist mit diesem Zitat gemeint?

Judentum und Christentum – ein Vergleich

	Judentum	Christentum
Gottesvorstellung	Es gibt nur *einen* Gott, den Schöpfer, Erhalter und Vollender des Universums. „JHWH ist einzig!"	Es gibt nur *einen* Gott, den Schöpfer, Erhalter und Vollender des Universums. „Gott und Vater unseres Herrn Jesus Christus" (Eph 1,3).
Woher kennen wir Gott?	Gott offenbart sich den Menschen durch Menschen. Mit **Abraham** beginnt besondere Segensgeschichte.	Gott offenbart sich den Menschen durch Menschen. Mit **Abraham** beginnt besondere Segensgeschichte.
Höhepunkt der Offenbarung	**Mose** (um 1250 v. Chr.) übergibt dem Volk Israel (Nachkommen Abrahams, Isaaks, Jakobs) den Willen Gottes: die **Tora**. Gott schließt mit Israel einen **Bund**.	**Jesus** selbst *ist* das Wort Gottes in Person. In Jesu Leben, Sterben, Auferstehen offenbart Gott sein Wesen. Durch ihn, den *Messias*, kommt der dem Abraham versprochene Segen zu *allen* Menschen.
	Das Wort Gottes ist Tora geworden.	**Das Wort Gottes ist Mensch geworden.**
Heilige Schrift	Hebräische **Bibel**	**Bibel**: Altes (Erstes) und Neues Testament
Andere Glaubensquellen	**Talmud** (Präzisierung der Tora)	Lebendige **Glaubenstradition** (katholische und orthodoxe Kirche)
Was ist der Mensch?	„Ebenbild Gottes", aber zum Bösen fähig. Muss für sein Tun vor Gott Rechenschaft ablegen.	„Ebenbild Gottes", vom Bösen geprägt (Erbsünde). Muss für sein Tun vor Gott Rechenschaft ablegen.
Wie erlangt der Mensch sein Heil?	Er muss den Willen Gottes (Tora und Talmud) erfüllen. Die Erlösung Israels wird erst der Messias bringen.	*Geschenk:* Gott vergibt ihm durch Jesus die Schuld, macht ihn zum Sohn/zur Tochter Gottes, befähigt ihn durch den Heiligen Geist zum Guten. Mensch braucht „*Glauben, der in der Liebe wirksam ist*".
Ethische Ideale	Gehorsam und Liebe gegenüber Gott, Heiligung des Alltags, Freude an der Tora, Liebe zu Israel, Güte zu allen Menschen, Gerechtigkeit… *Zehn Gebote*	Gottesliebe und Nächstenliebe im Sinne Jesu, Liebe zu den Armen und Ausgestoßenen: „Was ihr dem Geringsten…", „Liebt eure Feinde!" *Zehn Gebote*
Ziel nach dem Tod	**Auferstehung der Toten** Läuterung möglich Ewige Glückseligkeit in Gott	**Auferstehung der Toten** Läuterung möglich (katholisch) Ewige Glückseligkeit in Gott

	Judentum	Christentum
Besondere Lebensregeln	Strenge Sabbatgesetze, Gebote zur rituellen Reinheit, genaue Speisevorschriften, bestimmte Gebetszeiten, Kleidervorschriften etc.	Keine Speise- und Kleidervorschriften, keine bestimmten Gebetszeiten. *„Für den Reinen ist alles rein"* (Titus 1, 15). Sonntagsgottesdienst, Einehe, Scheidungsverbot
Stellung der Frau	Nicht gleichberechtigt im Eherecht (Scheidung) und bei Mitfeier des Gottesdienstes; keine Rabbinerinnen (in orthodoxen Gemeinden)	Gleichberechtigt im Eherecht. Kein Zugang zum Weiheamt (katholisch, orthodox), wohl aber zu anderen kirchlichen Ämtern und Aufgaben. Christinnen dürfen alle zivilen Berufe ausüben.
Wöchentlicher Feiertag	Sabbat (Samstag): strenger Ruhetag	Sonntag (Auferstehungstag Jesu): Eucharistiefeier, möglichst arbeitsfrei
Feste im Jahreslauf	Neujahr, Versöhnungstag, Laubhütten, Chanukka, Purim, Pascha, Schawuot	Weihnachten, Ostern, Pfingsten ...
Feste im Lebenslauf	Beschneidung, Bar Mizwa, Hochzeit, Begräbnis	Sakramente, Begräbnis, Hochzeit, Taufe, Firmung ...
Kulträume	Synagoge (Knesset); den Tempel in Jerusalem wird der Messias wieder aufbauen.	Kirche
Hauptsymbole	Davidsstern, Menora	Kreuz
Hauptrichtungen	Orthodoxe, Konservative, Reformjudentum	Katholiken, Orthodoxe, Protestanten
Gemeinschaft der Gläubigen	„Volk Israel" 13 Millionen Menschen	Kirche(n) 1,8 Milliarden Menschen
Geistliche Ämter	Rabbiner (Gesetzeslehrer), Chasan (Vorbeter/Kantor beim Gottesdienst)	Bischof (Apostel-Nachfolger), Priester, Pastor ... Viele neue Dienste für Männer und Frauen.
Glaube und Politik	Loyalität zum jeweiligen Staat (Diaspora-Situation) Seit 1948 Staat „Israel" (Problem „Zionismus")	„Freie Kirche im freien Staat" (katholisch), Einbringen christlicher Werte in die zivile Gesellschaft
Können die „anderen" gerettet werden	**Ja**, wenn sie gerecht leben. Nichtjuden sind nicht an die Tora gebunden.	(Katholisch:) **Ja** – Jeder Mensch, der ehrlich seinem Gewissen folgt, kann das ewige Heil finden.
Wer ist Jesus?	Jesus wird meist ignoriert. Für manche ist er ein abtrünniger, für andere ein frommer Jude. Er wird *nicht* als Messias gesehen!	Er ist der *Christus* (= Messias), der *Sohn Gottes*, ganz Mensch und zugleich ganz eins mit Gott-Vater und dem Heiligen Geist. Durch ihn können alle Menschen Zutritt zu Gott finden.

Jüdisches Erbe im Christentum

Bei genauem Hinsehen entdecken wir im Christentum viele Elemente, die auch im jüdischen Glauben vorkommen. Hier sind einige gegenübergestellt. Erkennst du sie?

154

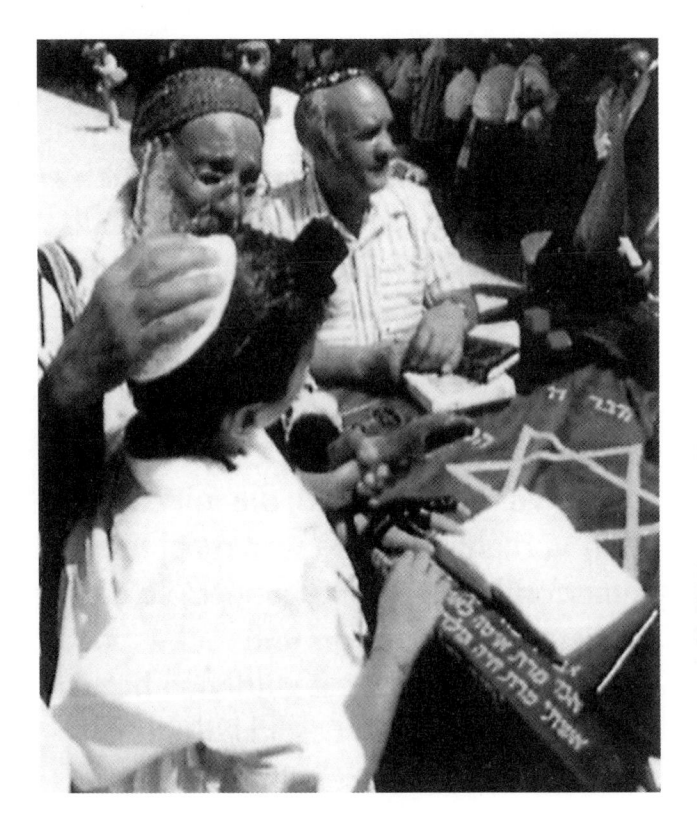

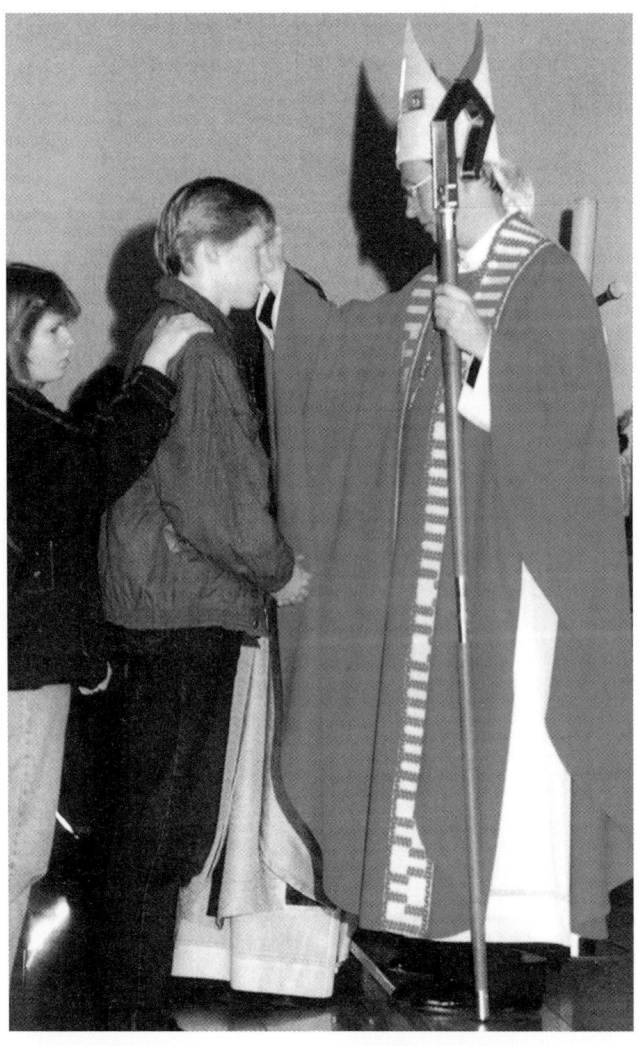

„Ich glaube …, dass der Schöpfer alle Geschöpfe erschaffen hat und lenkt …

… dass der Schöpfer … einzig ist …

… dass der Schöpfer kein Körper ist und Körperliches ihm nicht anhaftet.

… dass der Schöpfer … der Erste und der Letzte sein wird.

… dass der Schöpfer … allein Anbetung verdient …

… dass alle Worte des Propheten wahr sind.

… dass das Prophetentum unseres Lehrers Mose wahr ist …

… dass die ganze Tora … unserem Lehrer Mose – Friede sei mit ihm – gegeben wurde.

… dass der Schöpfer … alle Handlungen der Menschen und alle ihre Gedanken kennt …

… dass der Schöpfer … Gutes erweist denen, die seine Gebote beachten, und diejenigen bestraft, die seine Gebote übertreten.

… an das Erscheinen des Messias …

… dass eine Auferstehung der Toten zu der Zeit stattfinden wird, die dem Schöpfer wohlgefallen wird."

Ich glaube an Gott,
den Vater, den Allmächtigen,
den Schöpfer des Himmels und der Erde,
und an Jesus Christus,
seinen eingeborenen Sohn,
unsern Herrn,
empfangen durch den Heiligen Geist,
geboren von der Jungfrau Maria,
gelitten unter Pontius Pilatus,
gekreuzigt, gestorben und begraben,
hinabgestiegen in das Reich des Todes,
am dritten Tage auferstanden von den Toten,
aufgefahren in den Himmel;
er sitzt zur Rechten Gottes,
des allmächtigen Vaters,
von dort wird er kommen,
zu richten die Lebenden und die Toten.
Ich glaube an den Heiligen Geist,
die heilige katholische Kirche,
Gemeinschaft der Heiligen,
Vergebung der Sünden,
Auferstehung der Toten
und das ewige Leben.

Juden und Christen – eine tragische Geschichte

Viele Jahrhunderte – vom Jahr 70 bis zum Jahr 1948 - gab es keinen jüdischen Staat. Juden lebten in aller Welt, in arabischen Ländern, in Spanien, in Frankreich und Deutschland, in Osteuropa; sie wanderten vielfach von Land zu Land unter vielen Verfolgungen; sie wanderten auch nach Amerika, wo heute die Mehrzahl der Juden in den USA lebt.

In christlichen Ländern hatten die **Juden** oft einen **besonders schweren Stand**. In islamischen Ländern wurden sie eher geduldet, weil man nicht vergaß, dass Muhammad zu ihren Gunsten gesprochen hatte.

Die Christen dachten vielfach: Die Juden haben Christus gekreuzigt. Sie sind das Volk, das an unserem Herrn schuldig geworden ist. Auf ihnen ruht der Fluch, den sie damals selbst auf sich herabgerufen haben. Die Christen vergaßen dabei zumeist, dass Jesus und seine Jünger selbst Juden gewesen waren. Sie bedachten nicht, dass nur einige Juden damals, aber vor allem der römische Landpfleger und seine Soldaten, am Tode Jesu schuldig geworden waren. Sie lasen aus dem Neuen Testament Vorwürfe gegen die Juden heraus, aber das Neue Testament will nicht sagen: so sind Juden – sondern es will sagen: so sind wir Menschen!

Weil sie dies alles nicht bedachten, waren und blieben viele Christen lange Zeit voll von Vorurteilen gegen die Juden.

Die Juden aber, die unter ihnen lebten, hielten an ihren erbten Sitten fest, getreu dem Gesetz des Mose. Sie wohnten zusammen in abgeschlossenen Siedlungen, im so genannten Getto. Man verstand sie nicht. Sie waren auch deshalb anders, weil man ihnen bürgerliche Berufe vielfach verboten hatte. Man beneidete sie, wenn sie durch ihr Geschick und durch ihren Fleiß – besonders als Geldverleiher – zu Reichtum kamen. Man dichtete ihnen mancherlei Verbrechen an, die sie nie begangen hatten. Sie galten nicht selten als Sündenböcke für alles Unheil, das in der Welt geschah. Darum brachen auch wilde Verfolgungen gegen die Juden aus; dabei wurden ihre Gotteshäuser, die Synagogen, zerstört, ihre heiligen Bücher verbrannt, ihre Gemeinden vertrieben.

Im „Chronicon" des Johannes de Tilrode von 1290 heißt es: „In Paris kaufte ein Jude von einer christlichen Magd eine geweihte Hostie. Die legte er ... auf den Tisch und durchstach sie mit einem Messer. Darauf strömte Blut aus ihr heraus." Diese Lüge von der Hostienschändung machte in zahlreichen Varianten ihre Runde durch Europa. Viele Juden wurden aufgrund von unter der Folter erpressten „Geständnissen" zum Tode verurteilt.

Von 1348–1352 wütete die Pest in Europa. Die Juden wurden bezichtigt, die Brunnen vergiftet zu haben. Man flocht sie auf Räder und folterte sie mit brennenden Scheiten, um ein „Geständnis" aus ihnen zu pressen.

156

In Fulda brannte am Heiligen Abend 1235 eine Mühle ab. Zwei Kinder kamen dabei ums Leben, während die Eltern in der Kirche waren. Die Fuldaer Juden wurden des Ritualmordes beschuldigt: Sie hätten die Gelegenheit genutzt, das Blut der Kinder für eine geheimnisvolle Medizin zu gewinnen. Die aufgebrachten Fuldaer erschlugen 32 Juden, dann schickten sie die Leichen der Kinder nach Hagenau, wo Kaiser Friedrich II. Hof hielt. Der Kaiser ließ von Juristen und Theologen ein Gutachten erstellen, aus dem klar hervorging, dass gläubigen Juden der Umgang mit Blut streng verboten ist, erst recht der Genuss von Menschenblut. „Gegen diesen Vorwurf spricht seine Scheußlichkeit, seine Widernatürlichkeit angesichts des ganzen Empfindens, das die Juden auch den Christen entgegenbringen."

Kaiser Karl IV. erteilte dem Rat der Stadt Nürnberg 1349 das Recht, das zentral gelegene Judenviertel, das die Juden mit großen Anstrengungen aus einem unbrauchbaren Sumpfgelände aufgebaut hatten, zu zerstören, um Platz für einen Markt zu erhalten. Die Bevölkerung ging am 5. 12. 1349 mit äußerster Brutalität gegen die „Wucherer", „Kindermörder" und „Brunnenvergifter", „Gottesmörder" und „Pestbringer" vor. 600 Juden wurden gefoltert, auf Räder gebunden und angezündet, erstochen und erschlagen.

Erst in der Neuzeit schien sich die Lage der Juden zu bessern. Sie wurden den übrigen Bürgern gleichgestellt und gleichberechtigt; sie nahmen teil an Wirtschaft, Wissenschaft und Kunst der Völker, unter denen sie lebten. Bald erwies sich, dass sie als Gelehrte, als Künstler und als Geschäftsleute zu großen Leistungen fähig waren. Viele Menschen versuchten, gegen die alten Vorurteile zu kämpfen, aber sie hatten keinen bleibenden Erfolg. Denn andere verbreiteten die Vorurteile und Hassgefühle des Antisemitismus, d. h. einer wilden Judenfeindschaft, und das in vielen Ländern. Als in Deutschland im Jahr 1933 Adolf Hitler an die Macht kam, wurde die Hetze gegen die Juden immer mehr gesteigert.

Kölner Judenordnung von 1404
Juden und Jüdinnen, jung und alt, die in Köln wohnen und als Fremde hereinkommen, sollen solche Kleidung tragen, dass man sie als Juden erkennen kann:
1. Sie sollen an ihren Überröcken und Röcken Ärmel tragen, die nicht weiter als eine halbe Elle sind ...
10. Oberhalb des Ohrläppchens dürfen sie sich nicht scheren lassen, es sei denn, es ließe sich einer den Kopf kahl scheren.
17. Bei Stadtprozessionen und bei Prozessionen durch die dem Judenviertel benachbarten Kirchspiele sollen die Juden in den Häusern bleiben.
18. An Sonn- und Feiertagen sollen die Juden ihre Pfänder nicht öffentlich vor ihren Türen zum Verkauf liegen lassen oder aushängen.

„SA-Männer hatten sich im Halbkreis vor das Geschäft der Eltern meiner Schulfreundin postiert und warfen abwechselnd unter Gebrüll ‚Juden raus' eine dicke Eisenkugel in den Laden, dessen Schaufenster sie zertrümmerte und dessen Auslagen sie zerstörte. Nun blieben auch wir Kinder wie erstarrt stehen und blickten hinüber zu den Eltern meiner Schulfreundin, die wortlos zusahen, wie man ihren Besitz vernichtete. Ich verstand nicht, warum diese Menschen sich so gar nicht gegen diese Zerstörungswut wehrten, und unbegreiflich war mir auch, dass da so viele Menschen herumstanden und nicht die geringsten Anstalten machten hier einzugreifen."

Horst Mazerath

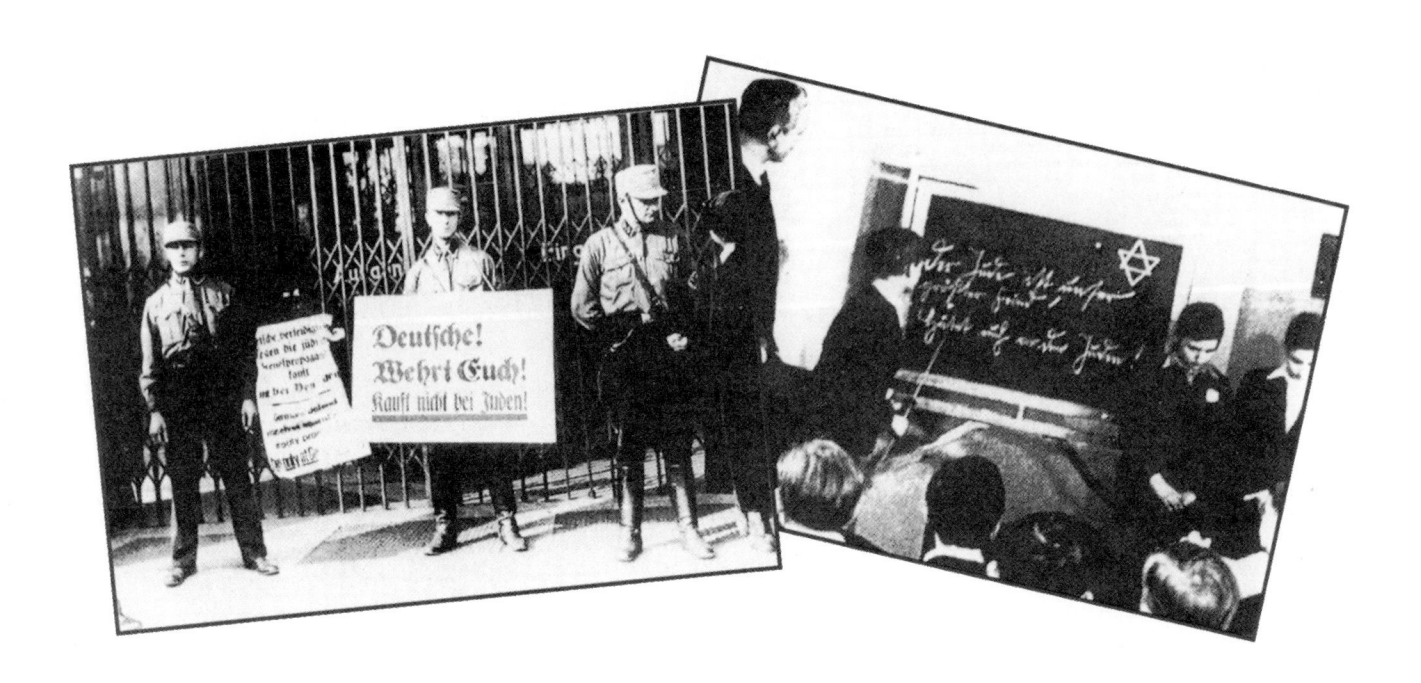

Die „Nürnberger Gesetze" (1935) verboten die Ehe zwischen Deutschen und Juden. In der so genannten „Reichskristallnacht" (1938) wurden jüdische Gotteshäuser zerstört, Geschäfte von Juden geplündert und jüdische Mitbürger zahlreichen Gewalttaten ausgesetzt. Auch vor Kindern machte diese Verfolgung nicht Halt.
Die Juden mussten seit 1941 in der Öffentlichkeit den „Judenstern" tragen. Nur wer „Arier" war, durfte in Deutschland noch am wirtschaftlichen und gesellschaftlichen Leben teilnehmen.
Während des Zweiten Weltkrieges befahl Hitler, das europäische Judentum auszurotten. Man nannte dies die „Endlösung der Judenfrage". In Deutschland und in allen von deutschen Truppen besetzten Ländern ließ er Juden verhaften und verschleppen. Im Vernichtungslager Auschwitz (Polen) und in anderen Lagern wurden in den letzten Kriegsjahren etwa sechs Millionen Juden ermordet. Noch nie hatte die Menschheit ein solches Verbrechen erlebt. Das Los der Juden in dieser Zeit stellte den Höhepunkt in der Leidensgeschichte des israelischen Volkes dar.
Die tragische Geschichte des Judenvolkes zieht sich hin von der Zerstörung des Tempels um 70 n. Chr. über die Judenverfolgungen des Mittelalters und der Neuzeit bis hin zur Judenvernichtung in unserem Jahrhundert.

Ein neuer Anfang

Das Zweite Vatikanische Konzil brachte einen Neuanfang im Verhältnis zwischen Juden und Christen. Das Konzil, einberufen von Papst Johannes XXIII. und nach seinem Tod (1963) von Papst Paul VI. weitergeführt, brachte als Ergebnis auch eine deutliche Erklärung gegen die Judenfeindlichkeit (Antisemitismus).

In der „Erklärung über das Verhältnis der Kirche zu den nichtchristlichen Religionen" vom 28. Oktober 1965 wird eine gewandelte Sicht gegenüber dem Judentum deutlich, wenn in dieser Erklärung u. a. ausgeführt wird:

- Juden und Christen sollen sich gegenseitig besser kennen und achten und brüderlich zusammenwirken.
- Wegen des Todes Jesu traf weder alle damaligen Juden noch einen der heutigen Juden eine eigene Schuld. Jesus starb für alle. Niemand darf die Juden wegen des Kreuzestodes Jesu als verworfen und verflucht ansehen.
- Die Kirche beklagt alle Verfolgungen von Menschen, vor allem aber jeglichen Antisemitismus.

Papst Johannes Paul II. – das Schuldbekenntnis der katholischen Kirche

Ein besonderes Anliegen Papst Johannes Pauls II. ist die Aussöhnung zwischen Juden und Christen. In zwei bemerkenswerten Reden nimmt er zu dieser Problematik Stellung und versucht, den Grundgedanken des Zweiten Vatikanischen Konzils in der heutigen Zeit voranzutreiben.

Schuldbekenntnis am 12. März 2000 in Rom

Das Schuldbeknnntnis der katholischen Kirche ist von ihrem höchsten Repräsentanten, Papst Johannes Paul II., am 12. März 2000 in aller Feierlichkeit und vor aller Welt gesprochen worden und enthält auch das „Schuldbekenntnis im Verhältnis zu Israel". Es wurde von Kardinal Cassidy, dem Präsidenten des Päpstlichen Rates zur Förderung der Einheit der Christen, mit folgendem Gebet eingeleitet:

„Lass die Christen der Leiden gedenken, die dem Volk Israel in der Geschichte auferlegt wurden. Lass sie ihre Sünden anerkennen, die nicht wenige von uns gegen das Volk der Juden begangen haben und so ihr Herz reinigen."

Der Papst selbst sprach nach einer kurzen Stille die folgende Bitte um Vergebung:

„Gott unserer Väter, du hast Abraham und seine Nachkommen auserwählt, deinen Namen zu den Völkern zu tragen: Wir sind zutiefst betrübt über das Verhalten aller, die im Laufe der Geschichte deine Söhne und Töchter leiden ließen. Wir bitten um Verzeihung und wollen uns dafür einsetzen, dass echte Brüderlichkeit herrsche mit dem Volk des Bundes. Darum bitten wir durch Christus unseren Herrn."

Das Schuldbekenntnis mit der Gottesanrede „Gott unserer Väter" spricht die grundlegende Gemeinsamkeit von Juden und Christen an. Der Papst bekennt, dass wir als Christenheit zutiefst betrübt über das Verhalten aller seien, die Gottes Söhne und Töchter aus dem Judentum im Laufe der Geschichte leiden ließen.

Mit der Bitte um Vergebung wird der Vorsatz verbunden, sich dafür einzusetzen, dass echte Brüderlichkeit herrsche mit dem Volk der Juden.

Bald darauf folgte ein weiteres Wort des Papstes, gesprochen in Israel bei einem Besuch in Yad Vaschem am 23. März 2000.

Das Schuldbekenntnis des Papstes in Jerusalem

Der Papst nennt Yad Vaschem den „Ort der Erinnerungen", der eigentlich mehr zum Schweigen als zum Reden einlädt. Er sei hierher gekommen, um die vielen Opfer zu ehren. Auch nach mehr als einem halben Jahrhundert sei die Erinnerung nicht erloschen. „Nur eine gottlose Ideologie konnte die Auslöschung eines ganzen Volkes planen und ausführen", spricht der Papst das Problem des nationalsozialistischen Vernichtungswahns an. Dann beschwört der Papst die große geistliche Gemeinsamkeit von Juden und Christen. Wenig später folgen dann die Sätze, die wohl die entscheidenden Sätze des Papstes sind:

„Als Bischof von Rom und Nachfolger des Apostels Petrus versichere ich dem jüdischen Volk, dass die katholische Kirche tiefe Trauer empfindet über den Hass, die Verfolgungen und alle antisemitischen Akte, die jemals irgendwo gegen Juden von Christen verübt wurden."

Die Rede endet mit der eindringlichen Bitte um ein neues Miteinander, das antijüdische Gefühle der Christen und antichristliche Gefühle der Juden nicht mehr kennen möge. Der Papst fordert gegenseitigen Respekt, so wie er von denen gefordert werden kann, die „den einen Schöpfer und Herrn verehren und Abraham als unseren gemeinsamen Glaubensvater ansehen". Mit einem nochmaligen Bezug auf den Ort Yad Vaschem als Ort der Erinnerung endet die Rede.

Eine Geste von großer Symbolkraft hat auch die Hinterlegung dieses Schuldbekenntnisses vom 12. März an der Klagemauer am 26. März 2000.

Es bleibt abzuwarten, wie sich das Verhältnis zwischen Juden und Christen weiter entwickelt. Grundsätzlich muss aber davon ausgegangen werden, dass beide Seiten ein Interesse an einer Verbesserung dieser Beziehungen arbeiten.

Papst Johannes Paul II. vor der Klagemauer
Foto: KNA

5. Die Schöpfung ist uns anvertraut – unsere Welt erhalten und gestalten

Lernziele

- Die Großartigkeit der Natur einerseits und die bedrückende Tatsache der Umweltzerstörung andererseits bewusst machen.
- Interesse wecken, sich mit den Fragen nach dem Sinn, dem Woher und Wohin unserer Welt auseinander zu setzen.
- Die Welt als Schöpfung Gottes sehen.
- Erkennen, dass der Mensch als Abbild Gottes für die Erhaltung und Gestaltung der Schöpfung mitverantwortlich ist
- Angeregt werden, sich umweltgerecht zu verhalten und eine verantwortungsbewusste Haltung gegenüber Gott und allen Geschöpfen zu entwickeln

Medien

42 41086	„Adam" (6 min)	– Schöpfungsgeschichte
42 41933	„Auf dem Feuerball" (45 min)	– Geschichte der Erde
42 40826	„Der Ausverkauf der Paradiese" (22 min)	– Tourismus in Indien
42 41776	„Automania" (6 min)	– Wie ins Büro kommen?
46 00078	„Das Wunder unseres Körpers"	
42 40648	„Entwicklung der Pflanzen und Tiere" (30 min)	
42 40647	„Entwicklung des Menschen" (30 min)	
46 00114	„Evolution"	
42 40729	„Freizeit blau" (27 min)	– Natur als Supermarkt?
42 41589	„Ganz reizend" (24 min)	– Ozon-Problematik
42 41932	„Die Geburt des Planeten" (45 min)	
43 00296	„Genesis" (94 min)	
42 41619	„Jeder Tropfen zählt" (13 min)	– Umgang mit dem Wasser
10 02412	„Lebensgut Wasser" (30 Dias)	
43 00125	„Meine, deine, unsere Welt" (180 min)	– Umweltschutz
42 41025	„Stoppt die Brände am Amazonas!" (45 min)	
42 40503	„Umwelthandeln im Alltag: Müll" (30 min)	
42 01839	„Der Ursprung des Menschen" (23 min)	
42 42077	„Zwei mit der Sonne" (30 min)	– umweltfreundliche Energiegewinnung

Die Schöpfung ist uns anvertraut

Schönheit und Zerstörung – zwei Gesichter der Welt

Über die Großartigkeit der Welt staunen – Anmerkungen für Lehrer/innen

Umweltverschmutzung und Umweltzerstörung – der Mensch zerstört das Angesicht der Erde
- Der Regenwald am Amazonas
- Brasilien vergeudet seinen Schatz
- Der Ozean schluckt seinen Tod
- Große Tankerkatastrophen
- Wale als Beifang
- Altpestizide – ein weltweites Problem

Deutungen der Welt

Die Frage nach dem Sinn des Lebens
Hat das Leben einen Sinn?
Was sagen andere Religionen zum menschlichen Dasein?
Wernher von Braun – ein Naturwissenschaftler und die Frage nach Gott
Welchen Sinn hat das Leben (Arbeitsblatt)
Die erste biblische Schöpfungserzählung
Die erste biblische Schöpfungserzählung (Arbeitsblatt)
Am Anfang schuf Gott Himmel und Erde

Den Schöpfer loben – Verantwortung für Umwelt und Mitwelt

Verantwortlich die Welt gestalten
Unser Auftrag: die Welt schützen!
Mama Mici, die Mutter der Bäume
Trinkwasser als gefährdete Lebensgrundlage
Die Welt spricht zu uns

Weihnachts-Schande: Erst verschenkt, jetzt ausgesetzt!

Weihnachten saßen sie noch mit rotem Schleifchen unterm geschmückten Christbaum. Kurz darauf wurden sie lästig oder langweilig. Und schon heute, gerade mal drei Wochen später, hocken 7000 Hunde, Katzen und Kaninchen verstört hinter deutschen Tierheim-Gittern. Jedes Jahr die gleiche Schande!

Wie herzlos können Menschen sein? Zwergkaninchen „Maja" zum Beispiel wurde in Hamburg schon am 27. Dezember ausgesetzt – einen Tag nach Weihnachten! Zitternd saß es unter einem Auto. Fußgänger entdeckten das Kaninchen schließlich und brachten es ins Tierheim. Oder Katzenmädchen „Lilly" (vier Monate): Skrupellose Halter setzten sie samt Katzenmama in einen Pappkarton und „entsorgten" den in einem fremden Vorgarten.

Wolfgang Poggendorf (69), Geschäftsführer des Hamburger Tierschutzvereins, klagt: „Täglich kommen 60 Tiere zu uns ins Tierheim Süderstraße. Herrchen oder Frauchen binden die armen Kerlchen einfach an irgendwelche Pfosten oder setzen sie auf schneenasser Straße ab." Das Tierheim ist überfüllt. „Vielen Menschen ist gar nicht bewusst, dass so ein Lebewesen Zeit, Erziehung und Zuneigung braucht. Und dass der Unterhalt auch Geld kostet." Die Pflegerinnen und Pfleger im

Herzlose Besitzer haben Kätzchen „Lilly" in einem Pappkarton ausgesetzt

Tierheim Süderstraße versuchen jetzt, die „weggeworfenen" Vierbeiner mit viel Streicheleinheiten wieder aufzupäppeln. Und sie bitten: „Dieser Wahnsinn muss ein Ende haben! Tiere sind kein Spielzeug!"

Über die Großartigkeit der Welt staunen – Anmerkungen für Lehrer/innen

Wenn man den Schülern die Großartigkeit der Natur nahe bringen will, so kann dies auf verschiedene Weise geschehen. Einige Anmerkungen zu möglichen Vorgehensweisen und einige Bilder auf den folgenden Seiten:

1. **Unmittelbares Erleben:**
   Von der Wertigkeit her vermittelt ein reales Erleben sicher den intensivsten Eindruck. Ob im Rahmen eines Unterrichtsgangs, ob im Rahmen einer Führung, ob bei einer Erkundung eines landwirtschaftlichen Betriebs – überall kann eine Begegnung mit der Natur erfolgen. Ein Waldlehrpfad vermittelt Eindrücke, der Förster zeigt uns die Natur – viele Möglichkeiten bieten sich an. Wichtig: Es geht um ein bewusstes Entdecken der Natur, nicht um Faktenwissen, das nach dem Unterrichtsgang Thema einer Klassenarbeit ist.
   Auch im Rahmen eines Schullandheimaufenthalts wäre ein Ansatzpunkt einer solchen Erkundung. Naturerfahrung ist das Ziel, Wahrnehmung mit allen Sinnen.

2. **Sehen:**
   Bilder, Filme, Dias vermitteln ebenfalls Eindrücke von der Natur, wenn sie auch nicht denselben Stellenwert wie das unmittelbare Erleben haben können. Bilder mit Naturaufnahmen, Darstellung des Makro- und Mikrokosmos sind Möglichkeiten, Schüler zum Staunen zu bringen – Konzentration und Bereitschaft, sich auf das Thema einzulassen vorausgesetzt. Eine Bildmeditation wäre ein probates Mittel, über Sehen das Thema anzugehen.

3. **Hören:**
   Geräusche können Natur vermitteln: eine sprudelnde Quelle, Vögel im Wald, das Rauschen des Waldes, heulender Sturm – viele Tonträger bieten eine breite Auswahl. Auch für eine Meditation sehr geeignet.

4. **Lesen:**
   Texte zum Thema sind wohl eine Möglichkeit, die bisherigen Erfahrungen zu begleiten. Nur mit Texten zum Staunen über die Natur gelangen zu wollen, ist wohl nur sehr schwierig zu bewerkstelligen.

5. **Sprechen:**
   Schüler erzählen gerne über persönliche Erlebnisse, die mit der Natur zu tun haben. Die meisten sind schon einmal von einem Gewitter überrascht worden, sind vor dem Hagel geflüchtet und haben die Bedrohlichkeit des Hochwassers erlebt. Viele Anlässe lassen unterschiedlichste Zugänge zur Natur nachvollziehen.

6. **Spüren/riechen (mit verbundenen Augen):**
   Ein Gegenstand wird ertastet/gerochen (z. B. Getreide, Erde, Sand …). Dem Schüler eröffnen sich durch diese neue Methode des Umgangs mit „Natur" völlig neue Blickwinkel. Lassen Sie Schüler barfuß über verschiedene Böden laufen – ein bleibender Eindruck, der nachwirkt.

Einige Bilder zum Thema auf den folgenden Seiten.

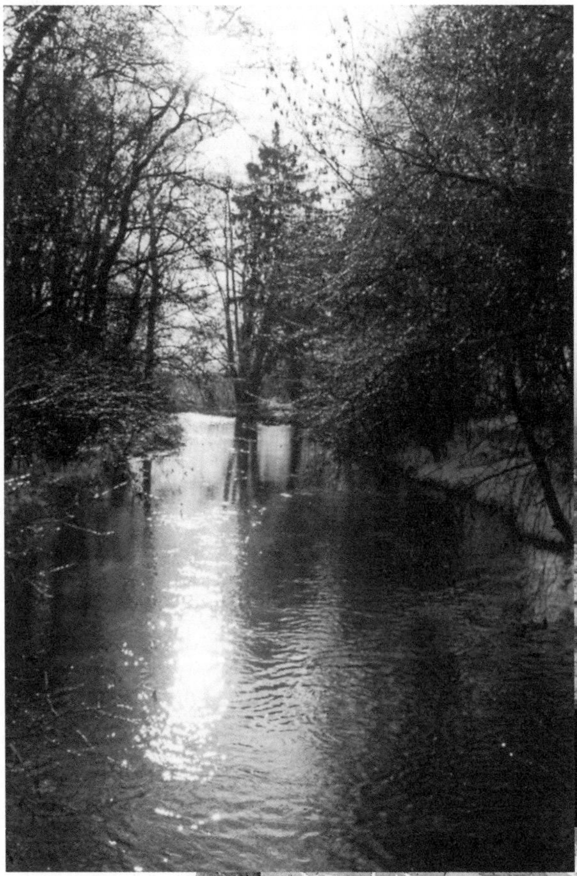

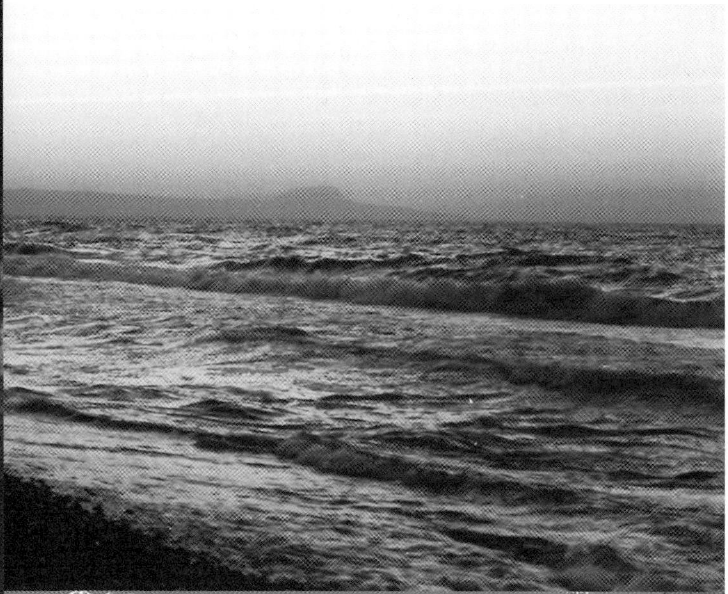

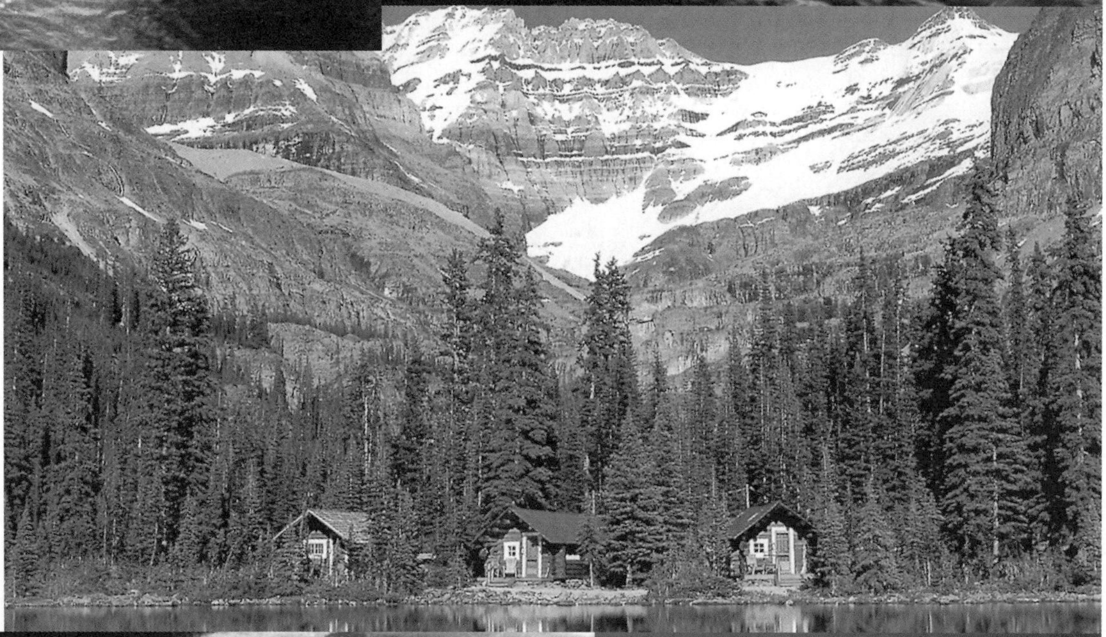

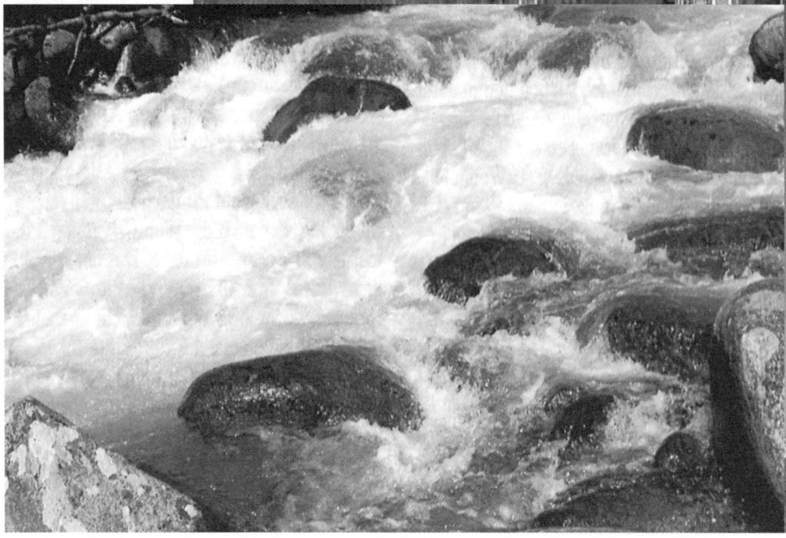

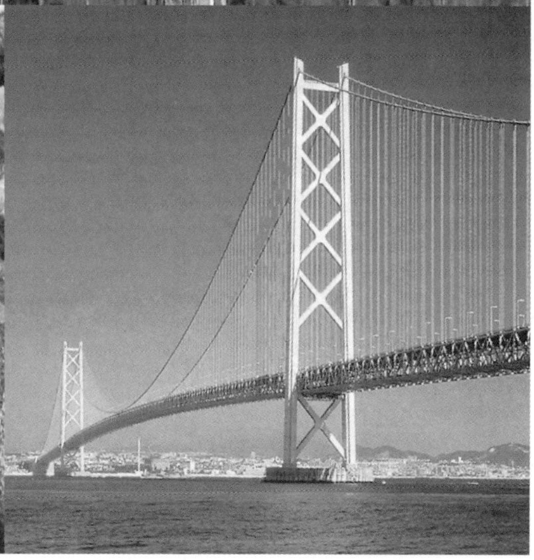

165

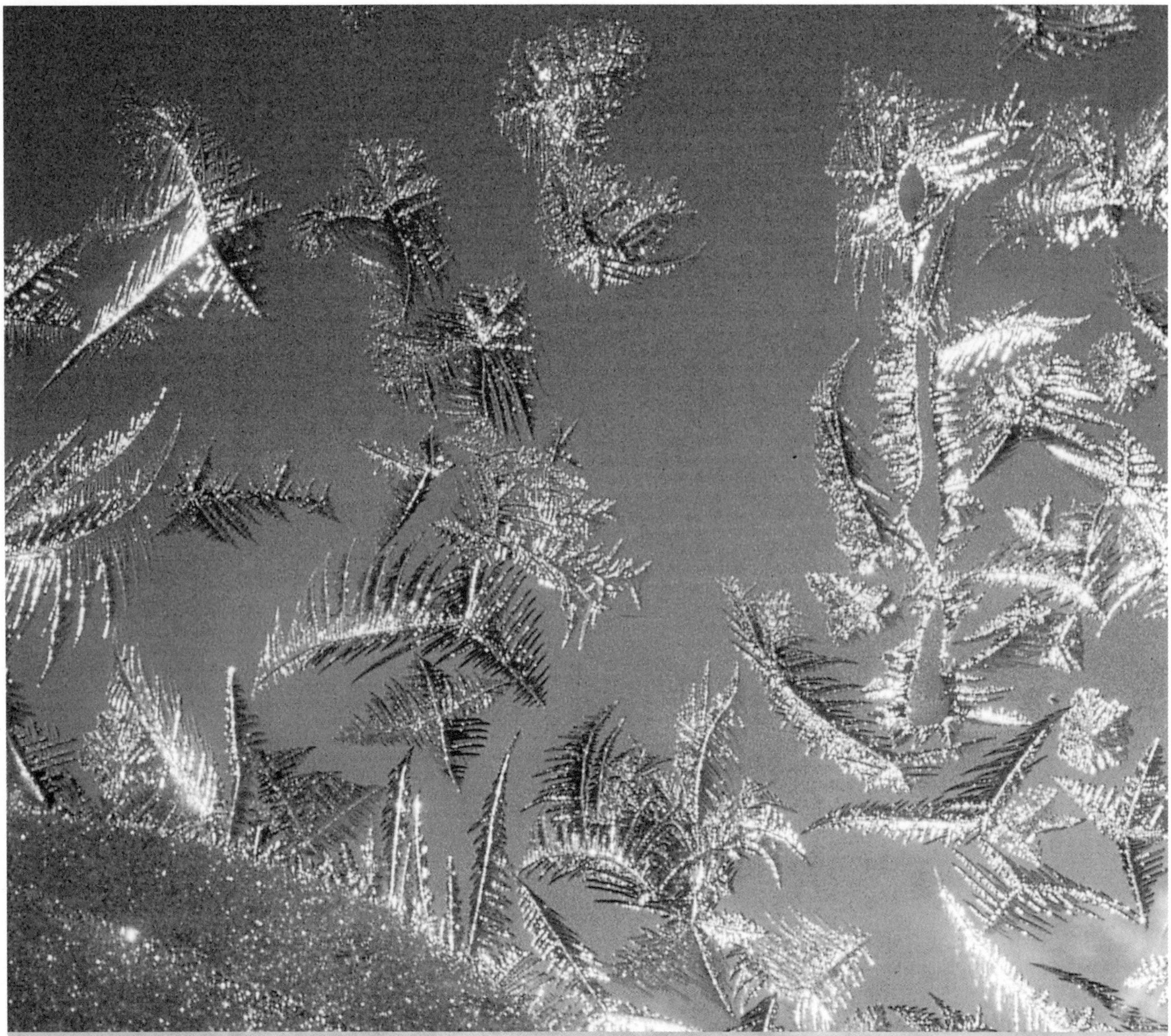

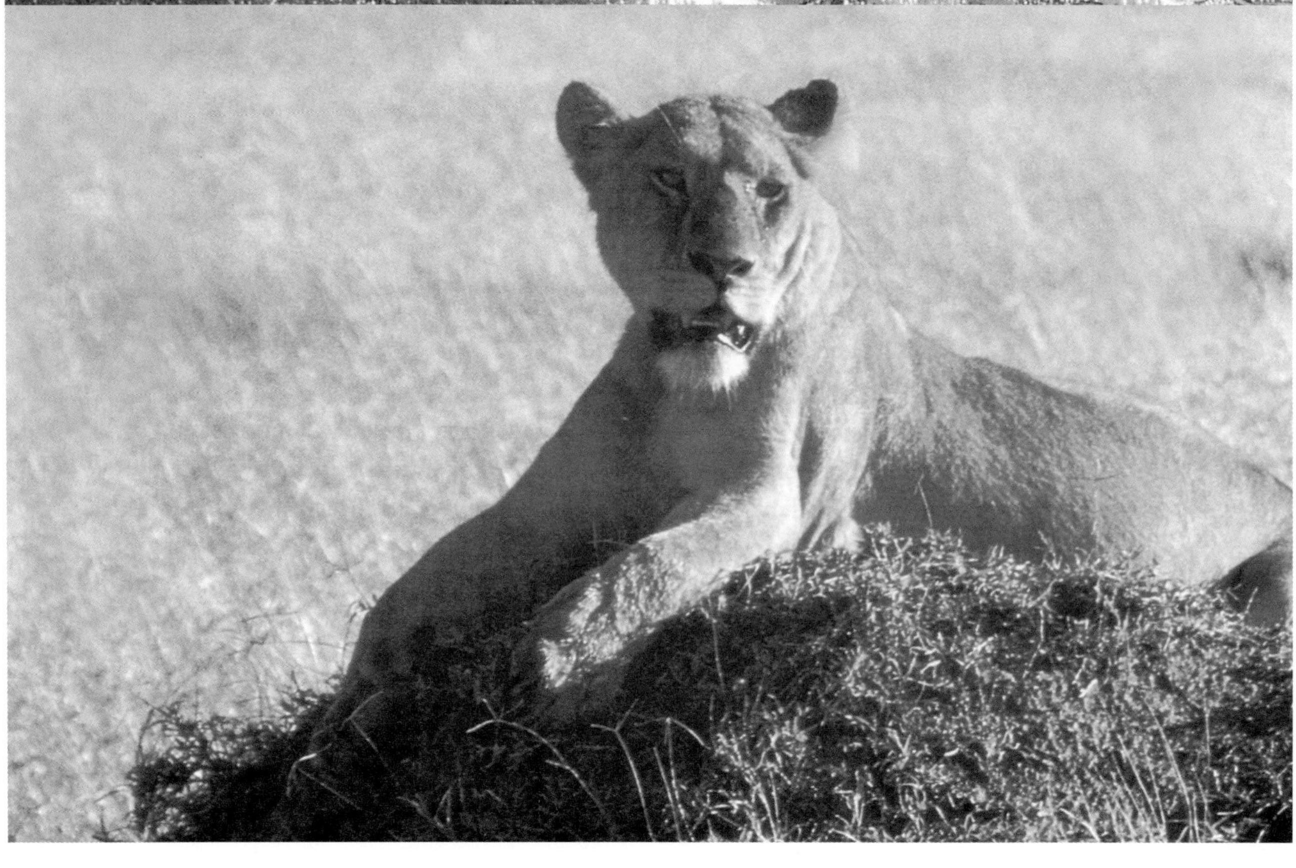

Umweltverschmutzung und Umweltzerstörung – der Mensch zerstört das Angesicht der Erde

Täglich lesen wir von Fällen drastischer Umweltverschmutzung, täglich zerstören Menschen, Interessengruppen, Staaten die natürliche Umwelt. Täglich lesen wir aber auch von Organisationen, die sich für den Erhalt der Umwelt einsetzen. Staaten bemühen sich, die Umwelt zu erhalten. Auch die moderne Technik, die manchmal zu Unrecht in den Verdacht der Umweltzerstörung gerät, hält Methoden bereit, die Umwelt zu retten.
Die nachfolgenden Beispiele skizzieren aktuelle Fälle der Umweltproblematik.
Versuche, sie sachlich darzustellen und mache einen Vorschlag, wie du das Problem lösen würdest!

Der Regenwald am Amazonas

Der Amazonas ist mit einer Fläche so groß wie die USA das größte tropische Urwaldgebiet der Welt. Rund die Hälfte aller auf dem Land lebenden Tier- und Pflanzenarten leben dort. Noch sind zwei Drittel der Regenwaldgebiete in Brasilien intakt, doch rücksichtslose Erschließung bedroht das Leben in den Wäldern.

Baumriesen, die von Lianen umschlungen sind, zugewucherte Wasserflächen und ein unentwegtes Zwitschern und Flattern, Gekreisch und Geschlängel: Der Amazonas-Regenwald ist mit über 60 000 Pflanzen-, 1000 Vögel- und mehr als 300 Säugetierarten Sinnbild eines üppigen Tropenwaldes voller Leben.

In seinen verschlungenen Flussläufen tummeln sich neben 2000 Fischarten seltene Tiere wie der scheue Amazonas-Delphin und der bis zu zwei Meter große Riesenotter. Eine Artenvielfalt, bei der Naturschützer und Naturliebhaber glänzende Augen bekommen. Viele Arten sind noch nicht einmal abschließend erforscht. Die Region ist das letzte Rückzugsgebiet des Jaguars, der in den Wäldern Süd- und Mittelamerikas lebt. Die Zerstörung der Wälder ist die größte Bedrohung für die gefährdete Raubkatze.

Und gerade wegen seiner natürlichen Schätze ist dieses Gebiet gefährdet wie noch nie: Zwischen 1990 und 1995 fielen fast 13 Millionen Hektar südamerikanischer Tropenwald den Kettensägen zum Opfer, was ungefähr der gemeinsamen Fläche von Österreich und der Schweiz entspricht.

Im Nebelwaldreservat Monteverde

Brasilien vergeudet seinen Schatz

Brasilien erhöhte seine Holzproduktion in diesem Zeitraum um ein Fünftel. Nur 4,4 Prozent seiner Fläche hat das Land, das 1992 in Rio die größte Umweltkonferenz aller Zeiten abhielt, seitdem für den Naturschutz ausgewiesen. 58 Prozent des Amazonas-Regenwaldes sind bereits zerstört und fast die Hälfte des verbliebenen Urwaldes ist bedroht.

Noch ist eine Fläche so groß wie Westeuropa von Dschungel bedeckt, aber ungestört ist das fragile Gleichgewicht aus abgestorbenen Pflanzenteilen und lebender Vegetation, welches den üppigen Bewuchs auf den unfruchtbaren Böden der Tropen erst möglich macht, schon lange nicht mehr.

In- und ausländische Firmen fällen das wertvolle Tropenholz im Amazonasgebiet. Um an die kostbaren Bäume zu gelangen, die vereinzelt im Regenwald stehen, werden Schneisen in den Wald geschlagen und Straßen gebaut. So fallen für einen verwertbaren Baum mindestens sieben weitere Baumriesen bei Fällarbeiten und Abtransport zum Opfer.

Zudem graben Minenunternehmen ganze Flussdeltas mit Baggern um und vergiften beim Goldwaschen Wasser und Boden mit Quecksilber. Im Gefolge der Konzerne brandroden landlose Bauern den Wald, um sich irgendwo einen kurzfristigen Platz zum Überleben zu sichern.

Im Januar 2001 macht die brasilianische Regierung mit dem mit 40 Milliarden US-Dollar veranschlagten Entwicklungsprogramm „Anvanca Brasil" endgültig klar, wohin die Reise gehen soll: Mit 10 000 Kilometern Straße, Flusskraftwerken, Minen, Ölfördergebieten, Kanälen und Konzessionen für den Holzeinschlag soll der jahrtausende alte Regenwald endgültig zur Ausbeutung freigegeben werden.

Unaufhaltsame Vernichtung

Umweltexperten fürchten: Nach dem Bau einer erschließenden Infrastruktur ist die Vernichtung des Waldes nicht mehr aufzuhalten. Die brasilianische Umweltbehörde hat schon jetzt zu wenig Personal und ist zu schlecht ausgerüstet, um in dem riesigen Gebiet gegen international agierende Holzkonzerne vorgehen zu können. Ergebnis: 80 Prozent der Bäume werden ohne Konzession – illegal – gefällt.

Trotz der Veröffentlichung dieser Zahl durch brasilianische Behörden ist die Nachfrage nach billigem Sperrholz aus Brasilien ungebrochen. Die Regierungen der Hauptimportländer USA, Italien, Frankreich und Japan unternehmen keine nennenswerten Anstrengungen, um die illegale Vernichtung des Regenwaldes zu stoppen oder die brasilianische Regierung auf eine umweltfreundlichere Holzwirtschaft zu verpflichten.

Dabei kann der Wald genutzt werden, ohne ihn zu zerstören: Etwa 20 Millionen Menschen indianischer und portugiesischer Abstammung leben als Jäger, Fischer und Bauern im Wald. An der Grenze von Brasilien und Venezuela kämpfen noch etwa 19 000 Angehörige der Yanomami-Volksgruppe um ihr physisches und kulturelles Überleben.

Nach Angaben des brasilianischen Umweltministeriums wurde von August 2003 bis August 2004 die Rekordfläche von 26 130 Quadratkilometern Regenwald gerodet. Entwaldete Fläche im Bundesstaat Para, September 2004.

Der Ozean schluckt seinen Tod

Der Öltanker „Prestige" ist vor der Nordwestküste Spaniens in zwei Teile zerbrochen. Fast gleichzeitig versinken die beiden Schiffshälften im Atlantischen Ozean, noch voll beladen mit 77 000 Tonnen Öl. Bis dahin waren schon fast 20 000 Tonnen giftiges Schweröl ausgelaufen. Auf mehr als 500 Kilometern Tod und Verderben, die schlimmste Ölkatastrophe seit Jahrzehnten. Die „Prestige" liegt jetzt in 4000 Meter Tiefe auf dem Meeresgrund – und es bleibt die bange Frage: Wie lange halten die Tanks?

Ein Bild mit traurigem Symbolcharakter. Es entstand vor der galizischen Atlantikküste, nachdem die „Prestige" gesunken war. Ein junger Fischer mit Atemmaske hat einen tödlich verschmutzten Basstölpel in sein Boot gezogen.

Große Tankerkatastrophen – Schiffe ohne Doppelhülle

Öltanker transportieren jährlich knapp zwei Milliarden Tonnen Rohöl und Ölprodukte über die Weltmeere. Dabei kommt es immer wieder zu schweren Katastrophen (siehe Tabelle). Viele Tankerunfälle haben gerade deshalb verheerende Folgen, weil die betroffenen Schiffe über nur eine Außenhülle verfügen. Eine zweite Schiffswand kann bei einem Unfall oft das Austreten größerer Ölmengen verhindern.

Der Unfall der „Exxon Valdez" 1989, bei dem 42 000 Tonnen Rohöl ausliefen und zur größten Ölkatastrophe in der US-amerikanischen Geschichte führte, war der Auslöser dafür, dass ab Juli 1993 in Auftrag gegebene Tanker nur noch mit einer Doppelhülle gebaut werden dürfen. Diese Regelung wurde von der International Maritime Organisation (IMO) weltweit festgelegt. Doch an der bestehenden Tankerflotte änderte sich dadurch nichts.

Erst nach dem Unfall des Tankers „Erika" 1999 vor der französischen Atlantikküste legte die IMO im Frühjahr 2001 fest, dass die Ausmusterung von Einhüllentankern schneller als ursprünglich geplant vollzogen werden soll. Bis 2015 sollen Einhüllentanker von den Meeren verschwunden sein. Auch die USA haben festgelegt, ab 2015 nur noch Doppelhüllentanker in ihre Häfen zu lassen. Doch erst eine weitere Katastrophe machte deutlich, dass die bestehenden Regelungen für die Ausmusterung von alten Einhüllentankern neu überdacht werden mussten.

Im November 2002 brach der altersschwache Einhüllentanker „Prestige" vor der galizischen Küste auseinander. 40 000 Tonnen Schweröl traten aus und verschmutzten über 3000 Kilometer der spanischen und französischen Küste.

Unmittelbar nach der Katastrophe wurde die Frage diskutiert, wie stark die europäischen, vor allem aber die deutschen Küsten durch Tankerunfälle gefährdet sind, denn die Prestige hatte wenige Tage vor ihrem Untergang die Ostsee durchfahren. Greenpeace überwachte im Winter 2002/2003 vier Wochen lang die besonders gefährliche Kadetrinne. Das Ergebnis: Täglich durchfuhr mindestens ein Tanker, der älter als 20 Jahre war und nur über eine Hülle verfügte, dieses Nadelöhr zwischen Deutschland und Dänemark. Also besteht auch an den deutschen Küsten jederzeit die Möglichkeit einer Tankerkatastrophe.

Neue EU-Gesetzgebung

Die Europäische Union beschloss, dass noch in diesem Jahr Einhüllentankern, die Schweröle transportieren, der Zugang zu europäischen Häfen verwehrt wird. Darüber hinaus dürfen Einhüllentanker ab 2010 keine europäischen Häfen mehr anlaufen.

Ölbeseitigung an der galizischen Küste

Jahr	Tanker	Alter	Ort	Ölmenge (t)
1967	Torrey Canyon	9	Scilly Isles, Großbritannien	119 000
1971	Wafra	15	Nadelkap, Südafrika	65 000
1974	Metula	6	Magellan Seeweg, Chile	53 000
1976	Urquiola	3	La Coruña, Spanien	108 000
1977	Hawaiian Patriot	12	300 Seemeilen (sm) vor Honolulu	99 000
1978	Amoco Cadiz	4	Bretagne, Frankreich	227 000
1979	Atlantic Empress	5	Tobago, West Indien	280 000
1979	Independenta	1	Bosporus, Türkei	93 000
1983	Castillo de Beliver	5	Saldanha Bay, Südafrika	257 000
1985	Nova	10	Iran	70 000
1988	0dyssey	16	700 sm östlich von Novia Scotia, Kanada	132 000
1989	Khark 5	15	120 sm westlich von Marokko	80 000
1989	Exxon Valdez	4	Prince William Sound, Alaska	42 000
1991	ABT Summer	15	700 sm westlich von Angola	260 000
1991	Haven	18	Genua, Italien	140 000
1992	Aegean Sea	19	La Coruña, Spanien	72 000
1992	Katina P	26	Maputo, Mozambique	72 000
1993	Braer	18	Shetland Inseln, Großbritannien	85 000
1996	Sea Empress	3	Milford Haven, Großbritannien	70 000
1997	Nachodka	27	Japanisches Meer, Japan	20 000
1999	Erika	24	Golf von Biskaya, Atlantik	17 000
2001	Jessica	30	San Cristobal, Galapagos Inseln	ca. 800
2002	Prestige	26	Galizische Küste, Spanien	77 000
2003	Tasman Spirit	24	Arabisches Meer, Pakistan	24 000

Wale als Beifang

Weltweit werden jährlich ca. 85 Millionen Fisch gefangen – Fisch, der sich verkaufen lässt. Zusätzlich gehen der Weltfischereiflotte ca. 30 Millionen Tonnen Meerestiere ins Netz, die nicht weiterverarbeitet werden. Zu den Opfern gehören Groß- und Kleinwale, aber auch Jungfische, Seesterne, Muscheln, Krebse und Haie. Dieser so genannte Beifang, also Tiere, die nicht zu Geld gemacht werden können, wird tot oder sterbend über Bord gekippt.

Nach offiziellen Angaben der Internationalen Walfangkommission (IWC) sterben jährlich 60 000 Wale als Beifang der Fischerei. Allerdings kommt diese Zahl nur durch die Angaben der ca. 50 IWC-Mitgliedsstaaten zusammen. Der Beifang vieler anderer Fischerei-Nationen werden folglich nicht erfasst, so dass sich die tatsächliche Zahl der Wale, die als Beifang sterben, auf mehrere hunderttausend Tiere pro Jahr beläuft.

Bedrohliches Ausmaß

Beispielsweise starben beim Tunfisch-Fang im östlichen tropischen Pazifik seit den 50er Jahren des vergangenen Jahrhunderts Millionen von Flecken- und Spinnerdelphinen. Die Delphine haben die gleiche Beute wie die Tunfische, schwimmen über ihnen und werden daher in den Netzen mitgefangen. Das Ausmaß der Beifänge hat längst artenbedrohende Ausmaße angenommen.

In der dänischen Stellnetzfischerei sterben jährlich 7000 Schweinswale. Die Tiere können die aus reinem Bundgarn bestehenden Netze mit ihrem Echolot-Ortungssystem nicht erkennen, sie verheddern sich und ertrinken.

Nach Schätzungen von Fachleuten werden auf diese Art jährlich vier bis sechs Prozent des Gesamtbestandes der Schweinswale in der Nordsee getötet.

In der Ostsee ist die Situation noch gravierender. Wissenschaftler haben errechnet, dass maximal 1 bis 1,7 Prozent eines Bestandes getötet werden dürfen, ohne dass die Art in sehr kurzer Zeit vom Aussterben bedroht ist.

Altpestizide – ein weltweites Problem

Weltweit lagern eine halbe Million Tonnen abgelaufener, verdorbener, mittlerweile verbotener Gifte, schätzt die Welternährungsorganisation der Vereinten Nationen (FAO). Sie sind schlecht gesichert, lagern in lecken Behältern, zerrissenen Tüten, geplatzten Säcken – Giftmüll der schlimmsten Art. Er verpestet die Umwelt, tötet Vieh, verseucht kostbares Trinkwasser und Böden, macht Nahrungsmittel zu gesundheitlichen Zeitbomben.

International tätige Großunternehmen lieferten z. B. zu Beginn der 80er Jahre des vorigen Jahrhunderts hochgiftige Chemikalien nach Nepal, um asiatische Märkte zu erobern. Ein Großteil der damals gelieferten Wirkstoffe ist inzwischen in den meisten Ländern der Welt verboten. Die Insekten- und Pilzgifte waren für Menschen zu gefährlich.

In manchen mittlerweile untersuchten Lagerhallen aber treten Gifte aus maroden Säcken und Tüten, zerbrochenen Flaschen und verrosteten Kanistern aus.

Auf den Böden der Hallen hat sich eine Zentimeter dicke Schicht aus unterschiedlichen Giften gebildet. Überall im Raum liegen Kadaver von Ratten und Kakerlaken. Die Chemikalien in der Halle gefährden die Gesundheit der Anwohner und deren Tiere, denn sie drohen, Wasservorräte und Acker zu verseuchen.

Im Mai 2001 unterzeichneten in Stockholm 70 Staaten eine weltweite Konvention, nach der die zwölf gefährlichsten Dauergifte auf der Welt verboten sind. Die Konvention verlangt auch die Vernichtung von Vorräten und Altlasten. Trotzdem lagern weltweit rund eine halbe Million Tonnen Altpestizide als Umwelt-Zeitbomben in schlecht gesicherten Anlagen, oft in direkter Nähe zu Schulen und Wohnhäusern. Sie müssten dringend entsorgt werden.

Vermeiden und Wiederverwerten...

... sind praktischer Umweltschutz...

... denn Bodenschätze sind knapp...

Die Frage nach dem Sinn des Lebens

Eine der Fragen, über die Menschen zu allen Zeiten nachgedacht, diskutiert, geschrieben und gestritten haben, ist sicher die Frage nach dem Sinn des Lebens. So verschieden die Menschen sind, so verschieden sind auch die Aussagen zu dieser Frage. Jeder Mensch beantwortet diese Frage für sich auf eine ganz besondere Weise. Die großen Religionen (Christentum, Judentum, Islam, Buddhismus, Hinduismus) geben Orientierung, Zeiterscheinungen beeinflussen die Antwort, Kultur und Umfeld ermöglichen (erzwingen?) verschiedene Antworten.
Befassen wir uns mit dem Thema, indem wir die Frage aus verschiedenen Blickwinkeln beleuchten.

Fragen und mögliche Antworten

Wie antwortest du den folgenden Fragen? Denke nach und versuche, eine Antwort zu geben!

Lohnt es sich über den Sinn des Lebens nachzudenken?
(Kann zur Verzweiflung führen!)

Wie beeinflusst das Umfeld des Menschen die Frage nach dem Sinn des Lebens?
(Eltern, Schule, Freunde, Kulturkreis, Epoche...)

Wann und warum denken Menschen über den Sinn des Lebens nach?
(allgemeines Interesse, Tod oder schwere Krankheit eines Menschen...)

Wie wichtig sind Wünsche und Hoffnungen für das Leben?
(Kann man ohne überhaupt leben?)

Haben alle Menschen Ziele?
(... oder leben wir nur so in den Tag hinein?)

Zeigt sich die Ansicht über den Sinn des Lebens in der Lebensweise des Menschen?
(Lebenssinn Reichtum = große Autos?!)

Was ist der Sinn des Lebens?
(Menschen, Wohlstand, Familie, Ansehen, Freiheit, Konsum...?)

Verändern sich die Anschauungen über den Sinn des Lebens mit zunehmendem Alter?
(Schüler: Sinn des Lebens = gutes Zeugnis, Erwachsener = ?)

Haben sich die Ansichten über den Sinn des Lebens im Laufe der Jahrhunderte geändert?
(Galt im Mittelalter ein anderer Sinn des Lebens als heutzutage?)

„Der Sinn des Lebens ist das Leben selbst" – stimmt das?
(Überhaupt zu leben ist bereits der Sinn?)

„Mach was du willst – aber mach dir nichts vor! – Tu was du willst, aber tu dir nicht leid!" – ein Lebensmotto?

Hat das Leben einen Sinn?

Vor einigen Jahren beschäftigte sich Silke Siegel (17) mit der Frage „Was ist der Sinn des Lebens?". Diese Frage stellen sich viele Menschen und vor allem Jugendliche versuchen oftmals, darauf eine Antwort zu finden. Silke geht einen Schritt weiter als die meisten anderen und bittet berühmte Schriftsteller um eine Antwort auf diese Frage. Von 15 prominenten Autoren bekommt sie eine Antwort. Einige Meinungen sollen hier zum Nachdenken anregen:

Liebes Fräulein Siegel,
ich nehme an, dass Sie sehr jung sind, höchstens 18. Habe ich Recht? – Sie stellen mir da eine Frage, die man nicht so einfach mir-nichts-dir-nichts beantworten kann: ob das Leben einen Sinn habe und wenn ja, welchen.
Ich könnte sagen: fragen Sie nicht danach, sondern leben Sie, wie man leben soll: sein Tagwerk getreulich erfüllen, Menschen lieben, Gutes tun in vieler Form und die Erde lieben und ihren Schöpfer, dann erfahren Sie ganz von selbst, dass das Leben einen Sinn hat, auch wenn Sie ihn nicht benennen können, sondern ihn nur *fühlen*. Aber damit werden Sie nicht zufrieden sein. Ich sage Ihnen aber voraus, dass weder *meine* Antwort noch *irgendeine* Antwort Ihnen ganz einleuchten wird, aus mehreren Gründen, vor allem aus dem schon genannten: man kann den Sinn nicht „wissen" als etwas Unumstößliches, man kann ihn aber „erfahren" (man fühlt ihn, indem man sich „in Ordnung", in eine Ordnung gebettet erlebt).
Ich könnte sagen: der Sinn des Lebens ist das Leben. So wie der Sinn der Liebe eben die Liebe ist (nicht etwa die Ehe oder das Kind; das sind Aspekte und Früchte der Liebe, aber nicht das Wesen. Oder sehe ich das zu philosophisch??).
Nun: Sie wollen wissen, genau gesagt, wofür und warum und wozu Sie leben. Ist es so? Warum: Sie leben einmal, *weil* Sie leben. Sie sind *da*, Sie werden eine Weile da sein, und in dieser Weile haben Sie zu leben und zwar nicht nur widerwillig oder halb, sondern ganz und gar.
(Auch Askese ist Leben. Dies nebenbei.)
Wofür, wozu? Um Leben weiterzugeben, körperlich und seelisch-geistig entweder beides zusammen als Mutter, oder eins, Letzteres, als in einem Beruf Stehende.
Warum soll man Leben weitergeben? Weil es uns so geboten ist. Von wem? Vom Leben selbst? Das ist keine befriedigende Antwort. Also von wem dann? Und mit dieser Frage sind wir im Kern aller Fragen. Fragen wir jetzt: *Wozu*, woraufhin leben wir? Um Erfolg zu haben, Kinder zu haben, Geld zu verdienen – und dann zu sterben? Oder: um uns selbst bis zur möglichsten Vollkommenheit zu entfalten? Aber wozu das alles?
Nun: wir werden einmal sterben. Sie auch. Ich auch. *Alle!* Und dann ist da irgendetwas. Es ist nicht aus. Das fühlen wir, und sofern wir Christen sind, *glauben* wir es (ohne irgendetwas zu *wissen* darüber, als was in den Evangelien steht und dem zu *glauben* ist). Wir glauben, was die „Ewigkeit" ist: ein personales Fortleben. Unvorstellbar, aber doch möglich.
Warum, wozu aber dieses ewige Leben? Weil da Gott ist. Er ist ewig und will uns, liebend wie er ist, bei sich haben. Und von diesem Gedanken her, von Gott her, wird alles begreiflich. Er ist das Zentrum der großen Ordnung, die wir nicht begreifen, in der uns vieles widersinnig, ja schrecklich ungeordnet erscheint. Gott allein begreift sie, denn er hat sie ja gemacht. Von daher bekommt alles Sinn. Welchen? Eben den, dass alles, aber auch *alles*, angeordnet ist in eine *ganz* große Ordnung. Es ist letztlich eine Liebesordnung. *Sie* stehen darin, wir alle tun es. *Sie* können diese Ordnung in Unordnung bringen durch böse, lieblose Taten und Gedanken. *Sie* können die Ordnung festigen durch Gutes. Der Sinn Ihres Lebens ist: die Ordnung der Liebe festigen, weil dies im Sinne Gottes ist, der Sie liebt.

Soviel für heute. Ihre Luise Rinser

Luise Rinser, 1911 bis 2002, Lehrerin, Journalistin, Schriftstellerin. Ihr letzter großer Roman erschien 1991, „Aebelards Liebe"

Liebe Silke,

Sie sind jung, und ich darf Sie also gleich mit Ihrem Vornamen anreden. Haben Sie Dank für Ihren Brief, der auf ziemlichen Umwegen doch bei mir angelangt ist. Und haben Sie Dank für Ihr Vertrauen. Woher kommt es? Ich bin doch alles andere als der „Trost-und-Rat"-Onkel (wie etwa Walther von Hollander in der „CONSTANZE"), an den man sich in Lebensnöten wendet. Nun, wie auch immer – umso erfreulicher ist es für mich, zu merken, dass junge Menschen mir zu der Fähigkeit, ihnen zu helfen, auch den guten Willen dazu zutrauen. Ich habe ihn. Ich weiß noch zu genau aus eigener Erfahrung – obwohl's schon recht lang her ist – welche Not das Jungsein mit sich bringt. Aus dieser Not auch freilich alle drängenden Fragen – wie etwa die Ihre: „Welchen Sinn hat das Leben?" – Wüsste ich das, mein liebes Kind – und ich weiß es auch nicht – ich würde mit so tiefer Einsicht wahrscheinlich zum Schweigen angehalten sein. Weil ich's nicht weiß, drängen sich mir alle Antworten auf, die ich mir selbst darauf zu geben versucht habe, als ich so alt war wie Sie heute.

Und eine dieser Antworten sagt etwas anderes aus, als die Stimmung, in der man sie sich gegeben hat. Ich will Ihnen eine sagen, die aus der zuversichtlichsten Stimmung kommt: Das Leben hat keinen anderen Sinn (und braucht keinen anderen), als den, gelebt zu werden. Verlangen Sie dazu von mir keinen Kommentar. Entweder geht die Antwort in Ihnen als eine höchst einfache, selbstverständliche Wahrheit auf – dann sind Sie in der Stimmung, die Welt zu bejahen, so wie sie ist, und dann hätten Sie diese simple Wahrheit selbst gefunden. Oder aber Sie grübeln vergeblich – dann wird daraus ein resignierter Satz, der keine Hoffnung lässt.

Aber glauben Sie, dass sich Fragen an und über das Leben mit einem Satz beantworten lassen? Ich könnte Ihnen auch schreiben: Der Sinn des Lebens liegt darin, nach des Lebens Sinn zu fragen. Das kommt aufs Gleiche heraus: indem Sie fragen, erfüllen Sie den Sinn Ihres Lebens – nämlich, indem Sie leben.

Wer nicht mehr fragt, lebt nicht mehr. Zu den trübsten Erscheinungen des Alterns gehört es, dass man das Fragen aufgibt. Seien Sie froh über Ihre „bohrende" Frage.

Aber jetzt rede ich wie ein Pastor. Und das Verdächtigste an Pastoren ist ihr Glaube, andern mit Worten helfen zu können, auch wenn es Bibelworte sind.

Schreiben Sie mir von sich. Erzählen Sie mir, was Sie tun und wie Sie leben – was auch und vor allem – heißt, was Sie denken (und lesen).

Ich bin immer wieder für ein paar Tage in München, allerdings jetzt kaum vor Januar. Aber ich werde Ihnen antworten. Wenn das schon eine Hilfe ist, soll's mich freuen.

Ihr Gregor Rezzori

Gregor von Rezzori, 1914 bis 1998, Karikaturist, Schriftsteller. Bekannt machten ihn die „Maghrebinischen Geschichten" (zuerst 1953)

Bitte, entschuldigen Sie, dass ich erst heute schreibe; Ihr Brief ist mir lange nachgereist und hat mich öfters verfehlt.

Ihre Frage (ob das Leben einen Sinn habe und, wenn ja, welchen) beantworte ich mit einiger Verlegenheit. Denn einmal bin ich zu jung für die Manieren von Weisheit, mit denen dermaßen große Auskünfte zu erteilen sind, zum andern bin ich gar nicht zuständig, und drittens, ich kann mich irren.

Das Leben auf der Erde scheint mir ein Gegenstand, der über sein Dasein hinaus weder einer Rechtfertigung noch einer Ausrede bedarf, er umfasst alles und mehr, als die Betroffenen von ihm lernen können.

Das kann, wenn Sie wollen, auch für das Leben einer Person gelten: mehr Sinn als den Tod am Ende braucht es nicht. Die Zeit bis dahin ist zur Verfügung der Person, nach einigen Versuchen stellt sich heraus: zu welcher, und wie viel Teile davon unabänderlich sind und welche beeinflussbar.

Bei einem solchen Sachverhalt kommt mir die Frage nach seinem Sinn ungeschickt vor; die mag ein Kranker stellen, oder jemand in schwieriger Situation. Einem Kranken bleibt der Ausweg sich vorzubereiten auf den Tod und so das Gelebthaben zurückzubekommen; schwierige Situationen ändern sich und lassen sich ändern.

Was immer aber einer darüber sagt, es stellt seinen persönlichen Entwurf dar; deswegen kann ein anderer den nicht übernehmen, deswegen kann der andere dem einen darauf nicht gut antworten.

Halten Sie diese Bemerkung also, bitte, für was Sie wollen; am liebsten wär' mir Sie sagten: dummes Zeug.

Ihr sehr ergebener Uwe Johnson

1961 erschien Uwe Johnsons (1934 bis 1984) „Das dritte Buch über Achim"; sein Hauptwerk „Jahrestage" vollendete er kurz vor seinem Tod

Sehr geehrtes Fräulein Siegel,

o ja, ich glaube sehr wohl, dass das Leben einen Sinn hat. Allerdings glaube ich auch, dass dieser Sinn für jeden Menschen anders aussieht, dass jeder Mensch den Sinn, den sein eigenes, ganz speziell nur von ihm und keinem anderen zu lebendes Leben in sich birgt, nur selbst suchen und finden kann. Vielleicht bedeutet es eine kleine Hilfe für Sie, wenn ich Ihnen rate, diesen Sinn nicht nur in großen Dingen suchen zu wollen. Fangen Sie mit den kleinen Dingen Ihrer täglichen Umgebung und Ihres alltäglichen Tagesablaufes an, versuchen Sie, in diesem bescheidenen Bereich zwischen sinnvoll und sinnlos zu unterscheiden – ich glaube, dass jeder Mensch über ein solches Urteilsvermögen verfügt –, ... dann finden Sie, möchte ich meinen, den „Sinn des Lebens" ohne dass Sie es merken.

Mit freundlichen Grüßen Ihr Walter Jens

Walter Jens, geboren 1923, veröffentlichte zuletzt zusammen mit seiner Frau eine Biografie von Katia Mann

Sehr geehrtes Fräulein Siegel,

ich habe die Angewohnheit, alle Briefe gleich zu beantworten, das ist in den meisten Fällen auch nicht besonders schwierig. Um aber postwendend zu erklären, ob das Leben einen Sinn hat, Sie geben zu, das ist viel verlangt. Manchmal scheint es einen zu haben, manchmal nicht. Ich müsste sehr lügen, wenn ich zu Ihrer Frage eine volle Antwort erfinden müsste. Vielleicht sind Sie so freundlich und gewähren mir einen Aufschub. Sobald sich mir dieser gesuchte Sinn auftut, schreibe ich Ihnen. Momentan bin ich da ganz unsicher. Also keine richtige Antwort, eher eine Vertröstung.

Mit freundlichen Grüßen
Ihr Martin Walser

Martin Walser, geboren 1927, veröffentlichte zuletzt „Meßmers Reisen"

Liebes Fräulein Siegel: ob „das" Leben einen Sinn hat, weiß ich nicht. Dass „Ihr" Leben einen Sinn hat, einen haben kann, ist gewiss, den Sinn nämlich, den Sie ihm geben. Sie müssen dazu freilich ein wenig in sich hineinhorchen, Sie müssen auch auf das achten, was Ihnen so begegnet, Sie müssen sich immer fragen: Was ist damit gemeint? Vor allen Dingen müssen Sie aber immer von Neuem versuchen, sich darüber klar zu werden, worum es Ihnen eigentlich zu tun ist auf der Welt, was Ihnen etwas bedeutet, was gefährlich für Sie ist, was Sie erreichen wollen. Es lohnt sich zum Beispiel, sich einmal zu fragen: „Wem bin ich in diesem Augenblick die Nächste?" Und dann entsprechend zu handeln.

Manfred Hausmann, 1898 bis 1986, Lyriker, Dramatiker, Romancier, Essayist. 1960 erschien sein Gedichtband „Irrsal der Liebe"

Liebes Fräulein Siegel,
Sie überfordern mich mit Ihren Fragen. Natürlich ist es eine Frage, die wir uns alle einmal stellen, und es gibt viele Antworten darauf, aber die Antworten sind nicht so einfach wie die Fragen. Nehmen Sie einmal an, das Leben habe einen Sinn, und dann suchen Sie ihn, indem Sie leben. Oder schauen Sie sich das Leben anderer Menschen an, Sie werden Menschen finden, deren Leben sich lohnt und ich meine damit nicht berühmte Menschen. Seien Sie getrost, dass Sie immer wieder Dinge erleben werden, wo die Frage sich einbringt, wo das Leben sich selbst genug ist und nicht ein Ziel hat.
Ich glaube, mehr kann ich Ihnen nicht helfen.
Ich begrüße Sie mit freundlichen Wünschen.
Ihr Max Frisch

Ein Jahr vor diesem Brief veröffentlichte Max Frisch (1911 bis 1991) sein Lehrstück „Andorra"

Sehr geehrtes Fräulein Siegel,
Sie haben mir vermutlich die schwerste Frage gestellt, die einem Menschen gestellt werden kann. Und ich weiß auch, dass die meisten darauf eindeutig und lautstark mit „ja" antworten würden. Doch ich fürchte nun: so einfach ist das gar nicht. Und ich selbst werde wahrscheinlich nie wissen, welches nun eigentlich der „Sinn des Lebens" ist.
Ich weiß vorerst nur soviel: man muss bemüht sein, sein Leben „sinnvoll" zu gestalten. Darunter versteht ein jeder Einzelne etwas anderes – und das ist gut so. Denn jedes Leben, jeder Mensch, hat seine unverwechselbaren Eigenarten. Und darauf muss er nun wohl „seine Welt" bauen – die für ihn beste Welt. Dabei muss man suchen – und das vermutlich lange, lange Zeit.

Und auch eins noch müssen Sie wissen: wohl niemand wird Ihnen absolut verbindlich Ratschläge erteilen können – höchstens Anregungen geben. Aber im Grunde muss jeder mit sich selbst fertig werden –
Kirche, Kunst und Natur können wichtige Hilfen geben, je nachdem, in welcher Stärke man sich zu ihnen hingezogen fühlt.
Ansonsten: verlieren Sie niemals Ihre Geduld.
Herzlichst Hans Hellmut Kirst

Hans Hellmut Kirst, 1914 bis 1989, wurde bekannt durch seine Romantrilogie „08/15" (1954)

Aus: DIE ZEIT, Nr. 16, vom 7. 4. 2004

Was sagen andere Religionen zum menschlichen Dasein?

Alle Religionen befassen sich mit der Frage nach dem Sinn des Lebens, mit der Aufgabe des Menschen in der Welt, mit den Fragen nach Schuld, Sühne und Erlösung. Einige Grundzüge der großen Religionen:

Hinduismus

Jeder Mensch besitzt eine unsterbliche Seele in einem vergänglichen Leib. Nach dem ewigen Weltgesetz wird die Seele nach dem Tod des Körpers in einem neuen Körper wiedergeboren. Erlösung aus diesem Kreislauf von Tod und Wiedergeburt kann es nur durch drei Wege geben:

1. Der Weg des Wissens:
   Die unsterbliche Seele (Atman) ist Teil des Urgrundes der Welt (Brahman). Wer dies in seinem Leben erkannt hat, scheidet aus der Kette der Wiedergeburten aus.

2. Der Weg der selbstlosen Tat:
   Nur besondere Werke können das endgültige Heil bringen. Man sollte Handeln, ohne etwas dafür zu fordern, völlig selbstlos und uneigennützig.

3. Der Weg der liebenden Hingabe:
   Nur die Liebe zu dem einen Gott und vollkommener Gehorsam führen dazu, dass man mit diesem Gott eins wird.

Mahatma Gandhi

„Wenn ich durch die Kugel eines Verrückten sterben sollte, so muss ich es lächelnd tun. Es darf kein Zorn in mir sein. Gott muss in meinem Herzen und auf meinen Lippen sein. Und ihr müsst mir eines versprechen: Wenn so etwas passieren sollte, dürft ihr keine Träne vergießen. Ich habe meinen Dienst an der Menschheit nicht auf die Bitten irgendeines Menschen hin unternommen, ich kann ihn auch nicht auf irgend jemandes Bitten hin aufgeben. Ich bin so, wie Gott mich wollte, und ich handele, wie Er mich anweist. Lasst ihn tun, was er von mir will. Wenn Er will, so kann Er mich töten. Ich glaube, dass ich so handle, wie Er mir befiehlt."

Buddhismus

Grundlage ist die Auffassung, dass das ganze Leben Leiden bedeutet. Alles Bestehende vergeht und entsteht immer wieder neu. Grund für diese immer wiederkehrende Wiedergeburt ist das Kleben am Dasein. Wer erlöst werden will, muss das Nichtwissen beseitigen. Dazu gehört, dass man die vier edlen Wahrheiten verinnerlicht und den achtfachen Pfad der Erlösung beschreitet.

Die vier edlen Wahrheiten:

1. Es gibt kein Leben ohne Leiden. Leid bedeutet hier mehr als nur das Leid im menschlichen Leben. Leid bedeutet in diesem Sinn, dass der Tod keine Erlösung bringt, sondern nur zur Wiedergeburt führt.
2. Das Leid entsteht aus der Unwissenheit des Menschen, aus seiner Gier und dem Neid, wobei diese wiederum durch die Unwissenheit bedingt sind.
3. Das Leiden kann nur durch Vernichtung des Begehrens aufgehoben werden.
4. Wer erlöst werden will, muss den achtteiligen Pfad beschreiten:
   rechte Anschauung – rechtes Wollen – rechtes Reden – rechtes Tun – rechtes Leben – rechtes Streben – rechtes Denken – rechtes Sichversenken.

Der Weg der Erlösung im Buddhismus

Nirvana
Aufhebung des Leidens
Unterdrückung des Leidens
Unterdrückung des Sich-Klammerns
Unterdrückung der Gier
Wissen um Nichtsein
Erleuchtung

Wiedergeburt — Leiden
Ansammeln von Karma — Nichtwissen
Sich-Klammern — Durst und Gier

Wernher von Braun – ein Naturwissenschaftler und die Frage nach Gott

Wernher von Braun (1912–1980) war der wichtigste Raketenforscher dieses Jahrhunderts. Im Alter von 22 Jahren erwarb er seinen Doktortitel in Physik und leitete bereits zwei Jahre später in Deutschland das Entwicklungsprogramm für militärische Raketen.
Nach dem Krieg siedelte er in die USA über und wurde 1960 zum Direktor des Marshall Flight Centers der NASA berufen. Dort entwickelte er die leistungsstärkste Rakete, die je gebaut wurde, die Saturn V, mit der die erste Mondlandung im Jahr 1969 erfolgte.
In seinen „Gedanken über Gott" nimmt er zu religiösen Grundfragen Stellung:

Meine Mitarbeit bei der Erforschung des Weltraums hat meinen Glauben an Gott nicht vermindert, sondern gestärkt. Während wir die Schöpfung besser kennen lernen, sollten wir auch eine bessere Kenntnis des Schöpfers erhalten und eine tiefere Erkenntnis der Verantwortung des Menschen für das, was Gott damit will. Die bemannten Raumflüge sind phantastische Leistungen, aber bis jetzt haben sie nur ein kleines Fenster in den gewaltigen Weltraum geöffnet. Doch das, was wir durch dieses Fenster von den unendlichen Geheimnissen des Universums sehen können, bekräftigt die Gewissheit, dass es einen Schöpfer gibt.
Ich war im Übrigen überrascht von dem aktiven Leben in den amerikanischen Kirchengemeinden. Diese Erfahrung hat mich 1945 nach meiner Übersiedlung in die USA sehr beeindruckt, da ich vorher nie ein so intensives geistliches Leben kennen gelernt hatte. Unter diesem Einfluss habe ich begonnen, religiöse Literatur zu lesen. Und die Wahrheit in Jesu kam wie eine Offenbarung für mich. Ich bin jedoch kein regelmäßiger Kirchgänger, aber ich lese mehr religiöse Literatur als die meisten Kirchgänger. Ich habe es mir zur Gewohnheit gemacht, die Bibel zu lesen, wenn ich in einem Hotel oder Motel wohne – und ich bringe viel Zeit auf Reisen zu.
Zur Frage der Übereinstimmung der Raumforschung mit dem Willen Gottes meine ich: Gott hat den Menschen mit einer natürlichen Neugierde geschaffen. Er erwartet, dass wir diese Gabe gebrauchen. Wenn es nicht Gottes Absicht mit uns war, dass wir den Himmelsraum erforschen sollen, dann hätte er, davon bin ich überzeugt, es nie zugelassen, die Raumforschungserfolge zu erreichen, die wir jetzt haben. Ich halte es für wahrscheinlich, dass im Weltraum noch andere Wesen leben als der Mensch. Man könnte sich gut vorstellen, dass Gott seinen Sohn auch in eine andere Welt gesandt hat, um ihr das Evangelium zu geben. Auf der anderen Seite gibt es auch nichts, was sagt, dass Jesu Opfertod auf Erden nicht auch für andere Intelligenzwesen im Universum gelten könnte.
Das Wichtigste ist, einzusehen, dass es hier auf diesem Planeten ist, wo wir leben. Und dass die Botschaft, mit der Jesus kam, eine wunderbare Botschaft für die Welt ist.
Ich gebe zu, dass ich zuweilen unsicher in meinem Glauben bin. Ich frage mich selbst: Bin ich auf dem rechten Weg oder nicht? Und so entdecke ich, welche Kraft ich erhalte, wenn ich Gott um Hilfe bitte und von ihm Hilfe erhalte. Mein Bedürfnis nach Gottes Hilfe und Führung ist mit den Jahren gewachsen. Ich glaube auch an die Unsterblichkeit der Seele und an ein ewiges Leben. Diese Auffassung lässt sich sogar wissenschaftlich begründen: Die Wissenschaft hat herausgefunden, dass nichts spurlos verschwinden kann. Die Natur kennt keine Vernichtung, nur Umwandlung. Wenn nun Gott dieses fundamentale Prinzip gebraucht, selbst wenn es um den kleinsten und unbedeutendsten Teil des Universums geht, ist es dann nicht ganz logisch, damit zu rechnen, dass er dieses Prinzip auch braucht, wenn es um das Meisterwerk in seiner Schöpfungstätigkeit geht, nämlich um die Seele des Menschen? Das, glaube ich, tut er.

Welchen Sinn hat das Leben?

Mit drei Aufforderungen antwortet der christliche Glaube auf die Frage nach dem Sinn des Lebens.

Erläutere jeweils kurz anhand eines Beispiels, was damit gemeint sein kann!

1. Sag Ja zu dir selbst!

_____

_____

_____

_____

2. Sag Ja zum Mitmenschen!

_____

_____

_____

_____

3. Sag Ja zu Gott!

_____

_____

_____

_____

Die erste biblische Schöpfungserzählung

Im gesamten alten Orient gab es zahlreiche Vorstellungen über die Entstehung der Welt und des Menschen. Diese gelangten von ihrem Ursprungsland oft über die Handelswege auch in andere Reiche des alten Orients. Man beeinflusste sich gegenseitig und übernahm manche Vorstellung anderer Völker.

Auch in Israel dachte man über den Beginn der Welt nach. Es entstanden Erzählungen, die wir heute im Alten Testament wiederfinden. Der erste Text wurde etwa 500 v. Chr. von Priestern aufgeschrieben. Wir sprechen daher von der Schöpfungserzählung der **Priesterschrift**.

Die priesterliche Erzählung von der Erschaffung der Welt ist eine Lehrerzählung. Es hat lange gedauert, bis der Text in seiner heutigen Form feststand. Die Priester sammelten zunächst Überlieferungen aus dem eigenen Land und der Umwelt Israels.

In der Umwelt Israels stimmte man vor allem in drei Vorstellungen überein:

a) Am Anfang gab es nur Wasser und Finsternis.
b) Himmel und Erde wurden durch eine Trennung gebildet.
c) Himmel und Erde sind Wohnungen für verschiedene Mächte und Gewalten.

Im Anfang schuf Gott Himmel und Erde; die Erde aber war wüst und wirr, Finsternis lag über der Urflut und Gottes Geist schwebte über dem Wasser.

Gott sprach: Es werde Licht! Und es wurde Licht. Gott sah, dass das Licht gut war. Gott schied das Licht von der Finsternis, und Gott nannte das Licht Tag und die Finsternis nannte er Nacht. Es wurde Abend und es wurde Morgen: erster Tag.

Dann sprach Gott: Ein Gewölbe entstehe mitten im Wasser und scheide Wasser von Wasser. Gott machte also das Gewölbe und schied das Wasser unterhalb des Gewölbes vom Wasser oberhalb des Gewölbes. So geschah es und Gott nannte das Gewölbe Himmel. Es wurde Abend, und es wurde Morgen: zweiter Tag.

Dann sprach Gott: Das Wasser unterhalb des Himmels sammle sich an einem Ort, damit das Trockene sichtbar werde! So geschah es. Das Trockene nannte Gott Land und das angesammelte Wasser nannte er Meer. Gott sah, dass es gut war. Dann sprach Gott: Das Land lasse junges Grün wachsen, alle Arten von Pflanzen, die Samen tragen und von Bäumen, die auf der Erde Früchte bringen mit ihrem Samen darin. So geschah es. Das Land brachte junges Grün hervor, alle Arten von Pflanzen, die Samen tragen, alle Arten von Bäumen, die Früchte bringen mit ihrem Samen darin. Gott sah, dass es gut war. Es wurde Abend und es wurde Morgen: dritter Tag.

Dann sprach Gott: Lichter sollen am Himmelsgewölbe sein, um Tag und Nacht zu scheiden. Sie sollen Zeichen sein und zur Bestimmung von Festzeiten, von Tagen und Jahren dienen; sie sollen Lichter am Himmelsgewölbe sein, die über die Erde hin leuchten! So geschah es. Gott machte die beiden großen Lichter, das größere, das über den Tag herrscht, das kleinere, das über die Nacht herrscht, auch die Sterne. Gott setzte die Lichter an das Himmelsgewölbe, damit sie über die Erde hin leuchten, über Tag und Nacht herrschen und das Licht von der Finsternis scheiden. Gott sah, dass es gut war. Es wurde Abend und es wurde Morgen: vierter Tag.

Dann sprach Gott: Das Wasser wimmle von lebendigen Wesen, und Vögel sollen über dem Land am Himmelsgewölbe dahinfliegen! Gott schuf alle Arten von großen Seetieren und anderen Lebewesen, von denen das Wasser wimmelt, und alle Arten von gefiederten Vögeln. Gott sah, dass es gut war. Gott segnete sie und sprach: Seid fruchtbar und vermehrt euch und bevölkert das Wasser im Meer und die Vögel sollen sich auf dem Land vermehren! Es wurde Abend und es wurde Morgen: fünfter Tag.

Dann sprach Gott: Das Land bringe alle Arten von lebendigen Wesen hervor, das Vieh, von Kriechtieren und von Tieren des Feldes! So geschah es. Gott machte alle Arten von Tieren des Feldes, alle Arten von Vieh und alle Arten von Kriechtieren auf dem Erdboden. Gott sah, dass es gut war. Dann sprach Gott: Lasst uns Menschen machen als unser Abbild, uns ähnlich. Sie

sollen herrschen über die Fische des Meeres, über die Vögel des Himmels, über das Vieh, über die ganze Erde und über alle Kriechtiere auf dem Land!
Gott schuf also den Menschen als sein Abbild; als Abbild Gottes schuf er ihn. Als Mann und Frau schuf er sie. Gott segnete sie, und Gott sprach zu ihnen: Seid fruchtbar und vermehrt euch, bevölkert die Erde, unterwerft sie euch und herrscht über die Fische des Meeres, über die Vögel des Himmels und über alle Tiere, die sich auf dem Land regen.
Dann sprach Gott: Hiermit übergebe ich euch alle Pflanzen auf der ganzen Erde, die Samen tragen, und alle Bäume mit samenhaltigen Früchten. Euch sollen sie zur Nahrung dienen. Allen Tieren des Feldes, allen Vögeln des Himmels und allem, was sich auf der Erde regt, was Lebensatem in sich hat, gebe ich alle grünen Pflanzen zur Nahrung. So geschah es. Gott sah alles an, was er gemacht hatte: Es war sehr gut. Es wurde Abend, und es wurde Morgen: sechster Tag.
So wurden Himmel und Erde vollendet und ihr ganzes Gefüge. Am siebten Tag vollendete Gott das Werk, das er geschaffen hatte, und er ruhte am siebten Tag, nachdem er sein ganzes Werk vollbracht hatte. Und Gott segnete den siebten Tag und erklärte ihn für heilig; denn an ihm ruhte Gott, nachdem er das ganze Werk der Schöpfung vollendet hatte.
Das ist die Entstehungsgeschichte von Himmel und Erde, als sie erschaffen wurden.

Gen 1,1–2,4

Gott erschafft Erde und Mond *Gemälde von Michelangelo*

Die erste biblische Schöpfungserzählung

Für die erste biblische Schöpfungserzählung diente als Hintergrund der babylonische
_____ (entstanden im _____ Jahrhundert
v. Chr.). Die wichtigste Aussage dieses Mythos:
_____
_____

Die erste biblische Schöpfungserzählung hat sich dieser grundsätzlichen Vorstellungen bedient. Die so genannte _____ entstand ca. _____ v. Chr. Das Alte Testament erzählt über die Erschaffung der Welt:

Tage der Scheidung	Tage der Ausstattung
1 Licht / Finsternis	4 Sonne / Mond / Sterne
2 Luftraum / Wasser der Erde	5 Vögel / Fische
3 Festland und Pflanzen / Meer	6 Landtiere / Menschen
7 Sabbatruhe	

Die priesterlichen Schöpfungserzählungen treffen wichtige Aussagen:
_____
_____
_____
_____
_____
_____

Die erste biblische Schöpfungserzählung

Für die erste biblische Schöpfungserzählung diente als Hintergrund der babylonische *Schöpfungsmythos* (entstanden im *11./12. Jahrhundert vor Christus*).

Die wichtigste Aussage dieses Mythos:

Es gibt etwas Ewiges und Göttliches, das bereits vor dem Menschen da war und über dem Menschen steht.

Die erste biblische Schöpfungserzählung hat sich dieser grundsätzlichen Vorstellungen bedient. Die so genannte *Priesterschrift* entstand ca. *500 v. Chr.*

Das Alte Testament erzählt über die Erschaffung der Welt:

Tage der Scheidung	Tage der Ausstattung
1 Licht / Finsternis	4 Sonne, Mond, Sterne
2 Luftraum / Wasser der Erde	5 Vögel / Fische
3 Festland und Pflanzen / Meer	6 Landtiere / Menschen
7 Sabbatruhe	

Die priesterlichen Schöpfungserzählungen treffen wichtige Aussagen:

- *Gott ist der Schöpfer des Himmels und der Erde.*
- *Gestirne, Tiere usw. sind keine Götter, sondern geschaffene Wesen.*
- *Der Mensch ist durch den Willen Gottes der Herr der Schöpfung.*
- *Die Ruhe Gottes am siebten Tag begründet die Sabbatruhe.*

Der Mensch ist für die Schöpfung verantwortlich und kann sich seiner Sorgepflicht für die Welterhaltung nicht entziehen!

Am Anfang schuf Gott Himmel und Erde

Aber nach vielen Jahrmillionen war der Mensch endlich klug genug.
Er sprach: Wer redet hier von Gott? Ich nehme meine Zukunft selbst in die Hand. Er nahm sie und es begannen die letzten sieben Tage der Erde.

Am Morgen des ersten Tages

beschloss der Mensch frei zu sein und gut, schön und glücklich.
Nicht mehr ein Ebenbild Gottes, sondern ein Mensch.
Und weil er etwas glauben musste, glaubte er an die Freiheit und an das Glück, an Zahlen und Mengen, an die Börse und den Fortschritt, an die Planung; und seine Sicherheit.
Denn zu seiner Sicherheit hatte er den Grund zu seinen Füßen gefüllt mit Raketen und Atomsprengköpfen.

Am zweiten Tage

starben die Fische in den Industriegewässern, die Vögel am Pulver aus der chemischen Fabrik, das den Raupen bestimmt war,
die Feldhasen an den Bleiwolken der Straße,
die Schoßhunde an der schönen roten Farbe der Wurst,
die Heringe am Öl auf dem Meer und an dem Müll auf dem Grunde des Ozeans.
Denn der Müll war aktiv.

Am dritten Tage

verdorrte das Gras auf den Feldern und das Laub an den Bäumen,
das Moos an den Felsen und die Blumen in den Gärten.
Denn der Mensch machte das Wetter selbst und verteilte den Regen nach genauem Plan.
Es war nur ein kleiner Fehler in dem Rechner, der den Regen verteilte.
Als sie den Fehler fanden, lagen die Lastkähne auf dem trockenen Grund des schönen Rheins.

Am vierten Tage

gingen drei von vier Milliarden Menschen zugrunde.
Die einen an den Krankheiten, die der Mensch gezüchtet hatte,
denn einer hatte vergessen, die Behälter zu schließen, die für den nächsten Krieg bereitstanden.
Und ihre Medikamente halfen nichts.
Die hatten zu lange schon wirken müssen in Hautcremes.
Die anderen starben am Hunger, weil etliche von ihnen den Schlüssel zu den Getreidesilos versteckt hatten. Und sie fluchten Gott, der ihnen doch das Glück schuldig war. Es war doch der liebe Gott.

Am fünften Tage

drückten die letzten Menschen den roten Knopf, denn sie fühlen sich bedroht.
Feuer hüllte den Erdball ein, die Berge brannten, die Meere verdampften und die Betonskelette in den Städten standen schwarz und rauchten.
Und die Engel im Himmel sahen, wie der blaue Planet rot wurde, dann schmutzig braun und schließlich aschgrau.
Und sie unterbrachen ihren Gesang.

Am sechsten Tage

ging das Licht aus.
Staub und Asche verhüllten die Sonne, den Mond und die Sterne.
Und die letzte Küchenschabe, die in einem Raketenbunker überlebt hatte, ging zugrunde an der übermäßigen Wärme, die ihr gar nicht gut bekam.

Am siebten Tage

war Ruhe. Endlich.
Die Erde war wüst und leer, und es war finster über den Rissen und Spalten, die in der trockenen Erdrinde aufgesprungen waren.
Und der Geist des Menschen irrlichterte als Totengespenst über dem Chaos.
Tief unten in der Hölle aber erzählte man sich die spannende Geschichte von dem Menschen, der seine Zukunft in die Hand nahm, und das Gelächter dröhnte hinauf bis zu den Chören der Engel.

Jörg Zink

Jörg Zink: Sieh nach den Sternen, gib acht auf die Gassen. Kreuz Verlag, Stuttgart 1992

Verantwortlich die Welt mitgestalten

Was gehört deiner Meinung nach zur Ausgestaltung des biblischen Auftrags aus dem Buch Genesis 2,15?

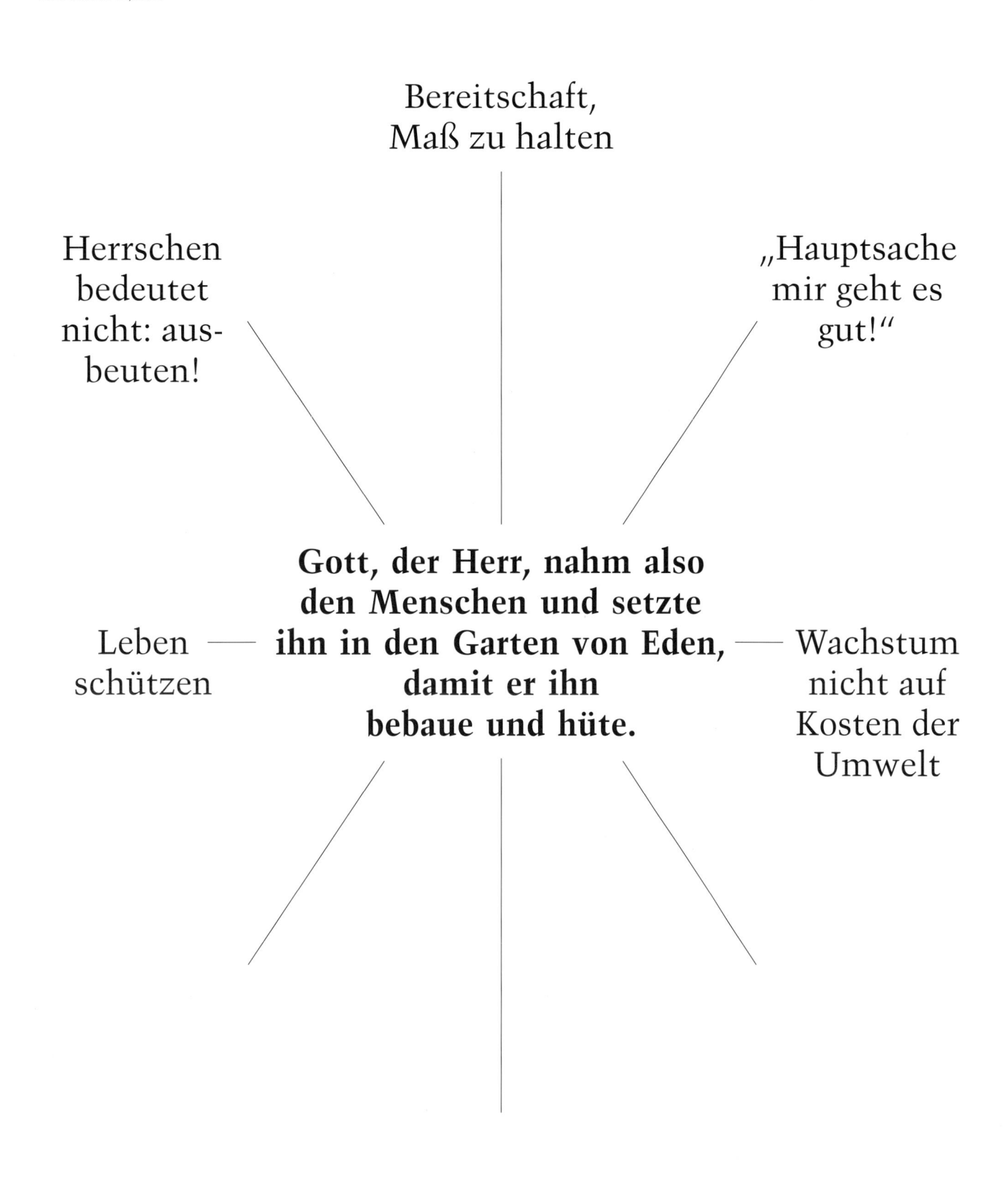

Bereitschaft, Maß zu halten

Herrschen bedeutet nicht: ausbeuten!

„Hauptsache mir geht es gut!"

Leben schützen — **Gott, der Herr, nahm also den Menschen und setzte ihn in den Garten von Eden, damit er ihn bebaue und hüte.** — Wachstum nicht auf Kosten der Umwelt

Unser Auftrag: die Welt schützen!

In welcher Weise ist in den folgenden Beiträgen der Auftrag an uns Menschen, die Welt zu schützen, angesprochen?
Finde weitere Beispiele!

Kamerun:
Das Färsen-Projekt

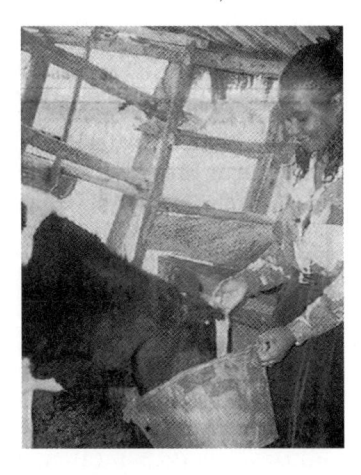

Eine Kuh kann die Welt verändern

Frauen in Kamerun sind zwar für die Ernährung zuständig. Grund und Boden dürfen sie jedoch nicht besitzen. Deshalb macht das Färsen-Projekt ihnen ein Geschenk, das sich fortpflanzt: Ein weibliches Rind, das noch nicht getragen hat. Das erste weibliche Kalb wird weitergeschenkt an die nächste Frau. Die Kühe liefern frische Milch und sichern den Frauen auch eine gewisse Unabhängigkeit und ein bescheidenes Einkommen. „Brot für die Welt" unterstützt dieses Projekt in Kamerun. Mit Ihrer Spende helfen Sie uns dabei zu helfen.

Der Weltladen bezieht seine Waren von Importorganisationen des Fairen Handels. Vorbei an Spekulanten und Zwischenhändlern kaufen diese direkt bei Kleinbauern und Kooperativen ein und zahlen einen Preis, der über dem Niveau des Weltmarktes liegt, fest garantiert ist und ein menschenwürdiges Leben sowie wichtige Gemeinschaftsaufgaben (Bildung, Schulen, Gesundheitsdienste u. a.) ermöglicht.

Deshalb sind die Preise im Weltladen teilweise höher als im „Supermarkt".

Mit dem Kauf dieser Produkte können Sie ein Stück an der Gestaltung einer gerechteren Welt mitwirken.

Mama Mici, die Mutter der Bäume

Schon der zweite Nobelpreis für Umweltschützerin aus Kenia

„Ich bin sicher, dass wir unseren Kindern ein besseres Kenia hinterlassen als frühere Generationen." Wangari Muta Maathai ist überzeugt, dass ihre und ihrer Mitstreiter Arbeit Früchte tragen wird. Als erste Frau Afrikas hat die bekannteste Umweltschützerin des Kontinents den Friedensnobelpreis erhalten. Die Biologin, die in Deutschland und den USA studiert hatte, hat als einziger Mensch neben der begehrten Auszeichnung auch den Alternativen Nobelpreis. Die 64-Jährige Kenianerin, die jahrzehntelang gegen das wilde Abholzen und für die Menschenrechte in ihrem Land kämpfte, galt schon seit langem als Frau der Superlative und als echte Pionierin.

Als Stipendiatin des Deutschen Akademischen Austauschdienstes (DAAD) hatte die „Mutter der kenianischen Umweltbewegung" 1978 in Deutschland Tiermedizin studiert und sich einen Doktortitel in Biologie erworben – als erste Frau Ostafrikas. Sie gilt zudem als erste grüne Politikerin, die es in Afrika in die Regierung geschafft hat. Bekannt wurde sie aber vor allem als „Mama Mici", als „Mutter der Bäume". Ende der 70er Jahre begann die stets farbenfroh in wallende afrikanische Gewänder gekleidete schwarze Grüne andere Frauen zu überzeugen, rund um Kenias Hauptstadt Nairobi Bäume anzupflanzen. Jahrelang waren die Wälder dort hemmungslos abgeholzt worden, vor allem, um Feuerholz zum Heizen und Kochen zu haben. Die 1977 von ihr mitbegründete „Grüngürtelbewegung" arbeitet sehr erfolgreich: Mehr als 25 Millionen Bäume wurden zum Schutz gegen die in Afrika immer schneller um sich greifende Erosion angepflanzt. Ihr Beispiel hat seither in zahlreichen anderen afrikanischen Ländern Schule gemacht.

Bei der Umweltbewegung wurde die Nachricht vom Nobelpreis mit Jubel aufgenommen. Maathai, die sich am Freitag in ihrem Geburtsort Nyati aufhielt, sagte dem Fernsehsender NRK: „Ich bin völlig überwältigt und sehr bewegt. Dies ist die größte Überraschung in meinem ganzen Leben."

Außer für den Umweltschutz hatte sich Maathai auch energisch für die Meinungsfreiheit Oppositioneller eingesetzt, was unter der Regierung des damaligen Präsidenten Daniel arap Moi riskant war. Ein Dutzend Mal wurde sie festgenommen, einmal sogar von Sicherheitskräften zusammengeschlagen. Der Direktor der UN-Umweltbehörde (UNEP), der frühere Bundesumweltminister Klaus Töpfer, hatte ihr schon Zuflucht vor Verfolgung gewährt. Seine Behörde zeigte sich am Freitag „absolut erfreut" über die Auszeichnung für die couragierte Afrikanerin. „Maathai gehört zu einer Hand voll Frauen weltweit, die ihr ganzes Leben der Arbeit für die Umwelt gewidmet haben", sagte UNEP-Sprecher Eric Falt. Ihr eigener Mann hatte die dreifache Mutter dagegen als „zu gebildet, zu starrköpfig, zu

Furchtlose Kämpferin: Nobelpreisträgerin Wangari Maathai greift auch selbst zur Hacke und scheut dabei nicht den Konflikt mit männlichen Sicherheitskräften. Archivbild: AFP

mächtig und zu erfolgreich" bezeichnet und sich deswegen von ihr getrennt.

Ihre politische Arbeit führte im Dezember 2002 zum Erfolg. Nachdem eine „Regenbogenkoalition" von Oppositionsparteien die Moi-Regierung abgelöst hatte, wurde Wangari Maathai ins Parlament gewählt Präsident Mwai Kibaki ernannte sie zur stellvertretenden Umweltministerin. Zu ihrem Wechsel von Basisbewegungen in politische Funktionen sagt die Friedensnobelpreisträgerin: „Ich finde es äußerst inspirierend, am Entscheidungsprozess innerhalb der Regierung teilzunehmen." Ihr Ziel ist weiterhin die Wiederaufforstung des Waldes: In zehn Jahren soll der Waldbestand von heute knapp zwei auf dann zehn Prozent steigen. Maathai: „Die Umwelt und ihre natürlichen Ressourcen sind ein sehr wichtiger Friedensaspekt. Wenn wir diese Ressourcen zerstören und sie knapp werden, kämpfen wir darum. Es werden in der Tat viele Kriege um knappe Ressourcen geführt."

Von großer Bedeutung sind für die am 1. April 1940 geborene Kenianerin auch die sozialen und demokratischen Rechte der Bevölkerung. Sie hat eine panafrikanische Frauenbewegung gegründet, deren Ziele über Umweltschutz und Wiederaufforstung hinausgehen.

„Wir wollen den Friedensbegriff bewusst auf die Sicherung der Umwelt erweitern", begründete in Oslo der Chef des Preiskomitees die überraschende Entscheidung. Damit werde der ehrwürdige Friedensnobelpreis im hohen Alter von 104 Jahren „echt alternativ", witzelte ein Beobachter. Den „Alternativen Nobelpreis", der sich als ausdrückliche Kritik an den traditionellen Nobelpreisen versteht, hatte Maathai bereits 1984 erhalten. Dessen Stifter, der Schwedendeutsche Jakob von Uexkuell, sagte gestern: „Wenn das jetzt immer so läuft, sollen mir auch 20 Jahre Verspätung recht sein." Schon damals hatte die Umwelt-Aktivistin angekündigt, eine eigene Stiftung gründen zu wollen. Mit den umgerechnet 1,1 Millionen Euro Preisgeld dürfte dem nichts mehr im Wege stehen.

Trinkwasser als gefährdete Lebensgrundlage

Wasser gehört zu den wichtigsten Lebensgrundlagen: ohne flüssige Nahrung können weder Menschen noch Pflanzen und Tiere überleben. Verschwendung und Verschmutzung, Klimawandel und Bevölkerungswachstum erschweren zunehmend den freien Zugang zu Trinkwasser.

Anlass zur Sorge

Das Bild, gerade außerhalb der Industrienationen, ist beunruhigend: Jeder fünfte Mensch kann seinen täglichen Wasserbedarf nicht decken; täglich sterben 6000 Menschen an den Folgen verunreinigten Trinkwassers. Statistiken sprechen davon, dass beim ungebremsten Fortgang der augenblicklichen Entwicklung im Jahr 2025 schon die Hälfte der Menschheit um Zugang zum täglichen Trinkwasser kämpfen muss. Doch nicht nur die südlichen Nationen müssen mit ihren Wasservorräten sorgfältig haushalten: auch in den Wohlstandsländern ist Wasser längst zur kostenpflichtigen Ware geworden, von der eine ständig wachsende Versorgungsindustrie lebt. Wer Wasser will, muss zahlen. Und nicht immer wenig. Daher ist der Versuch vieler Regierungen, die Wasserversorgung zu privatisieren, mit Risiken für die ärmere Bevölkerung verbunden. Viele kirchliche Organisationen setzen sich in diesem Zusammenhang dafür ein, dass der freie oder wenigstens erschwingliche Zugang zu Trinkwasser als Grundrecht anerkannt wird.

Bedeutung von Wasser

Eine funktionierende Wasserversorgung ist unerlässlich für die höheren Kulturleistungen. Die erste Kultur der Menschheit, das Reich der Sumerer im 4. Jahrtausend vor Christus, entstand durch ein ausgeklügeltes Wasserversorgungssystem entlang des Flusses Euphrat. Dieses ermöglichte höhere Ernten und machte damit erst die Hände frei für andere Tätigkeiten neben dem täglichen Nahrungskampf. Auch die Hochkulturen Indiens und Chinas beruhen auf technischen Meisterleistungen, welche eine weiträumige Bewässerung der Reisfelder sicherten. Die römischen Wasserleitungen, die Aquädukte, sind heute noch Gegenstand der Bewunderung. Doch nicht nur bei unserer Ernährung und in der Landwirtschaft kommen wir ohne Wasser nicht aus: Gesundheitsvorsorge verlangt einen gewissen Mindeststandard an sauberem Trinkwasser und an Hygiene. Schien die Infektionskrankheit Cholera schon weitgehend ausgerottet, so trat sie wegen verunreinigtem Trinkwasser Mitte der 90er Jahre wieder massiv in Asien, Afrika und Südamerika auf. Die zunehmende Wasserknappheit könnte das kostbare Nass zu einem ähnlichen Gegenstand von Konflikten machen wie Öl. Mehrfach schon entstanden Auseinandersetzungen um den Zugang zu Wasser wie zwischen Indien und Pakistan um das Wasser des Indus, zwischen Ägypten und Sudan bezüglich des Nilwassers oder zwischen Jordanien, Syrien und Israel wegen der Wasserentnahme aus den Flüssen Jordan und Yarmouk.

Einsparmöglichkeiten

Angesichts eines vorhersehbaren Bevölkerungswachstums auf über sieben Milliarden Menschen im Jahre 2025 wird auch der Wasserbedarf weiterhin steigen. Da die Wasservorräte nicht unbegrenzt vermehrbar sind, gilt es neue Wege zu finden, vorhandenes Wasser besser zu nutzen. Dies kann durch sparsameren Verbrauch geschehen. Auch neue Techniken und Materialien können bei der Senkung des Wasserverbrauchs helfen. Bedurfte es früher zwischen 60–100 Tonnen Wasser, um eine Tonne Stahl zu erzeugen, so reichen heute um sechs Tonnen. Für eine Tonne Aluminium sind sogar bereits 1,5 Tonnen Wasser ausreichend, so dass beim Einsatz von Aluminium statt Stahl auch der Wasserverbrauch gesenkt wird. Gefragt sind nicht zuletzt Privatinitiativen. Wenn heute die Regierungen sogar in den Wohlstandsländern bei grundlegenden Versorgungsfunktionen an finanzielle Grenzen kommen, sind private Unternehmen und Haushalte in ihrem Engagement gefordert.

Ehrfurcht vor der Schöpfung

Woher kann solches Engagement kommen? Ein verantworteter Umgang mit unseren Lebensgrundlagen drängt sich schon aus ganz praktischen Gesichtspunkten auf, da es ja um unsere eigene Zukunft geht. Darüber hinaus hat Wasser jedoch auch eine tiefere religiöse Dimension. In allen Kulturen der Menschheit ist Wasser ein besonderer Gegenstand der Ehrfurcht, ja der Verehrung. Die Bibel sieht in ihm das erste Element, das bereits vor allem Leben bestand: „der Geist Gottes schwebte über den Wassern". Die Naturwissenschaften bestätigen, dass das erste organische Leben wohl im Wasser entstand. Immer wieder beschwört das Alte Testament, dessen Volk Israel ja aus der Wüste gekommen ist, die Bedeutung von Wasser und verleiht ihm gerne einen geistigen Sinn. Wenn Mose für seine verdurstenden Stammesgenossen einen Wasserquell aus dem Felsen entspringen lässt, so heißt das auch, dass im Gottesglauben sich eine „Quelle lebendigen Wassers" auftut. Das Neue Testament greift diese Heilsbedeutung auf, wenn es den Menschen in der Taufe durch Wasser und Heiligen Geist Erlösung finden lässt. Und wer hat nicht schon die Erfahrung gemacht, wie er oder sie vor der Unendlichkeit des Ozeans oder vor dem steten Vorüberfließen der Flüsse unwillkürlich von nachdenklicher Ehrfurcht oder „Andacht" ergriffen wird? Der gläubige Mensch sieht im Wasser nicht lediglich eine Handelsware oder „Ressource", sondern ein Geschenk Gottes. Wenn nach langen Trockenperioden der Regen kommt, so erkennen gerade Landwirte darin ein Geschenk des Himmels, für das gebetet und gedankt werden muss.

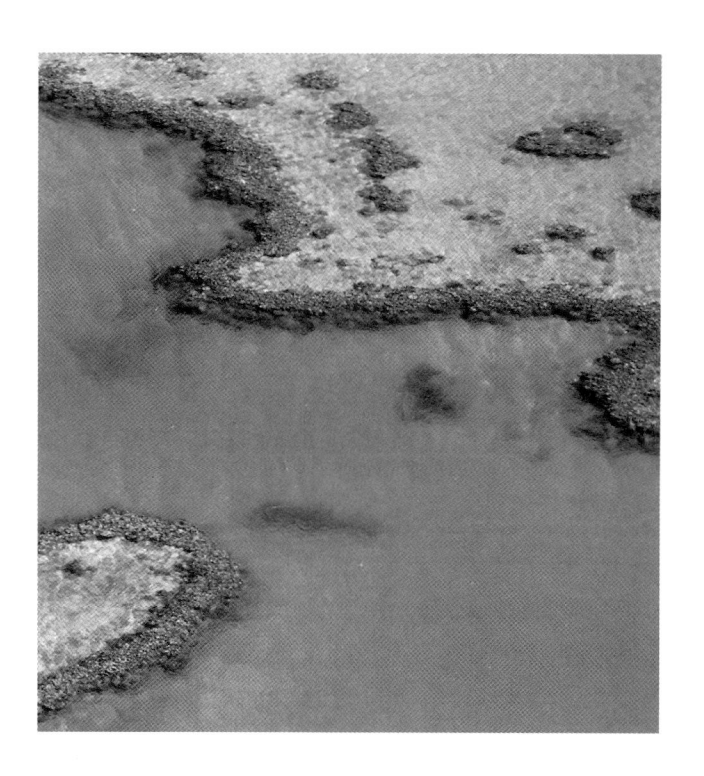

Cyrill Schäfer

Die Welt spricht zu uns

Wenn wir nach unserer Rolle in der Schöpfung fragen, wenn wir fragen, ob und in welcher Weise wir für die Schöpfung mitverantwortlich sind, gibt uns die Bibel Hinweise. In Gen 1,27–28 heißt es:

„Gott schuf den Menschen als sein Abbild... Gott segnete sie und Gott sprach zu ihnen: Seid fruchtbar und vermehrt euch, bevölkert die Erde, unterwerft sie euch und herrscht über die Fische des Meeres, über die Vögel des Himmels und über alle Tiere, die sich auf dem Land regen..."

Die Bibel gibt dem Menschen also das Recht, über die Natur zu herrschen, durch den Hinweis, dass Gott den Menschen als sein Abbild schuf, wird eine Ausbeutung der Erde durch den Menschen jedoch unterbunden.

Wenig später geht das Alte Testament nochmals auf die Beziehung zwischen den Menschen und der Natur ein.

Ergänze den folgenden Satz aus Gen 2,15:

Gott der Herr nahm also den Menschen und setzte ihn in den Garten von Eden, damit

☐ er ihn ausbeute und Geld verdiene
☐ er ihm gehöre
☐ er über ihn herrschen könne
☐ er ihn bebaue und hüte
☐ er ihn zur Ehre Gottes bewahre.

Fasse zusammen: Welche Grundaussage macht die Bibel zu dem Verhältnis des Menschen zur Erde, zur Natur, zur Schöpfung?

_____
_____
_____
_____
_____
_____
_____

6 Den eigenen Weg suchen – was dem Leben Halt und Richtung gibt

Lernziele

- Bewusst machen, dass es heute zunehmend schwerer wird, mit den sich immer schneller verändernden Welten von Beruf, Technik und Wissenschaft, von Lebensauffassungen und -verhältnissen zurechtzukommen.
- Mit Blick auf ein selbstbestimmtes Leben Personen kennen lernen, die in der lebendigen Beziehung zu den Mitmenschen und zu Gott ein dauerhaftes und tragfähiges Fundament gefunden haben.
- Aufmerksam werden, dass sich Menschen auf unterschiedlichste Weise von Gott angesprochen fühlen und dies auch ganz unterschiedlich in ihrem Leben zum Ausdruck bringen.
- Durch Personen der Bibel ermutigt werden, sich immer wieder für Gott und die Menschen zu öffnen und zu engagieren.

Medien		
42 41365	„Abraham – Ein Versuch" (48 min) – Experiment Max-Planck-Institut über menschliche Verantwortung
42 41057	„Amos und der Priester" (17 min)
42 40113	„Diebe" (12 min) – Überfall auf eine Tankstelle
42 41115	„Ein Mensch, ein Wort I" (30 min) – Prominente über die Bibel
42 41116	„Ein Mensch, ein Wort II" (30 min) – Prominente über die Bibel
42 41058	„Jeremia und der König" (15 min)
42 41056	„Rut und Noomi" (20 min)

SCHÖNE EINE WELT

Der temporeiche Wirtschaftskrimi stellt den Zusammenhang her zwischen unwürdigen Arbeitsbedingungen in Billiglohnzonen und Produktionsvorgaben hiesiger Konzerne der Bekleidungsindustrie. Der Arbeitsplatzabbau in Deutschland wird dabei ebenso thematisiert wie unser Verhalten als KonsumentInnen. Zurzeit setzt China die anderen Billiglohnländer einer zusätzlichen, mörderischen Konkurrenz aus. Unser Stück ergreift Partei für die Näherinnen. Zur Verbesserung ihrer Situation braucht es Druck auf die Multis.

Bei der heimlichen Verlagerung einer Bekleidungsfabrik von Südostasien nach Osteuropa werden die beiden deutschen Manager Klon und Zoff unvermutet aufgehalten. Die Näherin Etnah sucht ihre Schwester Arsinah. Seit das Militär vor drei Tagen auf das Fabrikgelände gekommen ist, um die Gründung einer Gewerkschaft zu verhindern, wird diese vermisst. Bei ihrer Suche begegnet Etnah der Freundin des Fabrikdirektors, Grit. Diese Begegnung bleibt nicht ohne Folgen, nicht zuletzt für die deutsche Frau, die selber einmal Näherin in einem inzwischen abgewickelten Textilbetrieb in der Oberlausitz war ...

Den eigenen Weg suchen – was dem Leben Halt und Richtung gibt

Unser Lebensumfeld – Gesellschaft im Wandel

Unser Umfeld verändert sich schnell
Probleme unserer Zeit

Orientierung finden – was Menschen dauerhaft Halt gibt

Was Menschen aus ihrem Leben machen
Der Nächstenliebe auf den Zahn gefühlt
Großeltern auf Zeit
Gewissensentscheidungen – nicht immer einfach
Auf das Gewissen hören
Freiwilliges soziales Jahr – Ausdruck menschlichen Miteinanders

Frauen und Männer der Bibel – Mut zu unangepasstem Leben

Als Christ im Alltag leben
Eine Missionarin auf Zeit
Ein „Überzeugungstäter", der alles gibt
„Wer Liebe sät, wird auch Liebe ernten"
Prof. Dr. Dr. h. c. Sumaya Farhat-Naser – eine moderne Prophetin

Als Bettler unterwegs in Stuttgart

Schnorren, „Sitzung" oder „Auf-Schmale-Machen" – Bettler kennen mehrere Strategien, Passanten zum Öffnen ihrer Geldbeutel zu bewegen. Die wenigsten Spender wissen allerdings, wie der Alltag von Bettlern wirklich aussieht. Seit einem halben Jahr bietet der *Caritasverband* einen eintägigen Selbsterfahrungskurs mit dem Titel *Stuttgart von unten* an. 50 Euro kostet die Anstrengung, in Begleitung eines wohnungslosen Lotsen bei Bettlern in die Lehre zu gehen. Die Hälfte des Honorars bekommen die Lotsen, die andere Hälfte der Caritasverband.

Kurz vor sieben Uhr morgens. Mit mulmigem Gefühl gehe ich zur Caritas-Tagesstätte für obdachlose Menschen. Ich habe Angst vor meiner eigenen Courage. In Klamotten aus der Caritas-Kleiderkammer, mit Dreitagebart und fettigen Haaren soll ich Geld schnorren. Zur Frühstückszeit treffe ich in der Tagesstätte Werner (51) und Dieter (53). Werner ist bereits seit zwölf Jahren obdachlos, Dieter seit zwei Jahren. Die beiden sind meine Lotsen. Sie wollen mir zeigen, wie die Großstadt von unten aussieht. Die Leiterin der Tagesstätte, Johanna Renz, hatte die Idee zur „Bettlerlehre" und setzte sie um. „Es geht darum, dass man sich mit Obdachlosen auseinander setzt und Respekt vor deren Lebensform entwickelt", sagt sie. Der Obdachlose solle nicht nur als Subjekt am Straßenrand gesehen werden, sondern als Mensch mit einer Geschichte, die ihn dorthin gebracht hat.

Dieter saß mehrere Jahre im Gefängnis und bekam zunehmend Alkoholprobleme – wie viele seiner Kollegen. Für ihn und Werner beginnt der Tag nach dem Frühstück mit einem „Kampfschluck" Billigbier vom Discounter. Um „Geld anzuschaffen", geht es nun auf die Stuttgarter Einkaufsmeile, die Königstraße. Vor einem großen Kreditinstitut darf ich mich hinhocken, einen Hut umgedreht vor mir, und es selbst ausprobieren. Ich schäme mich und traue mich zunächst nicht, die Vorbeieilenden anzuschauen. Ein Junge spuckt direkt vor mir aus. Wenig später zieht mir ein Teenager Fratzen. Eine Frau im mittleren Alter stolpert über meinen Hut und zieht schimpfend von dannen, während ich den „Samen" auflese. So heißen die paar Cent, die Dieter in meinen Hut gelegt hat, in der Hoffnung, dass sie sich vermehren. Nach drei Stunden „Sitzung" reicht der Inhalt meines Huts nicht einmal für das Mittagessen. Langsam knurrt mein Magen.

Während Dieter seine Arbeit vorwiegend im Sitzen verrichtet, ist Werners Erfolgsmasche das eigentlich verbotene „Auf-Schmale-Machen". Passanten werden dabei persönlich angebettelt: Die meisten öffnen ihre Geldbörsen zügig. Meine bettelnde Sitzungstätigkeit hat indes wenig Erfolg: Mein Tageseinkommen von 80 Cent schenke ich Dieter. Er hat das Geld wirklich nötig.

■ MARC WEYRICH

Kontakt: *Caritas-Angebot „Stuttgart von unten": 07 11/2 38 79 24*

Unser Umfeld verändert sich schnell

Das moderne Leben erfordert vom Menschen hohe Aufmerksamkeit. Im Vergleich zu früheren Zeiten muss der Mensch von heute mit immer schneller sich verändernden Welten zurecht kommen. Ob im Bereich der Technik, ob im Bereich der Wissenschaft, ob im Umgang mit sich stets wandelnden Berufsbildern oder auf dem weiten Feld der Lebensauffassungen – kaum etwas ist noch von Dauer.

Erläutere diesen Grundgedanken an den folgenden Beispielen! Ergänze mit weiteren Beispielen aus deinem Erfahrungshintergrund!

Information über neue Metallberufe

Im November informierte die IHK in Augsburg in Zusammenarbeit mit der IG Metall auf einer Veranstaltung über die Neuordnung der Metallberufe im nächsten Jahr. So sollen ab dem 1.8.04 fünf neue Metallberufe die bisherigen Berufe aus dem Jahr 1987 ablösen. Zur Zeit erarbeiten 55 Sachverständige auf Bundesebene die Ausbildungsinhalte und Prüfungsanforderungen der neuen Berufe.

Diese Arbeit soll bis Ende des Jahres abgeschlossen werden, so dass die neuen Berufe mit hoher Wahrscheinlichkeit im Frühjahr 2004 verabschiedet werden können. Grund für die Überarbeitung der Berufe sind die Integration neuer Technologien und veränderte Anforderungen an die Qualifikation der Beschäftigten. Neue Konzepte und Organisationsformen in den Betrieben führen zu veränderten Produktionsprozessen, die in der Regel von den Facharbeitern mehr Eigenverantwortung, Selbstorganisation, Planungssouveränität und IT-Kompetenz verlangen. Darüber hinaus erbringen sie in höherem Umfang industrielle Dienstleistungen in unmittelbarem Kundenkontakt. Hierauf soll die Ausbildung gezielter als bisher vorbereiten und so einen nahtlosen Übergang von der Ausbildung in die moderne Arbeitspraxis ermöglichen. Die Struktur der fünf neuen Berufe lehnt sich an diejenige der bereits in diesem Jahr erlassenen Elektroberufe an. Es ist geplant, die Bezeichnungen der bisherigen Berufe beizubehalten, wobei die Differenzierung in Fachrichtungen entfällt. (sie)

„Die Neuordnung der Metall- und Elektroberufe hat eine hohe Bedeutung für die schwäbische Wirtschaft, da die Ausbildung in 75% aller technischen Ausbildungsverhältnisse in diesen Berufen durchgeführt wird", so Wolf Dietrich Siebert (2. v. l.), IHK-Geschäftsfeldleiter Aus- und Weiterbildung auf der Informationsveranstaltung zum Thema „Neue Metallberufe" in den Räumen der IHK. Bild: Privat

Fremdsprachen im Beruf

Die IHK-Akademie Schwaben bietet im aktuellen Weiterbildungsprogramm „Internationales und Fremdsprachen" in Englisch, Französisch, Italienisch und Spanisch für Anfänger und Fortgeschrittene die Möglichkeit, die jeweilige Sprache für die täglichen Anforderungen am Arbeitsplatz zu lernen.

Interessenten finden ein praxiserprobtes System von Lehrgängen und Seminaren, womit man schnell das gewünschte Niveau in der gewählten Fremdsprache erreichen kann. In verschiedenen Zeitformen können sowohl allgemeine als auch berufsorientierte Sprachkenntnisse und -fähigkeiten erworben werden. Die Spanne reicht vom echten Anfänger bis zu qualifizierten Lehrgängen, die auf einen Abschluss vorbereiten. In Englisch können die Teilnehmer als Wiederanfänger bereits mit beruflich verwendbarem Vokabular und Grammatik beginnen. Fortgeschrittene erreichen mit dem darauf folgenden Lehrgang Wirtschaft-Englisch Aufbaustufe Teil B und später Teil C ausreichende Kenntnisse, um mit den berufsbezogenen Sprachzertifikaten der Industrie- und Handelskammer London abzuschließen.

Den winzigsten Teilchen auf der Spur

Nanotechnologie: In den Schulen nicht vorgesehen

Wo liegt die Zukunft? Natürlich in der Nanotechnologie, würde ein Naturwissenschaftler antworten. Denn sie ist die geheimnisvolle Wissenschaft der winzigsten Teilchen: der Nanopartikel. Es gibt sie in der Natur, doch sie können auch künstlich hergestellt werden. Sie bestehen nur aus ein paar Atomen. Man braucht eine Million Nanometer, um auf die Länge eines Millimeters zu kommen. Die Nano-Wissenschaft gilt als die Schlüsseltechnologie des 21. Jahrhunderts. Doch im regulären Lehrplan der Schulen ist das hochaktuelle Thema gar nicht vorgesehen.

Bleiben die Schüler also ahnungslos? Bloß nicht, meint der Verein „Nanotechnologie und Schule e. V.". Er will das ändern und hat deshalb eine bislang einmalige Lernstation im Deutschen Museum in Bonn eingerichtet. Sie ist ein außerschulisches Angebot für zeitgemäßen Unterricht. „Es liegt im Trend, aus der Schule hinauszugehen, sich schlau zu machen", sagt Detlef Werner, Chemielehrer am Siebengebirgsgymnasium in Bad Honnef. Werner ist auch Vorstandsmitglied des Nano-Vereins und besucht immer wieder mit Schülern die Lernstation: „Die sind begeistert, weil es neu ist."

Kleinste Festplatte der Welt

Auch Pascal Uhl (18) ist fasziniert. Er steht vor einem unauffälligen Gerät, das jedoch eine revolutionäre Erfindung ist: das Raster-Tunnel-Mikroskop. Mit einer feinen Nadel und einer leitenden Oberfläche lassen sich Strukturen im Nanometer-Bereich abtasten. Ein Computer macht die Strukturen auf dem Bildschirm sichtbar.

Die Lernstation erzählt von Erfindungen, die für die Nanotechnologie wichtig sind: das Mikroskop und die integrierten Schaltkreise. Sie zeigt auch die „Microdrive": die kleinste Festplatte der Welt mit 340 MB. Alles ist so praxisnah, wie es in der Nanotechnologie möglich ist. Auch der Selbstreinigungseffekt der Lotusblüte durch Nanopartikel-Strukturen wird erklärt – und mit einem Modell nachgeahmt. Die Schüler probieren manches selbst aus und lernen mit Arbeitsaufträgen am Computer weiter, recherchieren dafür selbst im Internet. Auch Sabrina Horn (19) mag die Lernstation, weil sie gerne Exkursionen unternimmt und Experimente macht: „Das ist eben kein 08/15-Unterricht."

Ihre Mitschülerin Josianne Krahl (19) wundert sich immer noch über die Welt der Nanopartikel: „Spannend, dass so kleine Dinger etwas bewirken können." Sie hat in der Schule bereits eine Facharbeit darüber geschrieben, in Zusammenarbeit mit dem Berliner Krankenhaus Charité. „Über Nanopartikel in der Krebstherapie gegen Gehirntumore", verrät sie. Vielleicht helfen sie eines Tages im Kampf gegen die tückische Krankheit. A. Z.

Infos:
www.mannometer-nanometer.de
www.nano-ev.de

Der Zwerg

Die Vorsilbe „Nano" kommt aus dem Griechischen und bedeutet „Zwerg". Ein Nanometer ist der millionste Teil eines Millimeters – das ist für Menschen kaum noch vorstellbar. Zum Vergleich: Ein Nanometer verhält sich größenmäßig zu einem Fußball wie wiederum der Fußball zur Erdkugel. Wenn die Nanotechnologie einmal sicher beherrscht werden sollte, kann sie auf vielen Gebieten Fortschritte bringen. Dazu gehören die Energie-, Umwelt- und Informationstechnik, aber auch die Medizin. Materialien aller Art werden leistungsfähiger, weil die Nanopartikel bessere Eigenschaften als größere Partikel haben (so gibt es schon eine Fassadenfarbe, die sehr gut Schmutz abweist). Produkte wie Brennstoffzellen und Batterien könnten in Zukunft durch mehr Speicherplatz verbessert werden, ebenso Prozessoren in Computern. Medizinische Instrumente würden noch kleiner und noch leistungsfähiger. Eine bekannte Vision ist das winzige U-Boot, das durch die Arterien des Menschen rauscht und dort Ablagerungen entfernt.

Gentechnik auf dem Acker

199

Probleme unserer Zeit

Welche Probleme unserer heutigen Zeit kannst du in den folgenden Darstellungen erkennen? Welche wichtigen sind deiner Meinung nicht genannt?

Ich mache mir Sorgen, weil Kati (7) in der Schule keine Freundin findet

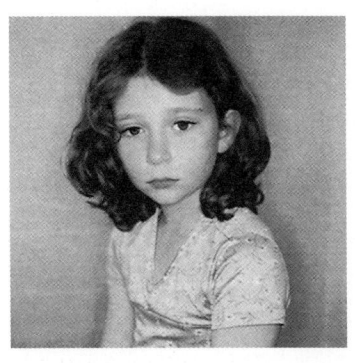

Unsere Tochter Kati (7) besucht die erste Klasse. In den vergangenen Wochen wollte sie immer erst kurz vor Schulbeginn hingebracht und sofort nach Schulschluss wieder abgeholt werden. Zu Hause wirkte sie bedrückt und traurig. Als ich nachbohrte, brach sie in Tränen aus. „Mama, warum habe ich keine Freundin?" Um sie zu trösten, sagte ich: „Du hast doch uns." Doch ihre Klassenlehrerin sagt, dass sie auch in den Pausen allein ist. Sie tut sich so schwer, Freunde zu finden. Wie kann ich Kati helfen? Marga T.

Das Gespräch mit der Lehrerin war ein richtiger Schritt. Um Freundschaften zu schließen, brauchen Kinder viel gemeinsame Zeit. Fragen Sie Katis Lehrerin, welche Klassenkameraden in Ihrer Nachbarschaft wohnen. Sprechen Sie deren Eltern an und laden Sie die Kinder – vielleicht sogar samt Eltern – zu sich ein. So könnten Sie Kati vorleben, wie man Kontakte knüpft. Und vielleicht können die Kleinen auch künftig gemeinsam zur Schule gehen. Das würde Kati sicher Hemmschwellen nehmen.

Ratlos?

Auf einem meiner vielen Fotospaziergänge entdeckte ich Peter neben dem Eingang eines Kaufhauses...
Ich fotografierte ihn zuerst heimlich, wie er da seelenruhig saß, Cola trank und einfach Pause machte. Seine Kopfdrehungen passten sich dem langsamen Kriechgang der einkaufenden Masse an. Ich fotografierte ihn, ging auf ihn zu und setzte mich zu ihm.
Jedesmal, wenn ich ihn fragen wollte, was er denn so treibe, wich er aus. Wohin wir gingen, schien ihm auch egal. Nur als wir an der Imbissbude – es war schon reichlich spät geworden – eine Curry-Wurst mit Fritten aßen, wurde er ernst und ruhiger...
Seine Worte klingen jetzt niedergeschlagen, verbittert. Er ist schon fünf Monate arbeitslos. Mit jedem Tag mehr wird er unsicherer, verzweifelter. Er fühlt sich ausgelaugt. Er weiß nicht mehr, was er mit jedem neuen Tag anfangen soll. Alles wiederholt sich nur noch. Dieses Warten zermürbt ihn.
Er kämpft mittlerweile gegen sich selbst. Er empfindet Minderwertigkeitskomplexe.
Er fühlt sich nutzlos, weggeworfen.
Zu Hause kennt er jede Ritze an den Wänden. Er bekommt Platzangst. Es ist die „Vorbereitung auf die Hölle", wie er sagt. Körperlich fühlt er sich ziemlich beschissen. Ständig Kopfschmerzen, Lustlosigkeit, Bauchschmerzen. Der Arzt kann nichts finden. Peter erfährt, dass dieser Zustand kaputt macht. Seine Kraft lässt jeden Tag mehr nach. Er ist arbeitslos, ratlos...
Werner Hewig

Was Menschen aus ihrem Leben machen

Oft wird in der modernen Gesellschaft von heute von einem Wertewandel, manchmal von einem Werteverfall, gesprochen. Mitunter sind auch die jungen Menschen Zielscheibe solcher Kritik und manche Menschen sind der Meinung, dass „alles immer schlechter wird".
Auf der anderen Seite darf man aber nicht vergessen, dass in Deutschland über 20 Millionen Menschen ehrenamtlich tätig sind, unentgeltlich Dienste an der Gemeinschaft leisten, ohne die eine Gesellschaft nicht lebensfähig wäre.
Die folgenden Beispiele zeigen Menschen unterschiedlichen Alters in unterschiedlichen Situationen.

Arbeite heraus, worin jeweils die besondere Leistung dieser Menschen besteht. Warum sind sie deiner Meinung nach in dieser Weise tätig? Worin besteht der „Gewinn" ihrer Tätigkeit (für den anderen Menschen, für sich selbst)?
Können diese Menschen Vorbilder für andere Menschen sein? Was wäre die Welt ohne solche Menschen?

Katholische Landjugend

Mit einem spektakulären Engagement haben fünf Ortsgruppen der KLJB auf sich aufmerksam gemacht: Mit der 72-Stunden-Aktion „Pax an" und dabei viel Gemeinsinn praktiziert. Nicht nur wegen der verwirklichten Projekte, sondern weil es den Gruppen gelungen ist, weite Teile der Dorfgemeinschaft mit zu motivieren und einzubinden. So wurde beispielsweise am Haus der Vereine ein Grillplatz mit Pavillon eingerichtet, ein Dorfbrunnen neu gebaut und einige Grünflächen erneuert oder vor dem Jugendheim die Parkplätze ausgebaut oder sämtliche Kinderspielplätze renoviert, die Spielgeräte ausgetauscht und ein Lattenzaun um das neue Jugendheim errichtet.

Christina-Maria

Am Gymnasium kam sie erstmals im Musiktheater „Die Schöne und das Biest" mit den Brettern, die bekanntlich die Welt bedeuten, in Berührung: Christina-Maria. In Hamburg fing sie an einer Privatschule ihr Studium zur Musical-Darstellerin an: Gesang, Schauspiel, Ballett, Sprecherziehung – aber auch Steppen, Fechten oder Jonglieren. In diesen nun abgeschlossenen zwei Jahren sammelte sie bereits erste Erfahrungen in Flensburg, im Thalia-Theater und im Ernst-Deutsch-Theater in Hamburg. Die Handwerkskammer der Hansestadt verlieh ihr den „Friedrich-Schütter-Preis", mit dem Schauspielnachwuchs gefördert wird. Da sie sich weiterentwickeln will, schwebt ihr eine Ausbildung an einer staatlichen Schauspielschule vor.

Förderkreis Willkamayu

„Verlasse die Welt ein wenig besser, als du sie vorgefunden hast." Diesem Motto der Pfadfinder hat sich ebenso die Gemeinschaft St. Georg verschrieben. Um insbesondere der Not in der Dritten Welt tatkräftig entgegenzutreten, gründeten sie den Förderverein „Willkamayu". Das Entwicklungshilfeprojekt liegt in den Anden, in Peru. Im Urubamba-Tal entsteht eine moderne wie traditionsorientierte Schule für die Nachfahren der Inkas. Die Pfadfinder und ihre Freude – teilweise in Zusammenarbeit mit dem „Verein Solidarität für eine Welt" – beschaffen durch verschiedene Aktionen Geld, informieren die Öffentlichkeit. Sie engagieren sich auch vor Ort: Rund ein Dutzend junger Leute war im Sommer auf eigene Kosten im Land und packte bei Bauarbeiten mit an.

Trompetentrio

Es sind drei junge Männer, die talentiert und begeistert ihrer Leidenschaft frönen: der Musik. Manuel, Fabian und Christian bilden das „Trompetentrio". Sie alle erhalten an der Musikschule ihren Unterricht und haben den Kammermusik-Wettbewerb als Landessieger und als Bundessieger für sich entschieden.
„Coole Burschen", die ihren Hobbys Tennis, Basketball oder Feuerwehr nachgehen.

Thomas

Vorbildliches Engagement in vielen Bereichen, insbesondere des Schulsektors, zeichnet Thomas aus. Als Schülersprecher am Gymnasium habe er sich gar einen legendären Ruf erworben. Für zwei Jahre war Thomas 1. Bezirksschülersprecher. Eine glänzende Figur machte er ebenso als Mitglied der Bigband sowie als Eleve von Brechts Meisterwerken „dem guten Menschen von Sezuan". Neben sportlichen Aktivitäten ist Thomas zudem in die Kolpingfamilie in seiner Heimatstadt eingebunden.

Schülercafé

„Der Zweck der Arbeit soll das Gemeinwohl sein", so einst der Industrielle Alfred Krupp. Aber wohl eher unbewusst haben sich die Initiatoren und Ausführenden des Schülercafés an diesem Leitmotiv orientiert. In Zusammenarbeit mit Handwerksmeistern wurden von den Kids der Volksschule viele freiwillige Stunden geleistet, um die Idee in Realität umzusetzen. Ein ausgeklügeltes System bindet alle Klassen unter Aufsicht und in Absprache mit Lehrern in dieses Gemeinschaftsprojekt ein, das den Zusammenhalt fördert und das Schulklima verbessert.

Simone

Zwei wichtige Entscheidungen beeinflussen das Leben eines Menschen: Partner- und Berufswahl. Für Simone wurde ein Praktikum in Hotel während ihrer Realschulzeit der Stein des Anstoßes: Hotelfachfrau. Ihren Ausbildungsplatz fand sie im First-Class Wellness- und Golfhotel. Während der Lehrzeit absolvierte sie ein Praktikum auf der MS Europa beziehungsweise in Zypern. Für hervorragende Leistungen bekam sie verschiedene Preise, wurde Vize-Meisterin beim Landesberufswettbewerb. Seit März ist sie „Demichef de Rang".

Begabung, Einsatz und Fleiß zahlen sich aus

„Worte allein schaffen keine Wärme, Taten müssen dazutreten." Nach diesem Motto hat die „Stiftung der Sparkasse" junge Menschen und eine schulische Gruppierung für ihre Leistungen ausgezeichnet.

• Für den beruflichen Bereich wählte die Sparkassenstiftung den 20-jährigen Arthur aus. Nach seiner Lehrzeit ist er von der Industrie- und Handelskammer (IHK) für eine Begabtenförderung ausgewählt worden. Die Förderung der IHK beinhaltete auch einen Sprachlehrgang in San Francisco. Seit Mai diesen Jahres belegt Arthur den Fortbildungslehrgang „Fachkaufmann für Marketing" an der IHK.
• Von frühester Jugend an ist Andrea begeisterte Sportlerin. Ihre von Geburt an bestehende Behinderung hat sie keinesfalls davon abgehalten, bei den Wettkämpfen Nicht-behinderter ihre Leichtathletikbegabung unter Beweis zu stellen. Nach ihrem Einstieg in den Behindertensport erntete sie weitere Lorbeeren für ihren Trainigsfleiß: erste deutsche Meisterehren im Dreikampf. Die Aufnahme in das Nachwuchsteam „Sydney 2000" und in das Nachwuchsteam des Deutschen Behindertensportverbands folgten.
• René hat seine Ausbildung bei einem Autohaus mit der „lupenreinen 1,0-Durchschnittsnote" abgeschlossen. Das Prädikat „Schulbester unter 380 Entlassschülern" zu der mit „sehr gut" abgelegten IHK-Prüfung unterstreicht die Zielstrebigkeit, mit der René seinen beruflichen Werdegang in die Hand genommen habe.
• Für den Erfinderclub nahm der Vorsitzende einen Scheck entgegen. Der Erfinder hat es sich zum Ziel gemacht, das Innovationspotential junger Menschen zu entwickeln und zu fördern.

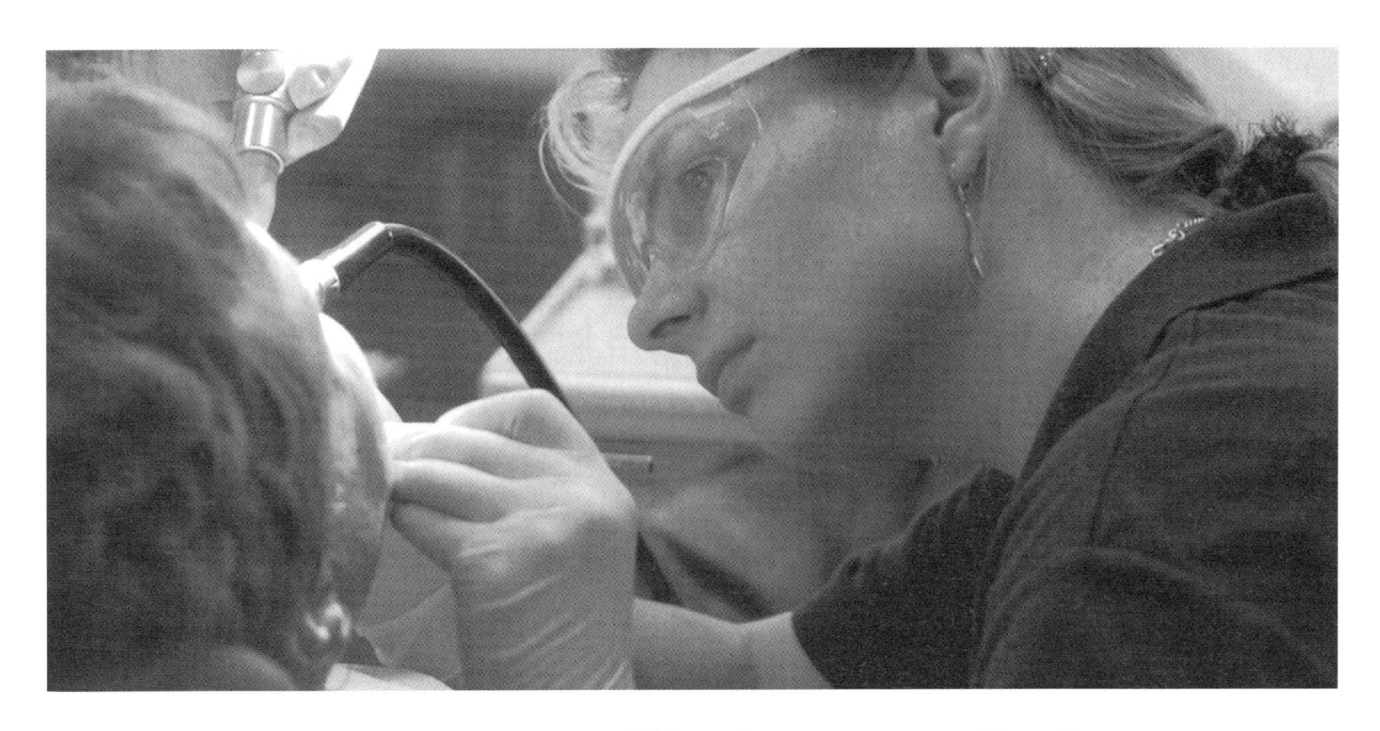

Der Nächstenliebe auf den Zahn gefühlt

Kirsten Falk ist europaweit die einzige Zahnärztin, die obdachlose Menschen unentgeltlich behandelt.

Menschen, wie Holger Stemmler*. Der hoch gewachsene ehemalige KFZ-Mechaniker verlor, kurz nachdem die Mauer fiel, seinen Job. Alle Anstrengungen, wieder einen Arbeitsplatz zu finden, scheiterten an seinem Handicap. Holger Stemmler ist Epileptiker. Seine Frau packte „in eener Nacht- und Nebelaktion die Koffer" und nahm die beiden schulpflichtigen Söhne gleich mit. Bis heute weiß er nicht, wohin. Bis heute hat der Familienvater keine Ahnung, „was aus den beeden Steppkes" geworden ist. Einmal noch, so scheint es jedenfalls, sollte sich das Blatt zu seinen Gunsten wenden. Der Vermittler einer Zeitarbeitsfirma legt ihm gerade die zweifache Ausfertigung des Arbeitsvertrages zum Unterschreiben vor, da läutet das Telefon. Fahrig nestelt das Gegenüber in seinen Unterlagen und überfliegt noch einmal Stemmlers Personalbogen. Dann verkündet er trocken: „Epilepsie – tut mir Leid, das hatte ich übersehen." Leute wie er, die wie ein Maikäfer plötzlich auf dem Rücken liegen, die Beine zappelnd zur Seite gestreckt, und dabei womöglich noch Schaum vor dem Mund haben, seien ein unkalkulierbares Risiko. Das werde er doch sicher verstehen. „Da, bitte schön, links ist der Ausgang."

Schon seit vier Jahren „auf Platte"

Irgendwann lässt Holger Stemmler das Gefühl nicht mehr los, allmählich den Boden unter den Füßen zu verlieren: Der Vermieter seiner Wohnung verlangt nach der Kernsanierung fast das Doppelte an Mietzins. Die Mahnbescheide für Strom, Gas und Telefon stapeln sich ungeöffnet auf der Küchenanrichte. Und immer öfter stellt der Gerichtsvollzieher lapidar fest, dass es in Holger Stemmlers Wohnung nichts zu pfänden gibt. Bis eines Tages die Räumungsklage ins Haus flattert.
Seit vier Jahren ist er nun „auf Platte" – ohne festen Wohnsitz, aber „trotz allem nicht todunglücklich", wie er versichert. Den fünften Winter unter Brücken und in Kaufhauseingängen zu verbringen, „dett muss nich mehr sein". Deshalb ist er froh, dass er zum Jahreswechsel einen Platz in einer Wohngemeinschaft für betreutes Wohnen in Aussicht hat. Er steht vor der Tür der Hausnummer elf in der Lichtenberger Weitlingstraße. Sein Gesicht ist wettergerbt, die Stirn von scharfen Furchen durchzogen, aber die wasserblauen Augen leuchten. Sein größter Wunsch? Die Söhne wieder zu sehen und: „Eine regelmäßige Beschäftigung, das wäre schön!"
Einfach die Flügel aufplustern und abheben. Schließlich können Maikäfer auch fliegen.
Mit Schicksalen wie dem von Holger Stemmler ist Kirsten Falk bestens vertraut. In der zweiten Etage des Hauses sitzt die junge Frau bei Hagebuttentee und wartet zusammen mit einer Kollegin auf ihren Einsatz. „Wenn die Leute erst einmal was im Magen haben, dann finden sie auch leichter den Weg nach oben", bemerkt sie. Unten im Erdgeschoss hat das

203

Berliner Rote Kreuz eine Wärmestube eingerichtet. Hier können obdachlose Menschen morgens Frühstück und mittags eine warme Mahlzeit einnehmen. Auf eine Studentin, Ende zwanzig, würde man bei Kirsten Falk tippen, begegnete man ihr in der U-Bahn. Wahrscheinlich käme niemand spontan auf die Idee, sie für eine Zahnärztin zu halten – und schon gar nicht für einen Inhaber des Bundesverdienstkreuzes – wie es im schönsten Amtsdeutsch heißt. „Dett häng' ich mir ja nicht um", betont sie, wenn sie darauf angesprochen wird, und lächelt dabei scheu.

Die selbst erfahrene Wärme und Geborgenheit weitergeben

Es ist keine wissenschaftliche Entdeckung, für die Kirsten Falk ausgezeichnet wurde, sondern ihr soziales Engagement: Bis heute ist die 36-Jährige europaweit die einzige Zahnärztin, die kostenlos obdachlose Menschen behandelt. Ein bisschen von dem, was sie an Wärme und Geborgenheit in ihrem Elternhaus erfahren hat, will sie weitergehen, nachdem ihre eigene Praxis nach drei Jahren „aus dem Gröbsten raus war". Ihr Leben verläuft in geordneten Bahnen. Kindheit und Jugend in Berlin, dann die Studienzeit in Leipzig. „Es gab nichts, woran es mir mangelte", erzählt sie. Doch der anfängliche Plan, in der eigenen Praxis bedürftigen Patienten die eine oder andere Gratis-Füllung zu verpassen, ging nicht auf. „Die Hemmschwelle war einfach zu hoch", erinnert sie sich. Menschen, denen die Armut anzusehen ist, setzen sich eben nicht so leicht neben den gut situierten Studienrat ins Wartezimmer – auch wenn der gleiche Backenzahn schmerzt.

Die hohe Kunst zahnärztlicher Improvisation

Dann erfährt Kirsten Falk aus der Presse von der Obdachlosenärztin Jenny de la Torre, die am Berliner Ostbahnhof für die MUT, eine gemeinnützige Einrichtung der Berliner Ärztekammer, tätig ist. Sie bietet ihre Mitarbeit als Zahnärztin an – und wird mit offenen Armen empfangen. Die Anfänge in einem winzigen Behandlungszimmer sind – nicht nur aus zahnmedizinischer Sicht – abenteuerlich. Bohrer, Behandlungsstuhl und eine professionelle Beleuchtung? Fehlanzeige. „Meine Azubine hat sich mit der Taschenlampe hinter mich gestellt, damit ich einen Abszess spalten konnte", erzählt sie. Die hohe Kunst zahnärztlicher Improvisation nahm Kirsten Falk noch anfänglich als sportliche Herausforderung. „Die Zemente für die Zahnfüllungen habe ich aus meiner eigenen Praxis an den Ostbahnhof geschleppt." Bis sie irgendwann feststellt: „So geht es nicht weiter."

Kirsten Falk geht auf Betteltour, klopft bei der Berliner Zahnärztekammer an – und plötzlich öffnen sich gleich mehrere Türen: Ein Dentalbüro spendet Prothesen und zusätzlich zahnärztliches Material, ein ausgedienter, aber voll funktionstüchtiger Behandlungsstuhl wird gestiftet. Und bald ist auch eine neue Bleibe in Sicht. Im Juni 1999 ist es dann so weit: Kirsten Falk eröffnet – mit Hilfe der MUT, der gemeinnützigen Trägerin der Berliner Ärztekammer – in Lichtenberg eine zweite Praxis. Ausschließlich für Bedürftige und Obdachlose. Jeden Mittwoch ist sie für Menschen da, die durch die Maschen des Sozialnetzes gefallen sind: Männer und Frauen ohne Kranken- und Rentenversicherung und ohne feste Bleibe. Rund 9000 Menschen haben in Berlin kein Dach über dem Kopf. Die Dunkelziffer übersteigt nach Schätzungen des Berliner Roten Kreuzes locker die Zehntausend-Marke.

„Der Patient steht im Mittelpunkt."

Das Gros ihrer Klientel ist alkoholabhängig. „Ich würde niemanden wegschicken, nur weil er getrunken hat", bekundet sie entschlossen. Es ist genau diese Haltung, die sie von einigen ihrer Kollegen unterscheidet, die mitunter ihre Patienten schon nach Hause schicken, wenn sie sich ihre Zähne nicht gründlich genug geputzt haben. Bei vielen ist die Schamgrenze so hoch, dass sie ihren Namen nicht angeben wollen. „Hier muss sich niemand ausweisen", sagt Kirsten Falk dann und verweist auf ihre Kartei mit Alias-Namen. Während andere Zahnärzte ihre Praxen schließen, um gegen die Gesundheitsreformen im Allgemeinen und Honorareinbußen im Besonderen zu demonstrieren, vertritt sie eine dezidierte Meinung: „Der Patient steht im Mittelpunkt." Nicht der behandelnde Zahnarzt. Was ihr Kopfzerbrechen bereitet? Wenn einer ihrer Schützlinge während einer Behandlung plötzlich bewusstlos zusammenbricht. „Das ist glücklicherweise aber noch nie passiert." Und wenn der „Fall der Fälle" eintritt, ist in der ersten Etage ein Allgemeinmediziner zur Stelle. Wetterbedingte Infektionen der Atemwege und „offene" Beine aufgrund von Durchblutungsstörungen in den Venen sind die häufigsten Leiden, die Menschen ohne ein Dach über dem Kopf mitbringen. Alkohol und eine vitaminarme Ernährung zehren den Körper zusätzlich aus. „Wir haben viele Extraktionen", schildert sie. Zähne also, die irreversibel geschädigt sind und gezogen werden müssen. Auch die Behandlung von Abszessen steht bei ihr auf der Tagesordnung. „Zu 35 Prozent sind wir auf laufende Spenden angewiesen", berichtet die Zahnärztin. Da versteht es sich fast von selbst, dass kostspielige Brückenglieder und Kronen nicht zum Einsatz kommen. Um dem Zustrom an Patienten gerecht zu werden, hat Kirsten Falk Verstärkung bekommen: Ihre Kollegin Hanna Koismann, zuvor selbst beschäftigungslos, versieht im Rahmen einer Arbeitsbeschaffungsmaßnahme rund 40 Stunden die Woche ihren Dienst.

Glückshormone bei der Arbeit? Oh ja, die gibt es. „Ich freue mich, wenn Patienten immer wieder kommen." Besonders freut sich Kirsten Falk allerdings, wenn die Leute berichten, dass sie ein Dach über dem Kopf bekommen haben – und vielleicht sogar eine Arbeit.

* Name von der Redaktion geändert

Großeltern auf Zeit

Leihoma und -opa. Kinder bringen Spaß und halten jung. Und: Nicht nur eigene Enkel machen Ältere glücklich.

Töchter und Enkelin sind längst erwachsen. Marita Hein, 67, könnte ruhige Zeiten genießen. Stattdessen betreut sie zwei Nachmittage pro Woche als Leihoma die einjährige Felicitas sowie deren drei und viereinhalb Jahre alte Schwestern Laetizia und Tiziana. Eine Entlastung für die Eltern, die neben der Familie einer Pfarrgemeinde gerecht werden müssen. „Du bist verrückt, dir das aufzuladen", hört Marita Hein mitunter. Sie sieht das anders: „Jetzt bin ich viel glücklicher." Die Kinder stimmen sie fröhlich, verdrängen stundenweise sogar die Trauer um ihren verstorbenen Mann.

Aktiv im Ruhestand.

„Ihre" Familie fand Marita Hein über das Projekt „Leihoma und -opa" des Sozialdienstes Katholischer Frauen und Männer in Wülfrath in Nordrhein-Westfalen. „Hier sind immer 16 bis 18 Senioren aktiv", sagt die Sozialpädagogin Maria Müller-Meskamp, die das Projekt seit dessen Start vor vier Jahren betreut. Gut 40 Kinder haben so Leihgroßeltern gefunden. Von denen sich manche schon melden, wenn sie noch berufstätig sind: Sie wollen die Zeit danach als Leihgroßeltern aktiv gestalten.

Generationen im Gespräch.

Nicht jeder wählt den Anschluss an eine Familie. Gerade die dünn gesäten Leihopas engagieren sich oft anders: Einer hat in Wülfrath das Projekt „Naturerfahrung mit Kindern" entwickelt, ein anderer geht als Vorleser in einen Kindergarten. Auch das entspricht der Idee des Projekts, das den Dialog zwischen den Generationen fördern will. „Leihgroßeltern bringen Lebenserfahrung mit", sagt Müller-Meskamp. „Für die Kinder lassen sie die Vergangenheit lebendig werden."

Zukunft teilen.

Den Eltern können sie in einer vertrauensvollen Beziehung hilfreiche Begleiter sein. Umgekehrt genießen Leihgroßeltern die Vitalität und Neugier der Kinder, durch die sie ein Stück weit an der Zukunft teilhaben. Und natürlich tut es gut, wenn der eigene Einsatz anerkannt wird. Leihomas und -opas werden meistens nicht bezahlt, viele entsprechende Initiativen setzen auf Ehrenamtlichkeit. Üblich ist, dass die Familien Fahrtkosten oder Auslagen für Ausflüge mit den Kindern erstatten. Doch der Lohn für das Engagement ist die lebendige Freundschaft zu einer Familie. Und die ist für beide Seiten wertvoll. Oft leben die eigenen Kinder und Enkelkinder oder umgekehrt die leiblichen Großeltern weit weg. Mitunter sind Opa und Oma auch zu alt oder zu krank, um für ihre Enkel da zu sein.

Offenheit zählt.

„Doch Eltern wissen, wie es ist, Großeltern zu erleben oder auf sie verzichten zu müssen", sagt Müller-Meskamp. „Sie wollen, dass ihre Kinder eine Oma, einen Opa haben." Denn eines zeichnet Leihomas und -opas ebenso aus wie leibliche Großeltern: Sie haben Zeit für die Kinder, können bei den Treffen für sie ganz da sein.
Wer Leihoma oder -opa sein will, muss selbst keine Kinder haben. „Was zählt, ist Offenheit; man darf die Kinder und die Familie nicht ändern wollen", weiß die Sozialpädagogin Müller-Meskamp.

Nach Omas Spielregeln.

Und was passiert, wenn dabei Erziehungsstile aufeinander prallen? „Darüber reden", rät die Expertin. Sie betont, dass Leihgroßeltern Grenzen setzen dürfen. „Kinder akzeptieren, dass bei Oma andere Regeln gelten." Der Tipp der „Wunschoma-Fachfrau": „Oft ist es günstiger, wenn die Kinder zu den Leihgroßeltern kommen. Kindern tut es gut, andere Welten kennen zu lernen. Und es fällt ihnen in anderer Umgebung leichter, neue Spielregeln zu akzeptieren."

Gewissensentscheidungen – nicht immer einfach

Gewissensentscheidungen sind oftmals auch Entscheidungen gegen den Widerstand einer Mehrheit oder gegen die „Das-geht-mich-nichts-an-Einstellung". Deshalb erfordert es oft Mut, eine konsequente Gewissensentscheidung zu treffen – und leider können dies manche Menschen nicht.

Wie würdest du dich in den folgenden Situationen verhalten? Was sagt dir dein Gewissen? Warum würdest du dich so entscheiden?

In der Fußgängerzone siehst du einen jungen Mann nahezu leblos am Boden liegen.

In einem Kaufhaus bemerkst du, dass eine junge Frau einige Parfum-Fläschchen in der Handtasche „verschwinden" lässt.

Die Frau an der Ladenkasse gibt dir 10 Euro zu viel Wechselgeld zurück.

Darja ist Russlanddeutsche. Sie ist neu in der Klasse und wird aufgrund ihrer noch recht bruchstückhaften Sprachkenntnisse veralbert.

Dir wird eine illegal gebrannte Spiele-CD angeboten.

Du hast bei einer Firma einen Ausbildungsvertrag für eine Lehre als Kfz-Mechaniker unterschrieben. Bei zwei weiteren Firmen hast du dich ebenfalls beworben.

Du weißt, dass dein Banknachbar Schwierigkeiten im Fach Mathematik hat, aber nicht wagt, dich um Hilfe zu bitten

Du weißt, dass dein Banknachbar Schwierigkeiten im Fach Mathemaik hat, aber zu stolz ist, dich um Hilfe zu bitten.

Du bist unfreiwillig Zeuge eines Gesprächs, in dem zwei Schüler sich darüber unterhalten, dass Kevin aus der Klasse 8c eine Geldbörse im Umkleideraum der Turnhalle gestohlen hat.

Dein Vater verhandelt mit zwei Banken um bessere Konditionen für einen Kredit. Seine Hausbank kann mit dem Angebot einer anderen Bank nicht mithalten.

Auf das Gewissen hören

„Ein gutes Gewissen ist ein sanftes Ruhekissen!" – ein Sprichwort, das eine der bedeutendsten Grundlagen menschlichen Zusammenlebens zum Thema hat:
Das Gewissen ist aber keine Gabe des Menschen, die bereits vorliegt, sondern es ist eine Anlage, die wie alle anderen menschlichen Fähigkeiten ausgebildet werden muss. Das Gewissen ist eine innere Stimme, die sich entwickelt und weiterbildet, die unser Verhalten korrigiert und steuert.

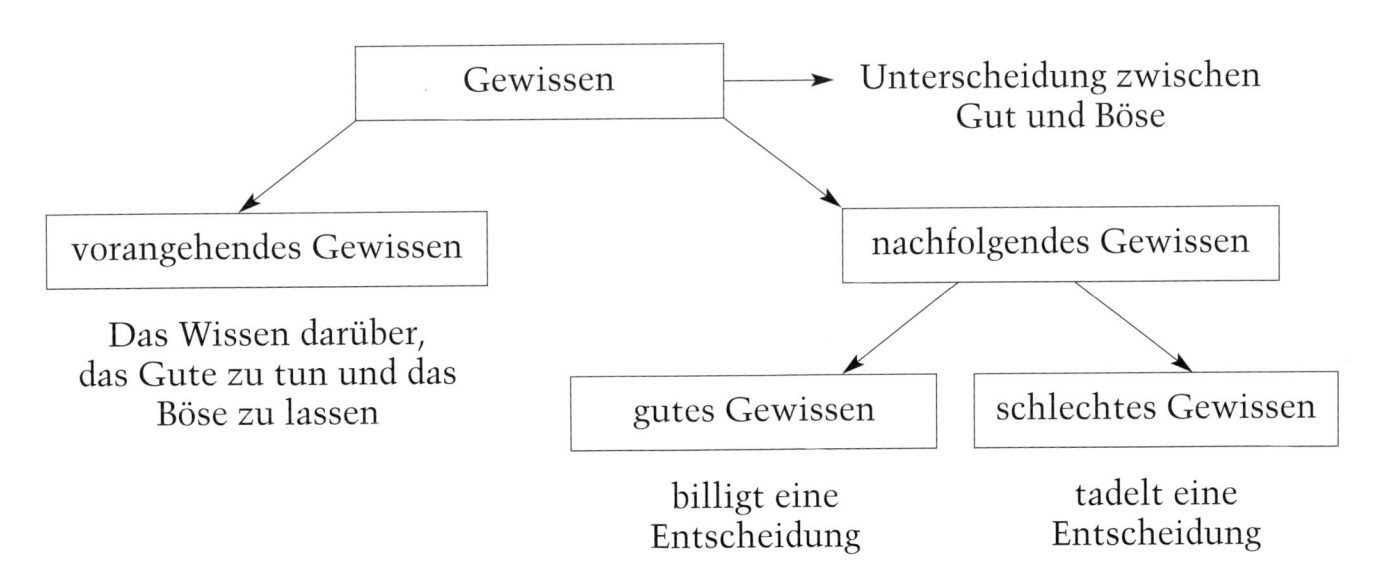

```
                    Gewissen  ──→  Unterscheidung zwischen
                   ╱       ╲              Gut und Böse
                  ╱         ╲
    vorangehendes Gewissen   nachfolgendes Gewissen
                              ╱          ╲
   Das Wissen darüber,    gutes Gewissen   schlechtes Gewissen
   das Gute zu tun und das
   Böse zu lassen          billigt eine      tadelt eine
                           Entscheidung      Entscheidung
```

Die Bildung eines kritischen, eigenständigen und feinfühligen Gewissens ist ein wichtiger Teil der Erziehung. Deshalb spielen die Eltern eine bedeutende Rolle bei der Entwicklung des Gewissens. Aber auch noch andere Faktoren beeinflussen das Gewissen eines Menschen. *Trage ein!*

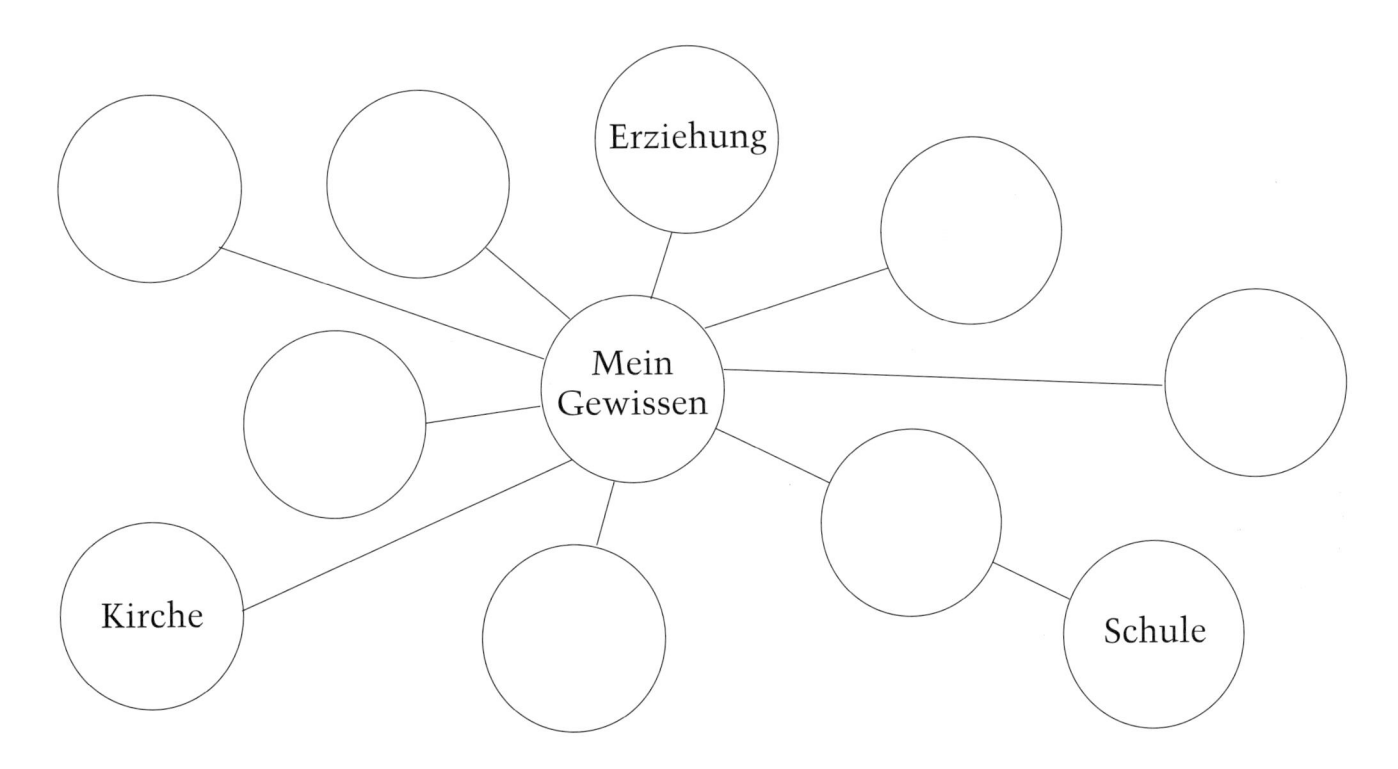

(Diagramm: Zentrum „Mein Gewissen" mit Verbindungen zu Kreisen: Erziehung, Kirche, Schule und weiteren leeren Kreisen)

Gewissensentscheidungen setzen oftmals Mut voraus. Bei Gewissenskonflikten muss eine Entscheidung gefällt werden. Die wichtigste Frage dabei ist immer: Was ist in dieser konkreten Situation zu tun?

Freiwilliges soziales Jahr – Ausdruck menschlichen Miteinanders

„Diese Arbeit bringt mir was fürs ganze Leben" – ein Jugendlicher über seine Arbeit im Behindertenheim und im Altenzentrum im Rahmen eines freiwilligen sozialen Jahres.
Durch die Diskussion über die Abschaffung der Wehrpflicht und den Aufbau einer Berufsarmee ist es wieder etwas näher in den Blickpunkt der Öffentlichkeit geraten: das freiwillige soziale Jahr. Im Rahmen der Diskussion um die Abschaffung des Zivildienstes wird die Diskussion über ein Thema geführt, das alle Jugendlichen betrifft: Soll das freiwillige soziale Jahr, wie es bisher schon bestand, in dieser Form weiter bestehen oder sollte doch eine gesetzliche Regelung getroffen werden, um ein soziales Pflichtjahr für alle Jugendlichen (auch Mädchen!) verbindlich einzuführen.

Bilde dir aufgrund der folgenden Interviews und dem Bericht über Zivildienstleistende eine Meinung zu diesem Thema und nimm zu folgenden Fragen Stellung:

1. Soll wie bisher das freiwillige soziale Jahr als Möglichkeit eines freiwilligen Engagements für seine Mitmenschen bestehen bleiben oder nicht?
2. Soll der Zivildienst, den bisher alle männlichen Jugendlichen anstelle des Dienstes bei der Bundeswehr leisten mussten, in der bisherigen Form erhalten bleiben?
3. Sollen Mädchen auch zu einem Dienst an der Gesellschaft verpflichtet werden?
4. Warum haben bisher Jugendliche ein freiwilliges soziales Jahr absolviert?
5. Könntest du dir vorstellen, ein freiwilliges soziales Jahr zu absolvieren?

Raphaels Zeit unter den alten Menschen ist knapp bemessen: Von den zehn Monaten, die der Dienst dauert, hat er die ersten drei Wochen mit Einführungskursen verbracht. Ein weiterer Monat vergeht, bis sich ein Zivi mit den besonderen Problemen der Senioren vertraut gemacht hat. Er ist keine Aushilfskraft, die vom ersten Tag an die immer gleichen Fließbandhandgriffe tut. Stattdessen gilt es, direkt nach dem Leben in der Schule ein Gefühl für die Welt der mehr als 60-Jährigen zu entwickeln. Bestimmte Krankheitsbilder zu erkennen.
Beim Mittagstisch, über Räucherwammerl mit Rahmwirsing, ist die Zivildienst-Diskussion ein Top-Thema unter den Senioren. Wer begleitet, wenn er 2008 ganz gestrichen wird, die Besichtigungstouren des Seniorentreffs ins Grandhotel oder die Großbäckerei? Wen sollen sie ansprechen, wenn es mal einen Mineralwasserkasten in die nahe Wohnung zu schleppen gilt? Und wer, bitteschön, gibt dann kompetente Auskunft über das Lebensgefühl der Enkel? Raphael ist hier als Ansprechpartner unersetzbar.
Zum einen, weil er im „offenen Bereich" des Freizeittreffs fast ständig präsent ist. Geht's Frau Müller schlecht? Wo ist Herr Meier – er hat sich doch in die Liste fürs Mittagessen eingetragen? Zum anderen ist er begehrt, weil er jung ist. Und auch der 19-Jährige sieht sich als Profiteur: „Mit Menschen umgehen – das kann doch nur förderlich sein."

Benjamin, 20 Jahre, arbeitet seit August in der Kunstwerkstatt für körperbehinderte Menschen der Pfennigparade. Bei der Pfennigparade gibt es neben den Gruppen „Keramik", „Malerei", „Textil" und „Holz- und Stuhlgeflechte" die „Werkgruppe" – dort trifft man Benjamin. Die Menschen, mit denen er arbeitet, haben unterschiedliche spastische Behinderungen, fast alle sitzen im Rollstuhl. Wenn sie Seidenschals fertigen oder Kerzen gießen, ist er als Assistent zur Stelle. Er bereitet das Material vor, bespannt Webrahmen, schleift Holzplatten ab. Morgens besorgt er Semmeln für das gemeinsame Frühstück, führt Hände aus Jackenärmeln und hilft Männern der Gruppe beim Gang aufs Klo. Das Verhältnis zu den Behinderten? Freundschaftlich mit manchen – man spricht über Privates –, eher distanziert mit anderen. Und natürlich komme es immer auf die Persönlichkeit des Menschen an. „Aber die Stimmung in der Gruppe", sagt Benjamin, „ist gut." Den Zivildienst hält er für eine „sehr gute Erfahrung". Man lerne, geduldig zu sein und Hemmungen gegenüber Behinderten abzubauen. Am Anfang ihres Dienstes versuchen die Zivis der Pfennigparade in einem Training, selbst im Rollstuhl sitzend durch die Stadt zu kommen: Bordsteine rauf, Rolltreppen runter, mit einem Aufzug ins U-Bahn-Geschoss. „Dabei lernt man", sagt Benjamin, „sich in die Lage der Leute reinzuversetzen".

Der 20 Jahre alte Maximilian sitzt derweil in der Rezeption der Jugendherberge. Er ist einer von elf Zivis, die in der Haustechnik, der Küche oder eben in der „Rez" arbeiten. Eigentlich hatte der Abiturient seinen Dienst im Kindergarten leisten wollen. Weil es dort aber keine Stellen gab, war „die Jugendherberge das Naheliegende". Hier empfängt er die Gäste, wickelt Ein- und Auschecken ab, hilft beim Ausfüllen der Formulare. Die meisten ausländischen Besucher kommen aus den USA, gefolgt von Japan und Südkorea. Die Rezeption ist 24 Stunden besetzt: Die Schichten dauern von 6.30 Uhr bis 15 Uhr und von 15 Uhr bis 23.30 Uhr. Nachts arbeitet ein Sicherheitsdienst. Sechs Tage in Reihe sind die Zivildienstleistenden im Dienst und haben anschließend drei Tage frei. Deshalb hat er nur etwa jedes vierte Wochenende frei. „An Feiertagen und am Wochenende arbeiten – das ist der einzige große Nachteil an dem Job." Wenn nicht viel los ist, hilft Maximilian in der Haustechnik aus: Lampen reparieren, Laufbotenjobs. „Ein Zivildienst in der Jugendherberge ist auf jeden Fall zu empfehlen." Weil man in Kontakt mit jungen Menschen aus der ganzen Welt komme. Und, weil wie jetzt im Januar nicht allzu viel los ist – und Maximilian lesen oder auch mal für die Führerscheinprüfung lernen kann.

Im Juli hatte Nikolaus, 20, das Gymnasium verlassen – im Oktober kehrte er in die fünfte Klasse zurück. Sein Zivijob hat ihn wieder in die Schule geholt: Er begleitet einen zwölf Jahre alten, spastisch behinderten Schüler im Auftrag der gemeinnützigen „Vereinigung Integrationshilfe". Morgens hilft er Jonas (Name geändert) raus aus dem Taxi und hinein in den Rollstuhl. Im Klassenzimmer packt er Jonas' Hefte aus. Geistig kann sein Schützling dem Unterricht problemlos folgen. Nur die Hand kommt manchmal nicht mehr mit, wenn die Kreide allzu schnell über die Tafel jagt. Dann schreibt manchmal der Zivildienstleistende den Satz zu Ende. In der Pause holt er für Jonas das Brot aus dem Ranzen und schiebt ihn in den Schulhof – wenn das nicht eh die anderen Kinder tun. Ansonsten bleibt Nikolaus so lange an Jonas Seite, bis um 13 Uhr die Schulglocke läutet und draußen das Taxi den Kofferraum für den Rollstuhl hochklappt. Zivildienst? Findet Nikolaus gut – nicht nur für Jonas. „Diese Arbeit bringt mir was fürs Leben."

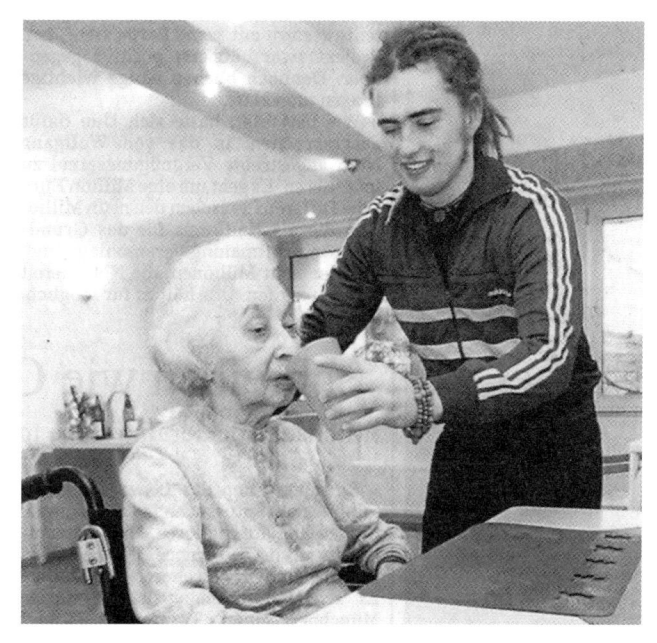

Anja Burkel

Monika:
Ich habe bisher noch keinen Wehr- oder Zivildienst abgeleistet. Aber zur Bundeswehr würde ich sowieso nicht wollen. Das finde ich einfach nicht richtig. Ich könnte mir dagegen schon vorstellen, so etwas wie ein soziales Jahr zu machen. Das aber verpflichtend einzuführen – das wäre nicht richtig.

Lisa:
Das freiwillige soziale Jahr finde ich sehr gut. Gerade in Behinderten- oder Altenheimen werden dringend junge Leute gebraucht. Viele haben ja keine Angehörigen, die sich um sie kümmern. Meiner Meinung nach sollte das aber eine freiwillige Sache bleiben. Manche eignen sich dazu einfach nicht.

Resi:
Ich finde die Idee super. Durch das soziale Jahr wird jeder in die Pflicht genommen, Jungen wie auch Mädchen. Und dann weiß man auch, was im Pflegedienst oder im Krankenhaus geleistet wird. Viele wissen doch nach dem Abitur noch nicht, was sie machen wollen. Danach ist man ein Jahr reifer.

Basti:
Ein soziales Jahr wäre in Ordnung. Junge Männer, die früher nicht zur Bundeswehr wollten, mussten verweigern. Und es wäre doch eine echte Alternative, etwas für den Staat zu tun. Dass auch Mädchen nicht mehr drum rum kommen, fände ich o. k. In vielen anderen Staaten ist das ja mittlerweile auch so.

Tomi:
Von dem Vorschlag halt' ich gar nichts. Wieso soll man die Leute dazu verpflichten, ein soziales Jahr zu machen. Natürlich wäre es ausgleichende Gerechtigkeit gegenüber denen, die vorher ihren Wehrdienst abgeleistet haben. Aber was soll denn ein soziales Pflichtjahr bewirken? Ich sehe keinen Grund dafür.

Als Christ im Alltag leben

Der Mensch lebt nicht bloß zur Nützlichkeit

Die jüngste Regierungserklärung der Niederlande war für den Rotterdamer Bischof Adrian van Luyn Anlass zum öffentlichen Einspruch. „Es war nur noch von Ökonomie die Rede", berichtet er. Und dass jeder Bürger mehr Eigenverantwortung übernehmen solle. Grundsätzlich gefällt dies auch dem Bischof, aber nur wenn die Forderung ergänzt wird um die Mitverantwortung für die Schwächeren und um die Verantwortung für das Gemeinwohl. „Wir brauchen alle drei Elemente, um eine humane Gesellschaft zu bilden", sagt er.

Motorradfahrer das Leben gerettet

Landrat ehrt den 14-jährigen Daniel

Engagiert und beherzt geholfen hat der Schüler Daniel bei einem schweren Verkehrsunfall. Mit einem kleinen Geschenk bedankte sich der Landrat für sein vorbildliches Verhalten.

Bereits am Abend des 9. September ereignete sich der Verkehrsunfall auf der Staatsstraße. Ein Motorradfahrer geriet an einer scharfen Linkskurve von der Fahrbahn und kam erst nach 40 Metern in einem angrenzenden Wald zum Liegen. Erst am 10. September gegen 10 Uhr hörte der mit dem Fahrrad vorbeifahrende 14-jährige Daniel die Hilferufe des Motorradfahrers und kümmerte sich sofort um den Schwerverletzten. Durch Anhalten vorbeikommender Fahrzeuge verständigte der Jugendliche die Polizei.

Dieses lobenswerte und engagierte Verhalten des Schülers, „das weit über das Maß der sonst anzutreffenden Hilfsbereitschaft von Verkehrsteilnehmern hinausgeht und dem Motorradfahrer wohl das Leben gerettet hat", verdient Anerkennung.

Eine Missionarin auf Zeit

Angelika arbeitet für ein Jahr in Südafrika

Als eine „Botschafterin unserer Pfarrei" bezeichnete der Stadtpfarrer die Abiturientin Angelika, die sich für eine einjährige Arbeit als „Missionarin auf Zeit" (MaZ) entschieden hat. In wenigen Tagen wird sie zusammen mit Silke aus München nach Kapstadt fliegen, um in Südafrika auf einer Station der Pallottinerinnen ihren Dienst anzutreten.

In drei Seminaren in Limburg, für die sie beziehungsweise ihre Eltern Josef und Christa die Kosten selbst aufbringen mussten, bereitete sich Angelika auf ihren freiwilligen Dienst vor. Die Neunzehnjährige erfuhr, dass ein Jahr relativ wenig Zeit ist, um große eigenständige Arbeit zu leisten, weil man sich erst an das ungewohnte Klima, die neue Sprache Afrikaans und die andere Mentalität der Menschen gewöhnen muss. Im Wesentlichen gehe es darum, mit offenen Augen und Ohren teilzunehmen an der Arbeit der Menschen in den Einsatzländern und auf diese Weise Erfahrungen zu machen, die hier in Deutschland wieder eingebracht werden können. Erforderlich seien körperliche Gesundheit, psychische Ausgeglichenheit, Einfühlungsvermögen, die Bereitschaft zur Zusammenarbeit und religiöse Motivation. In den Vorbereitungskursen wurde die junge Frau mit Themen wie „Kulturschock, Weltwirtschaft,

Im Rahmen eines „Aussendungsgottesdienstes" wurden Angelika die besten Wünsche für ihren einjährigen Aufenthalt in Südafrika als „Missionarin auf Zeit" mit auf den Weg gegeben. Bild: Arloth

Nord-Süd-Problematik, Tourismus, Pallotti und die Pallottinerinnen, Geschichte, Politik, Religion, Kultur, Alltagsleben und Erziehungsstile der einzelnen Einsatzländer sowie das heutige Missionsverständnis" vertraut gemacht.

„Meine Eltern und mein Bruder stehen voll hinter meinem Entschluss, diesen einjährigen Dienst in einem Kinderheim zu leisten", freut sich die junge Frau. Sie ist sich im Klaren darüber, dass sie während dieser Zeit kein Geld verdient, sondern dass ganz im Gegenteil rund 210 Euro pro Monat aufzubringen sind, die in einem „Solidaritätsfonds" des Ordens verwaltet werden.

Deswegen freute sie sich ganz riesig, als ihr der Stadtpfarrer bei einem „Aussendungsgottesdienst" in der Kirche im Namen der Kirchenverwaltung einen ansehnlichen Betrag übergab. Auch drei Taschentücher wurden ihr mit auf den Weg gegeben: „Eins für die Tränen beim Abschied, aber zwei für die Tränen der Freude bei der neuen Aufgabe", so der Stadtpfarrer. Diesen Gottesdienst zelebrierte übrigens Angelikas Onkel mit. „Ich bin überwältigt", sagte er, „wie die Bürger und die Pfarrei die Entscheidung mittragen."

Angelika bedankte sich bei allen „für die Hilfe schon im Vorfeld" und meinte: „Ich bin ja nicht allzu weit weg – in wenigen Tagen halt in Südafrika. Telefonisch und per E-Mail werde ich jederzeit erreichbar sein. Und auch ich werde den Kontakt zu meiner Familie und meiner Heimat nicht abreißen lassen." Wenn Sie wieder zurück in Deutschland ist, will die junge Frau übrigens entweder Sozialpädagogik oder Energie- und Umwelttechnik studieren.

Aus: AZ vom 18.9.2004

Ein „Überzeugungstäter", der alles gibt

Er hat sich einen Anzug gekauft. Ein Smoking war auf der Einladung dringend vorgeschlagen. „Aber den kann ich doch nie mehr wieder brauchen", sagt Frieder Alberth. Also ist es ein schwarzer Anzug geworden. Und für seine Frau ein neues Abendkleid.

Zum Einkaufen ging's allerdings erst, nachdem der Postbote mit dem Päckchen an der Tür des kleinen Einfamilienhauses in Augsburg geklingelt hat und Frieder Alberth diese dicke, blaue Hochglanzmappe mit der offiziellen Einladung in Händen hielt, auf deren Deckel das goldene Bambi glänzt. Vorher, sagt der 52-Jährige, habe er es nicht glauben können. Er, der gelernte Finanzinspektor und studierte Pädagoge, wird morgen mit dem bekanntesten deutschen Medienpreis geehrt, dem Bambi. „Nelson Mandela, Jürgen Schrempp – und ich. Das klingt schon gut", sagt Alberth. Und lacht.

Doch, er freut sich über diese hohe Auszeichnung. „Das ist eine wahnsinnige Motivation", sagt er, „wie ein Lottogewinn." Auch, weil ihn alle jetzt fragen: „Du bekommst den Bambi? *Den* Bambi?" Und dann bittet er noch einmal darum, dass in der Zeitung kein Foto erscheint, auf dem er „zu angeberisch" aussieht. Angeben, das können Menschen wie Frieder Alberth gar nicht. Ein „Überzeugungstäter" ist er, wie er sagt. Und entschuldigt sich für die wackligen Esszimmerstühle. Er ist einer, der alles gibt, um zu helfen. Bis 2000 war Alberth Geschäftsführer der Aidshilfe Augsburg, hat sie 1986 als einer der Pioniere in Deutschland im Kampf gegen Aids aufgebaut. Dann ist er ausgestiegen aus der Welt des sicheren Gehalts.

Frieder Alberth hat sich seine Lebensversicherung auszahlen lassen, er hat den Verein „connect plus" gegründet, sich ein Jahr Frist gesetzt. Er erzählt die Geschichte des Kinderkrankenhauses in Kiew. 45 infizierte Kinder werden dort gepflegt, von nur sechs Schwestern. Weil die Ärztin Svetlana unglaubliche Probleme hat,

Personal zu bekommen. „Die Schwestern haben Angst", sagt Alberth. Angst, sich bei den Kindern Aids zu holen. Sie ziehen sich einen Mundschutz über, bevor sie ins Krankenzimmer gehen. „Das Problem des Nichtwissens" nennt Frieder Alberth die Misere, die sich durch ganz Osteuropa zieht. „Das kann nicht sein", hat er sich gesagt, „dass all die Kinder nur deshalb sterben, weil die Ärzte und Schwestern keine Ahnung haben, wie sie sie behandeln können."

Aus dem einen Jahr sind mittlerweile fast vier geworden. Und Frieder Alberth tingelt immer noch – größtenteils ehrenamtlich – durch Russland und die Ukraine, durch Sibirien und Weißrussland. Oft war er kurz davor aufzugeben, sagt er. Doch er will sich nicht abfinden damit, „dass nichts geschieht". Als eine Art Handelsvertreter im Kampf gegen Aids sieht er sich, als Aufklärer, Pionier, Lobbyist. „Es sind unglaublich dicke Bretter, die man dort bohren muss." Er schult Ärzte und Schwestern, baut Aidsstationen auf und Ängste ab, vermittelt Kontakte zwischen Kliniken in Deutschland und Osteuropa.

Das Geld aus der Lebensversicherung ist aufgebraucht und die sechsköpfige Familie lebt allein von Heike Gall-Alberths Gehalt als Anwältin; von Krediten auch. „Ohne meine Frau könnte ich das nicht machen", sagt Frieder Alberth. Und dass ihm die Familie das Allerwichtigste ist. „So was wie ein Hobby brauche ich nicht", sagt Alberth, „ich habe meine Familie. Und mein Beruf ist mein Hobby." Die Alberths sind eine unkonventionelle Familie, drei ihrer vier Kinder haben sie in Brasilien adoptiert. Und Frieder Alberth war einst einer der ersten Väter in Schwaben, der Mitte der 80er Jahre Erziehungsurlaub genommen hat.

Heute versucht er, maximal eine Woche lang am Stück aus Augsburg weg zu sein. Gestern war er zu einem Vortrag über die dramatische Ausbreitung von Aids in Osteuropa noch in Kiel. Seit Jahren, sagt Alberth, versuche er, auf dieses Problem aufmerksam zu machen. Und niemanden habe es interessiert.

Drei Minuten wird Frieder Alberth am Donnerstagabend Zeit haben, den 1000 Ehrengästen und rund acht Millionen Fernsehzuschauern von den verheerenden Zuständen in den Nachfolgestaaten der früheren Sowjetunion zu berichten. „Jeden Morgen wache ich jetzt auf und denke mir, hoffentlich sage ich da keinen Quatsch." Seine Frau wird mit dabei sein, Jonathan, David, Sarah und Judith werden die Daumen vor dem Fernseher drücken. Wer die Laudatio auf ihn halten wird, weiß Frieder Alberth noch nicht. Das ist ihm auch egal – denn eigentlich, sagt der 52-Jährige, „wäre ich froh, wenn es schon vorbei wäre". Wichtig ist für ihn nur, dass er seine Arbeit weiter machen kann. Und vielleicht einmal ein bisschen Geld damit verdient.

Andrea Kümpfbeck
Aus: AZ vom 17. 11. 2004

Trotz aller Reisen, länger als eine Woche ist er nie von seiner Familie weg: Frieder Alberth (Mitte) mit seiner Frau Heike Gall-Alberth und den Kindern Sarah, Jonathan, Judith und David (von links). Bild: Daniel Biskup

„Wer Liebe sät, wird auch Liebe ernten"

„Ich will zeigen, dass man einen anderen Menschen nicht einfach in ein Heim abschiebt. Wir können alle von einem Tag auf den anderen in diese Lage kommen": Um das zu vermitteln, war Magdalena auch einverstanden, über ihren jahrelangen Einsatz für einen alten, hilfsbedürftigen Mann zu erzählen.

Magdalena gehört zu den Menschen, die viel Gutes tun, aber davon kein Aufhebens machen. Für andere da zu sein, sich um deren Bedürfnisse zu kümmern, ist seit ihrer Jugend ihre Maxime: für ihre Angehörigen, für ihre Nachbarn und in den vergangenen Jahren schließlich für Bruno.

Dieser alte, aber durchaus noch recht rüstige alleinstehende Herr kam als bereits 85-Jähriger an ihren Wohnort. Die Gemeinde war für ihn die letzte Station seines Lebens. Geboren 1910 in der Toskana, war er als Beschäftigter in der Tourismusbranche weit in der Welt herumgekommen.

Eine Schwester der Sozialstation, die ihn betreute, brachte Magdalena mit Bruno zusammen. Zunächst half sie ihm im Haushalt. „Angefangen hat es damit, dass ich ihm zwei Stunden in der Woche das Treppenhaus putzte", erinnert sich Magdalena. Später kam das Einkaufen, Kochen und Waschen dazu. Schließlich schaute die 49-Jährige täglich drei Mal nach dem Senior, nur an den Wochenenden hatte sie frei, wenn die Sozialstation aushalf. Als der Pflegeaufwand immer größer und Bruno schließlich bettlägrig wurde, entschloss sich Magdalena, den alten Herrn im Haus ihrer Familie aufzunehmen. Dort verbrachte er, der am 6. September starb, die letzten zwölf Wochen seines langen Lebens.

„Natürlich hat es auch geheißen, wie kannst du so was tun und einen fremden Mann ins Haus holen", erinnert sich Magdalena an das Echo auf ihren Entschluss, den sie zusammen mit ihrer Familie gefasst hatte – Ehemann Bruno und den Töchtern Andrea und Stefanie, die bereits aus dem Haus sind, sowie Michaela. „Aber ich habe mir gesagt, ich probiere es und ich dachte mir, jeder Tag, den der Mann nicht in ein Heim muss, ist ein Gewinn." Natürlich zweifelte auch Magdalena manches Mal, ob diese Aufgabe zu bewältigen sein würde. Aber sie, ihr Mann und die Töchter, die sich rund um die Uhr um den Gast kümmerten, schafften es und so erzählt die 49-Jährige auch nicht von den Mühen, die sie hatte, sondern von der Freude, die der alte Mann über seine neue Familie empfand, und dass Bruno nicht einsam sein langes Leben beschließen musste: „Als er starb, sind wir fast alle da gewesen."

Bruno war nicht der Erste, der die Fürsorge von Magdalena und ihrer Familie erleben durfte. Auch ihren 1987 verstorbenen Schwiegervater, für den sie zuvor schon den Haushalt geführt und gekocht hatte, holte sie ein Jahr vor seinem Tod ins Haus. Und jahrelang pflegte sie auch ihre 1993 verstorbene Mutter, die ihre letzten dreieinhalb Lebensjahre das Bett nicht mehr verlassen konnte.

„Ich wünsche mir, dass die einen für die anderen da sind", betont sie immer wieder und wenn sie daran denkt, wie schnell oft alte Menschen ins Pflegeheim „abgeschoben" werden, kann sich die sanfte 49-Jährige richtig empören. „Diese Leute haben ihr Leben lang gespart, ihren Besitz an die Angehörigen übergeben und dann müssen sie in ein Heim, das finde ich nicht richtig."

Klar, meint Magdalena, eine Person allein könne die Aufgabe, einen schwerkranken Menschen zu pflegen, nicht leisten. „Aber es gibt Möglichkeiten", sagt sie bestimmt und weist auf die „super Zusammenarbeit" mit den örtlichen Ärzten und der Sozialstation hin. „Man soll es einfach probieren und aus der Situation ergibt sich, dass man es schafft", meint die Hilfsbereite, „denn man kriegt ja auch so viel zurück: Wer Liebe sät, wird auch Liebe ernten und das ist mehr wert als sämtliches Geld und Gut."

Gerald Modlinger

Prof. Dr. Dr. h. c. Sumaya Farhat-Naser – eine moderne Prophetin

Ein großer Teil des Alten Testamentes ist den Propheten gewidmet. Bekannte Propheten wie z. B. Jesja, Jeremia, Daniel schreiben vom Anspruch Gottes, hoffen auf das rettende Eingreifen Gottes gegen einen überheblichen Feind, fordern zu sozialem Handeln, vor allem den Armen gegenüber, auf.

Ein Prophet ist nach unserem Sprachgebrauch ein Weissager, ein Seher, ein Verkünder oder Deuter einer Gottesbotschaft. Interessanterweise gibt es aber im Buch der Propheten (AT) keine Prophetin und auch in der deutschen Sprache ist der Begriff „Prophet" nur männlich zu verstehen – es gibt keine „Prophetin". Was liegt näher, als eine Frau vorzustellen, die im Sinne eines Propheten lebt und handelt, die sich für Gerechtigkeit und Frieden – kurz: für eine bessere Welt – einsetzt.

Merkmale von Propheten waren immer schon, dass sie Unrecht beim Namen genannt haben, zur Umkehr aufriefen, Trost und Hoffnung spendeten. Diese Kennzeichnung trifft auf die Trägerin des Augsburger Friedenspreises 2000 – Frau Sumaya Farhat-Naser in besonderer Weise zu.

Die 1948 geborene Naturwissenschaftlerin, die in Hamburg Geographie und Erziehungswissenschaft studiert hatte, setzte sich in ihrer Heimat nicht für ihr Volk, die Palästinenser ein, sondern versuchte auch für ein friedliches Zusammenleben mit den jüdischen Bewohnern Israels zu werden.

Landesbischof Dr. Johannes Friedrich bezeichnete sie in seiner Laudatio als eine sympathische, palästinensische christliche Frau, die zu einer beharrlichen und mutigen Friedensarbeiterin geworden ist, die die Grenzen von Nation, Kultur, Religion und Geschlecht überlegt und immer wieder gezielt überschreitet, um Brücken zu bauen.

Der Landesbischof beschrieb die Friedenspreisträgerin unter drei verschiedenen Aspekten:

1. Eine Feministin, die die Männer verändert

Frau Farhat-Nasar hat ihre Karriere an der Universität aufgegeben, um in einem Institut zu arbeiten, das von einer Frauenorganisation getragen wird. Sie organisiert Gesprächsforen für palästinensische und israelische Frauen, um auf diese Weise zu einem besseren Verstehen der beiden verfeindeten Gruppierungen beizutragen.

Mit den Waffen einer Frau versucht sie die Gewaltmechanismen der Männer zu durchbrechen – und oft gelingt es. Einmal hatte sie Soldaten um eine Feuerpause gebeten, als durch wildes Schießen zufällig vorbeikommende Schulkinder in Gefahr waren. Ihr Einschreiten hatte Erfolg.

Sie machte bei ihrer Arbeit die negative Erfahrung, dass die Friedensbemühungen von Frauen nicht in gleicher Weise ernst genommen werden wie die von Männern und zwar auf arabischer wie auch auf israelischer Seite.

Diese Denkweise gab ihr den Anstoß zu sagen: „Frauen haben die Möglichkeit, die starren Fronten zu durchbrechen. Hier liegt unsere Stärke und wir müssen mehr wagen!"

Mittlerweile haben viele Männer von ihr gelernt, nicht nur in Palästina, sondern weltweit.

2. Eine Christin, die bewusst in muslimischer Umgebung lebt

Frau Farhat-Nasar ist Christin. Die arabischen Christen sind eine fast verschwindende Minderheit von nur noch ca. 2 % der palästinischen Bevölkerung geworden und es gehört Mut dazu, in einer Umgebung mit 98 % Anhängern des muslimischen Glaubens sich zu seinen christlichen Grundlagen zu bekennen – und das tut die Preisträgerin.

Frau Farhat-Nasar versucht in Palästina den Friedensprozess zwischen Juden und Muslimen voranzubringen. Durch ihr Engagement und ihre Beziehungen zu Deutschland erreichte sie es, das die BRD Stipendien auch an Palästinenserinnen und Palästinenser vergab und vergibt. Sie ist eine der wichtigsten Informationsquellen für Deutsche über ihr Heimatland: durch Vorträge in Deutschland ebenso wie durch Gespräche mit Touristengruppen im Heiligen Land.

Sie veranstaltet Friedensgespräche mit israelischen Frauen, aber sie berichtet gleichzeitig auch über die Unterdrückung, der die Palästinenser immer noch ausgesetzt sind.

Sie beschreibt als engagierte Christin realistisch, offen und ehrlich die Situation in Palästina. Sie beschreibt auch realistisch die Situation der Christen zwischen Juden und Muslimen. Ganz sicher ist es christlicher Ethik entwachsen, wenn sie von der „Entfeindungsliebe" spricht – und sie vor allem vorlebt.

3. Palästinenserin, die mit Israelinnen den Frieden sucht

Typisch für Sumaya Farhat-Nasar ist es, dass sie nicht nur theoretische Erklärungen in einem Buch abgibt, sondern dass ihre Aktivitäten sehr praktisch und menschlich und von christlicher Nächstenliebe geprägt sind. Diese praktische Aktivität – und nicht das theoretische Philosophieren – waren auch Grund für die hohe Auszeichnung, die ihr zuteil wurde.

Sie sorgte – indem sie gesetzliche Vorschriften umging – z.B. dafür, dass mehr als 3200 verletzte junge Palästinenser und Palästinenserinnen in einem katholischen Kloster am See Genezareth gepflegt wurden – auch mit Hilfe von israelischen Ärzten und israelischen Krankenschwestern. Die arabischen Jugendlichen waren am Anfang nur widerwillig bereit, sich von Israelis behandeln zu lassen. Zum ersten Mal begegneten sie den Israelis in der Rolle als Helfer und nicht nur in der Rolle bewaffneter Soldaten.

Frau Farhat-Nasar ist eine Friedensarbeiterin, die fasziniert und begeistert. Sie vertritt ihren eigenen Standpunkt, versucht aber gleichzeitig, sich in die Lage des anderen zu versetzen, der ebenfalls einen Standpunkt hat. Das macht ihre Stärke aus und diese kennzeichnet auch einen „modernen Propheten" – in diesem Fall eine moderne „Prophetin"!

Prof. Sumaya Farhat-Naser

Trainerin für die „Entfeindung"

Sie sei „die Stimme der Würde eines jeden Menschen ohne Ansehen der Person, der Nationalität, der Rasse, der Religion" – so hieß es bei der Verleihung des Augsburger Friedenspreises 2000 über die Palästinenserin Sumaya Farhat-Naser. Im Jahr 1948 der israelischen Staatsgründung geboren, wuchs sie in Birzeit nahe Ramallah in einer Großfamilie auf. Die Erziehung im Internat Talitha Kumi – geführt von Kaiserswerther Diakonissen in Beit-Jala – öffnete ihr das Studium der Biologie, Geographie und Erziehungswissenschaften in Hamburg. Seit 1974 lehrt sie Botanik an der Universität Birzeit. Stark engagierte sie sich in der politischen Bildungsarbeit und Publizistik. In Frauenzentren entwickelte sie ein eigenes Trainingsprogramm zum Dialog und zur „Entfeindung", indem die Teilnehmerinnen von ihren Gefühlen, Verletzungen, Demütigungen und Ängsten zu sprechen lernten. 1994 schuf Farhat-Naser den „Jerusalem Link", der palästinensische und israelische Frauen zusammenbrachte. Unter dem Druck der Intifada gab sie 2000 diese Institution auf, trainiert aber weiterhin die Friedensfähigkeit und ist auf internationaler Ebene tätig. *loi*

Ungebrochen und weiter mit glänzenden Augen: Die Palästinenserin Sumaya Farhat-Naser in ihrer Augsburger „Rede über Frieden und Toleranz".
Bild: Fred Schöllhorn

Unbeirrt für Verständigung

Vor eineinhalb Jahren hatte sie das Lächeln verlernt. Mit den Frauen auf der israelischen Seite sollte Sumaya Farhat-Naser nicht einmal mehr telefonieren. Das „entfeindende" Dialogprojekt der palästinensischen Friedensaktivistin und Augsburger Friedenspreisträgerin war am Ende. Doch die 54-jährige Botanik-Professorin machte unbeirrt weiter mit ihrer Versöhnungsarbeit.

„Es darf kein Vakuum entstehen", mahnte Farhat-Naser. Mit palästinensischen Frauen und Studenten hält sie jetzt Seminare über Alternativen zur Politik von Terror und Besatzung, denn „sie haben so viele Fragen".

Die Professorin trägt immer noch das Herz am rechten Fleck. Am israelischen Grenzposten sah sie drei festgehaltene junge Palästinenser, einer fast nackt. Und sie erinnerte den Israeli an seine Mutter, die Angst habe um ihn; es werde ihm besser gehen, wenn er die drei unbehelligt freilasse, – was er dann auch tat.

Auch Radikale einbeziehen

Mag auch für die Friedensaktivistin aus Birzeit der Weg nach Jerusalem durch Checkpoints, zerstörte Straßen und bewaffnete Patrouillen versperrt sein: Sumaya Farhat-Naser findet neue Pfade, ihre Mission zu leben, sei's via E-Mail oder im Ausland. Im internationalen Friedensstifterinnen-Projekt „Women Waging for Peace" der amerikanischen Harvard-Universität stieß sie auf neue israelische Gesprächspartnerinnen.

Ihr Ziel heißt: „Wir müssen lernen, die Verletzungen beim anderen wahrzunehmen. Wir müssen gemeinsam trauern lernen, denn es ist unsere gemeinsame Katastrophe." Beeindruckt hat Farhat-Naser eine orthodoxe Jüdin, die drüben in Israel streng religiösen Jugendlichen friedfertige Alternativen aufzeigt. Auch die Palästinenserin will fortan nicht nur den Bekehrten den Frieden predigen. „Es genügt nicht, dass wir die Radikalen verurteilen. Wie schaffen wir es, dass sie mit uns aktiv werden?"

Alois Knoller
Aus: AZ vom 8. 7. 2002